D1730818

Sugar

Michelle Nahlik

Sugar

Eine Lebensgeschichte

elfundzehn

Sugar. Eine Lebensgeschichte
© elfundzehn, Zürich 2017
Dieses Buch ist die überarbeitete und erweiterte Neuausgabe des Werks
Das Maktub von Luana von Michelle Nahlik, erstmals 2010 im
elfundzehn Verlag erschienen.
Lektorat: Corinne Hügli und Hansrudolf Frey
Korrektorat: Corinne Hügli
Gestaltung: fraufederer.ch
Gestaltung Umschlag: AS Verlag & Grafik, Urs Bolz
Bild Frontcover: Ernst Ludwig Kirchner, Artistin – Marcella,
Brücke-Museum Berlin, Foto: Roman März
Druck und Bindung: Grafisches Centrum Cuno, Calbe
ISBN: 978-3-905769-46-3
Alle Rechte vorbehalten.

Besuchen Sie uns im Internet: www.elfundzehn.ch

Für Andreas Aeschlimann

«Maktub heisst Schicksal», sagte Mimo.
«Alles, was geschehen wird, steht längst
in einem dicken Buch.»

«There are certain words that have a ring of magic to them. To me,
Maktub is one such word. It simply says: It is written. You could
read a million books on self improvement, or about how to deal
with it when bad things happen to good people, and all that, but
believing in Maktub is much easier.»

Posted by Mukta 27/96 at 8:35 AM

Alle Illustrationen stammen aus den Tagebüchern von Luana.

0 Nullpunkt

Am Vorabend ihres 23. Geburtstags wurde Luana von Michael im Wohnzimmer ihrer kleinen Wohnung in Zürich gefunden. Sie lag bewusstlos und kreidebleich in Erbrochenem. Michael war überzeugt, dass dies seine Schuld war. Er war geschockt und klapste ihr mehrere Male ins Gesicht, um sie aufzuwecken. Als sie sich nicht rührte, rannte er zum Telefon und wählte die Notrufnummer.

Dann ging er in die Küche und füllte einen Krug mit Wasser. Er schüttete das Wasser über ihren Kopf, so wie er es schon öfters getan hatte, wenn sie ohnmächtig geworden war. Er wusch das Erbrochene aus ihrem Gesicht, fühlte den Puls, glaubte ihren Atem zu spüren, war sich aber nicht sicher. Er erinnerte sich an seinen Nothelferkurs, beatmete sie und drehte sie in die Seitenlage.

Luana atmete. Er holte die Bettdecke und deckte sie zu. Der Schock hatte ihm das Zeitgefühl genommen. Er sass da und wartete. Sein Blick fiel auf ein gerahmtes Poster, mit dem Luana das Zimmer geschmückt hatte. Es war ein wunderschönes Bild mit den Sanddünen der Sahara. Die Wüste war immer ein Reiseziel von Luana gewesen. Als der Notarzt zusammen mit einem Helfer kam, fand er Michael weinend neben dem ohnmächtigen Mädchen. Dann ging alles sehr schnell und routiniert.

Ich blättere an den Anfang der Tagebücher zurück zu den Notizen von Luana, als sie 17 Jahre alt war. Wenn ich heute darin lese, kommt es mir vor, als sei das Mädchen, das damals geschrieben hat, ein Teil von mir und dann wieder jemand, der mir heute fremd ist. Es war, als habe mir jemand anders noch einmal alles erzählt und mir die Erlaubnis gegeben, ihre Geschichte aufzuschreiben.

1 Schlangenhaut

Am Gymnasium Thun war Luana ein kluges, aufgewecktes Mädchen, das sich niemals scheute, eine kritische Meinung anzubringen.

Ich war bei meinen Mitschülern beliebt, sie schenkten mir Anerkennung, und im Unterricht wurde es durch meine quirlige Art nur selten langweilig. Einmal zog ich es in der Englischstunde vor, Walkman zu hören und mich am Unterricht nicht zu beteiligen. Der Englischlehrer war über mein Verhalten empört. «Aber die Songs sind doch alle in Englisch», sagte ich, um mich zu verteidigen.

In einer Deutschstunde hatten meine vorlauten Worte unangenehme Konsequenzen. Der Lehrer beleidigte meinen Pultnachbarn. Er sei nicht erstaunt, sagte er, dass er seine Frage nicht beantworten könne, denn schliesslich sei sein Vater ein Bauer.

Das Gesicht des Mitschülers wurde rot wie eine Tomate, und beschämt senkte er den Kopf. Ich konnte nicht still sitzen bleiben und verteidigte meinen Mitschüler. «Intelligenz ist nicht abhängig von irgendeinem Scheisstitel», sagte ich wütend.

Der Deutschlehrer erniedrigte mich vor der ganzen Schulklasse, schrie mich an und machte mir klar, dass unerzogene und respektlose Menschen wie ich eine Gefahr für unsere Gesellschaft darstellten.

Es kam mir vor, als könne mein Verhalten eines Tages den Ausbruch des Dritten Weltkriegs herbeiführen.

Die Deutschstunde jedenfalls verschaffte mir einen Termin beim Rektor. Er sprach eine Verwarnung aus, weil ich mich unangebracht verhalten und ausfallend gegenüber einer Lehrkraft geäussert hatte. Im Falle einer Wiederholung stellte er weitere Massnahmen in Aussicht.

Ich will raus aus meiner Haut! Ich wünsche mir die Fähigkeit, meine alte Haut wie eine Schlange abzustreifen, um mir dadurch eine neue Art von Freiheit zu verschaffen. Es sind immer wieder diese inneren Schreie, die ich nicht genau deuten kann. Ich fühle, dass sich da irgendetwas tief in mir drin nach Verbotenem, nach Abenteuer und sogar Gefahr sehnt.

Den ersten Schritt zu einer erfolgreichen Häutung vollzog ich in der kommenden Woche mit meiner Freundin Valérie. Das Wochenende zuvor war perfekt verlaufen. Am Samstag wurde ich Clubmeisterin im Tennis, und sonntags verteidigte ich erfolgreich meinen Titel im Judo. Die Pokale und Medaillen in meinem Zimmer häuften sich.

In den Zeitungen war mein Name zu lesen, und mein Kampfgeist und meine Begeisterung wurden jedes Mal speziell erwähnt. In der Schule schrieb ich konstant sehr gute Noten. Alles war so, wie man dies von mir gewohnt war. Aber obwohl mir alles zu gelingen schien, hatte ich meine tief verborgenen Sehnsüchte, und kein Erfolgserlebnis konnte sie stillen.

Valérie gehörte schon seit einigen Monaten zu einer Kiffergruppe. Oftmals hatte sie mir von ihren erholsamen, friedlichen und stressfreien Abenden in der Gruppe erzählt und von einem gemeinsamen, befreienden und behaglichen Gefühl geschwärmt, das alle miteinander teilten.

Bis zu diesem Zeitpunkt hatte ich noch nicht einmal eine Zigarette angerührt. Ich fand im Sport meinen Ausgleich, vor allem im Judo, und war fasziniert von dieser japanischen Kampfsportart. Das Training hatte ich bereits mit sieben Jahren begonnen, besuchte es dreimal pro Woche und genoss es immer wieder, wenn ich mit meinem

Lieblingswurf Tai Otoshi den Kampfpartner zu Boden werfen konnte. Judo war gleichzeitig eine Lebensphilosophie, nämlich Kampf ohne Hass, Kraft unter Kontrolle, Ritterlichkeit und stoisches Hinnehmen von Sieg und Niederlage.

Am Donnerstag hatte ich erstmals die Wahl zwischen Judo oder Kiffen mit Valérie. Noch nie hatte ich ein Judotraining freiwillig ausgelassen. Von meinem Trainer hatte ich gelernt, dass ein Judo-Meister niemals aufhört, Judo zu praktizieren, auch wenn er nicht in der Trainingshalle ist, dem sogenannten Dojo. Diesmal sollte mein Dojo ein Kiffertreff mit meiner Freundin Valérie sein. Ich war überrascht, wie meine Neugierde und die Sehnsucht nach einer persönlichen Veränderung gegen mein geliebtes Judotraining so schnell gewinnen konnten.

Die Leute in der Kiffergruppe sind alle cool, sagte Valérie, alles ist ohne Aufwand, und doch ist die Wirkung voll da. Ich dachte an Judo und stellte Ähnlichkeiten fest. Judo ist der sanfte Weg, man erreicht Siege durch Nachgeben und eine maximale Wirkung bei einem Minimum an Aufwand. Ob die Gründer des Judo wohl gekifft hatten?

2 Kiffen auf dem Schlossberg

Das Treffen fand auf dem Schlossberg statt. Es gibt dort viele hübsche Nischen im Grünen mit wundervollem Ausblick auf die Stadt Thun und die Alpen mit dem Jungfraumassiv. Als wir all die Treppenstufen gemeistert hatten, hörten wir Musik von Pink Floyd und Stimmen, die mitsangen. *We don't need no education, we don't need no thought control.* Wir wurden herzlich empfangen,

Valérie stellte mich allen vor und wir setzten uns in den Kreis, wo der Joint seine Runden drehte.

Ich beobachtete, wie alle genüsslich den Rauch inhalierten und ihn unter fachmännischen Kommentaren, was den Stoff anging, wieder ausbliesen. Jeder schien seine eigene Technik in der Handhabung des Joints zu haben. Einige rauchten ihn wie eine Zigarette, andere nahmen ihn zwischen zwei Finger, machten eine Faust und sogen den Rauch durch die an den Mund gehaltene Faust. Andere benutzten die zweite Hand als Abdichtung der ersten, um einen eventuellen Stoffverschleiss komplett zu vermeiden. Dann gab es noch die sogenannten *Schüsslis*, da wurde der Rauch von einer Person inhaliert und direkt danach von Mund zu Mund der nächsten weitergegeben. Diese Schüsslis hatten etwas Zärtliches an sich.

Die Stimmung war ausgelassen und friedlich. Einige hatten plötzlich Lachanfälle, andere wurden von einer gemütlichen Ruhe umarmt. Als der Joint bei mir angekommen war und ich den Rauch inhalierte, hatte ich sofort einen Hustenanfall. Ein verständnisvolles Grinsen machte sich in der Gruppe bemerkbar, es fielen aber keinerlei Bemerkungen oder dumme Sprüche, und ich hatte den Ehrgeiz, nochmals am Joint zu ziehen. Natürlich hustete ich auch beim zweiten Mal, aber ich hatte das Gefühl, dass sich der Husten bereits verringert hatte, und es war genau dieses zweite Ziehen, welches meinen erhofften Erfolg bestätigte und mich motivierte. Es wurde mir für kurze Zeit schwindlig, sonst empfand ich nichts Weltbewegendes. Später sagte mir Valérie, dass viele beim ersten Mal nicht wirklich etwas Besonderes fühlen würden. «Das ist eben wie beim Sex. Beim ersten Mal bist du völlig überfordert und kannst dich nicht gehen lassen. So ist es mit dem Kiffen auch. Das wird sich aber ändern», meinte sie und lachte.

Die Erfahrung, die ich auf dem Schlossberg gemacht hatte, hinterliess trotz der enttäuschenden Wirkung des Joints ihre Spuren. Sie waren emotionaler Art und verbunden mit einem Gefühl der Freiheit. Es war, als hätte ich bis jetzt in einem Gefängnis gesessen und plötzlich den Duft der Unabhängigkeit eingeatmet. Luana, von der stets etwas Ausserordentliches erwartet wurde, fand unter ein paar Kiffern etwas, was einen Teil ihrer Sehnsucht stillen konnte.

Später versuchte ich herauszufinden, was es war. Eine wohltuende Einfachheit und Gelassenheit waren der Hauptbestandteil dieser wöchentlichen Treffen. Ich freute mich von nun an immer auf meinen Kifferabend. Die Diskussionen waren zwar meistens wild durcheinander und konfus, und die typischen unkontrollierbaren Lachanfälle konnten manchmal den ganzen Abend lang dauern, trotzdem zog ich die Treffen an den Donnerstagabenden dem Judotraining vor. Über die generell verbreitete Gleichgültigkeit, mit welcher man in der Gruppe das Leben betrachtete, sah ich hinweg.

Das Mädchen Luana gehörte fortan zu einer Gruppe von Jugendlichen, die vor allem deshalb kifften, um etwas Besonderes darzustellen. Sie wollten ihren Zwängen einen Strich durch die Rechnung machen und sich vom Stress des Alltags befreien. Ich kiffte, um den erdrückenden Anforderungen zu entfliehen und mich von der sonst so perfekten Luana zu verabschieden. Ausserdem fühlte es sich einfach gut an, mit Valérie, meiner besten Freundin, ein Geheimnis zu haben. Und dieses Geheimnis half mir auch ein wenig, den Erwartungen und dem damit verbundenen Druck standzuhalten. Ich hatte das Gefühl, mit dem Verbotenen Schach zu spielen, dies war sehr aufregend und eine neue Art von Herausforderung.

3 Die Geschichte mit Rolf

Einige Wochen später machte ich die Bekanntschaft von Rolf, der eine andere Schulklasse am Gymnasium besuchte und für sein provokatives Verhalten bekannt war. Man sagte von ihm unter anderem, dass er mit Haschisch dealte.

Ich verbrachte die grosse Pause meistens mit ihm zusammen, denn die Raucher hatten ihren Standort möglichst weit weg von den Nichtrauchern.

Oft ging ich mit Rolf in der grossen Pause oder über den Mittag an den Thunersee, und wir rauchten zusammen genüsslich einen Joint, denn nach unseren regelmässigen Treffen mit Valérie auf dem Schlossberg war das Kiffen zu meiner Gewohnheit geworden.

Wir genossen die Schönheit der Natur. Vor allem im Sommer war es ein idyllischer Ort, und Valérie, die unterdessen das Gymnasium verlassen hatte, kam gelegentlich auch vorbei, sie wohnte ganz in der Nähe.

Zu unserem Pech sah uns einmal der Mathematiklehrer, als er am See mit seinem Dackel spazieren ging. Sowohl Rolf als auch ich kriegten ein Telefon unseres Rektors nach Hause, der unseren Eltern persönlich und feierlich mitteilte, dass ihre Kinder sich in Drogenkreisen herumtreiben würden.

Meine Eltern sprachen mich irritiert darauf an. Ich stritt alles ab und erklärte ihnen, dass ich mit einem Mitschüler, der etwas freakig aussah, am See war, weiter nichts. Der Mathelehrer habe nur seiner Phantasie freien Lauf gelassen. Sie machten mich darauf aufmerksam, dass mich meine Lehrer jetzt ganz genau beobachten würden und dass ich meine Zukunft aufs Spiel setze. Ich versprach ihnen, mich nicht mehr während der Schulzeit am See herumzutreiben.

Rolf wohnte damals mit seiner Mutter zusammen. Er war ein Einzelkind und konnte seiner Mutter erzählen, was er wollte, sie glaubte ihrem geliebten Sohn immer. Da er jedoch schon so einiges geboten hatte, war dies seine letzte Verwarnung, und bei einem weiteren Vergehen würde er die Schule definitiv verlassen müssen.

In seinem Ärger und Frust, kombiniert mit Alkohol und Haschisch, ging Rolf noch in derselben Nacht zum Gymnasium und besprühte die Eingangstür mit FUCK U.

Am nächsten Morgen sprachen die Klassenlehrer mit ihren Schulklassen, um herauszufinden, wer für diese Tat verantwortlich war. Rolf kam in Panik zu mir gerannt und verriet mir, dass er es gewesen war. Er sagte auch, dass er das Gymnasium verlassen müsse, wenn es das Rektorat herausfinden würde.

Ich wollte Rolf auf der Schule nicht verlieren. Ausserdem verabscheute ich die Macht, mit der sich die Lehrerschaft immer in das Leben der Schüler einmischen durfte und Gott spielen konnte, was deren Zukunft betraf. Also ging ich zum Rektor, dem ich bereits ein Dorn im Auge war, und sagte ihm, dass ich es gewesen sei.

Ohne jeden Zweifel wurde mir geglaubt.

Ich realisierte, wie anspruchslos und bequem das Denken von erwachsenen und scheinbar intelligenten Menschen sein kann. Niemand riskierte es, über die Aussagen eines jungen Mädchens nachzudenken oder sie in Zweifel zu ziehen. Ich war das schwarze Schaf, das allen gelegen kam und weitere Nachforschungen unnötig machte. So hatte ich ein Disziplinarverfahren am Hals und bewegte mich ab sofort auf dünnem Eis, was meine Zukunft am Gymnasium betraf.

Am darauffolgenden Samstag machte Rolf eine kleine Dankesparty für mich. Es kamen auch Leute, die ich noch nie gesehen hatte.

Wir tranken und kifften, tanzten und lachten, bis Rolf mit einer kleinen Schachtel Pillen auftauchte. Das würde mich den ganzen Scheiss auf eine sanfte Art und Weise vergessen lassen, meinte er stolz. «Ich glaube, wir haben uns das definitiv verdient», fügte er hinzu.

Ich war eh schon betrunken und bekifft, da konnte ich auch noch so ein Rohypnol oder Valium ausprobieren. Schliesslich waren Rolf und etliche andere Leute da, die schon ihre Erfahrungen mit diesen Tabletten gemacht hatten. Obwohl meine innere Stimme nicht ganz überzeugt von diesen mir unbekannten Pillen war, schluckte ich gleich mehrere davon, wenn schon, denn schon.

Einige Stunden später lag ich auf der Notfallstation. Rolf hatte mich zusammen mit einem Freund dort abgeliefert und gesagt, sie hätten mich auf der Strasse gefunden. Das Gemisch von Alkohol, Tabletten und Haschisch war zu viel gewesen. Ich verbrachte die Nacht im Spital.

Am nächsten Morgen, als ich zu mir kam und realisierte, wo ich war, riss ich mir die Infusion aus dem Handrücken, suchte meine Kleider zusammen und verliess mit wackligen Beinen das Spital, ohne von jemandem bemerkt zu werden.

Im Stadtzentrum traf ich auf ein mir unbekanntes Mädchen, das mich fragte, wie es mir gehe. Sie schien gestern auch auf dieser Party gewesen zu sein.

Irgendwie hatte ich das Gefühl, dass mich alle kannten.

Ich beschloss, nach Hause zu meinen Eltern zu gehen.

«Du bist fürchterlich blass, bist du krank?», fragte mich meine Mutter erschrocken, aber liebevoll. Bevor ich antworten konnte, nörgelte meine Schwester herum. Ich ging in mein Zimmer, ich hatte sowieso keine Lust zu reden und legte mich auf mein Bett.

Neben mir fand ich meinen Lieblingskugelschreiber und schrieb auf ein bereits beschriebenes Papier in die noch freien Lücken.

Durchgedreht – total abseits – unerreichbar – Hilfe – helft mir bitte! Angst, Angst vor mir selbst! Ich verabscheue mich! Ich hasse mich und meine unaufhaltsamen Gedanken, die immer wieder neue Grenzen überschreiten. Ich bin so erschöpft! Endgültig! Fertig gespielt! Ich kann mich nicht mehr verstecken! Ich will mich nicht mehr verstecken! Ich habe es satt! Ich möchte doch nur leben, leben wie jeder andere Mensch! Akzeptiert und geliebt werden. Bitte liebe mich!! Ich will lieben. Was ist bloss mit mir geschehen? Was ist…

Während des Schreibens muss ich eingeschlafen sein. Ich schlief für den Rest des Tages und die ganze kommende Nacht bis zum nächsten Morgen.

4 Der erste Rausschmiss

Am Montagmorgen weckte mich meine Mutter, damit ich zur Schule ging und brachte mich kaum wach.

Die erste Schulstunde verbrachte ich im Rektorat.

Der Vater einer Mitschülerin, die auch auf der Party von Rolf gewesen war, hatte den Rektor übers Wochenende angerufen. Er war in gesellschaftlichen und politischen Kreisen eine bekannte Persönlichkeit, und so schien es dem Rektor ein Leichtes, ja sogar ein Vergnügen zu sein, diesem besorgten Vater und Freund einen Gefallen zu tun. Der Gefallen sollte darin bestehen, mich aus dem Gymnasium zu werfen, denn ich war eine Gefahr für seine Tochter.

Der Rektor sagte: «Wenn Sie nicht freiwillig gehen, Luana, haben Sie die nächsten Jahre das Messer am Hals.»

Ich war völlig aufgebracht.

«Ich hoffe», sagte ich, «dass Sie eines Tages wissen, wie feige Sie sind, aber wenn ich in ihr Gesicht sehe, fühle ich, dass Sie das bereits wissen! So wie es aussieht, darf die Feigheit gratis in Ihrem Gesicht wohnen!»

«Das reicht jetzt!», brüllte er mich an und erhob sich ruckartig und sichtlich genervt vom Stuhl.

Wütend, zitternd und verstört verliess ich das Rektorat und betrat das Gymnasium Thun nie wieder.

Als meine Eltern von meinem Rausschmiss erfuhren, standen ihnen der Schock und die Enttäuschung ins Gesicht geschrieben. Luana, die doch überall eine der Besten gewesen war, hatte man aus dem Gymnasium geworfen. Ich erzählte ihnen von Rolf und dieser fatalen Party mit ausgeflippten jungen Leuten, die mit ihrem Lebensstil und ihrer Lebensphilosophie viele Gegner hatten, und von dieser Mitschülerin, die mich letztendlich verraten hatte. Dass ich die Nacht vom Samstag auf den Sonntag auf dem Notfall verbracht hatte, erwähnte ich natürlich nicht.

Meinen Eltern war wohl klar gewesen, dass sich da noch einiges mehr abgespielt hatte als das, was sie von mir gehört hatten. Die Möglichkeit, meinen Rauswurf rückgängig zu machen, schien unter all diesen Umständen aussichtslos. Sie ermahnten mich, künftig diesem ausgeflippten Gesindel fernzubleiben, da ich mir sonst meine Zukunft komplett verbauen würde. Dank geschickten und überzeugenden Worten meines Vaters erhielt ich die Gelegenheit, in einem anderen Gymnasium aufgenommen zu werden, damit ich dort meine Matura machen konnte.

Einen Monat später war ich Schülerin am Gymnasium Interlaken mit neuen Gesichtern und neuen Lehrern. Ich war eine kleine Attraktion in meiner Schulklasse. Es schien, als wüssten alle, dass kein unbeschriebenes Blatt auf ihre Schule gekommen war, und jeder wollte mich unter die Lupe nehmen. Von der ersten Sekunde an fühlte ich mich als Aussenseiterin. Es fiel mir schwer, mich zu integrieren, und vielleicht wollte ich dies auch gar nicht mehr.

5 Geschichten aus meiner Kindheit

Ich erinnere mich, dass ich mit fünf Jahren meinem Vater zusah, wie er das Fahrrad meines Bruders gekonnt reparierte. Es war eine Art innere Erkenntnis. Ich wollte eines Tages mit einem starken Mann zusammen sein, der wie mein Vater alles wusste und konnte und sich nicht einmal in der Dunkelheit fürchtete. Es brauchte aber nicht viel, um diese Vorstellung zu verändern, denn wenn ich meinen Vater energisch rufen hörte: «Luana komm her und räume deine Spielsachen endlich weg!», war ich froh, dass mein Vater mit meiner Mutter und nicht mit mir verheiratet war. In diesen Momenten schwor ich mir, dass ich niemals mit jemandem zusammen sein wollte, der mir befehlen durfte, wann ich meine Spielsachen wegzuräumen hatte.

Ich weiss kaum etwas über die Vergangenheit meines Vaters, er sprach nie darüber. Wenn ich meine Neugierde stillen wollte, musste ich hartnäckig sein, um Spuren seiner Herkunft zu finden, und letztendlich verliefen meine Nachfragen immer wieder im Sand. Meine Grossmutter, die wahrscheinlich ursprünglich aus Rumänien stammte, hatte nach dem Tod ihres Mannes wieder geheiratet. Ihr zweiter Ehemann scheint jedoch ein sadistisches Schwein gewesen zu sein, was das völlige Schweigen meines Vaters über seine Vergangenheit verständlich macht. Als er in jungen Jahren in die Schweiz kam, lernte er meine Mutter kennen und betrat das Haus seines Stiefvaters niemals wieder. Für diese Entscheidung sei die Liebe und das Leben in einem neuen Land ausschlaggebend gewesen, wurde gesagt, aber ich vermute, dass dies nur ein geeigneter Vorwand war, um unangenehme Fragen mit einem Hauch Romantik elegant zu beantworten.

Meine Grosseltern habe ich niemals gesehen. Es gibt auch keine Fotos von ihnen, und wie gesagt, keiner verlor ein Wort darüber, es war, als hätten die Eltern meines Vaters niemals existiert. Für ihn war die Erinnerung an seine Eltern offenbar mit Enttäuschung und tiefem Schmerz verbunden. Als kleines Kind kann man sich gar nicht vorstellen, dass die eigenen Eltern auch Trauer und Schmerz durchlebt haben oder immer noch erleben. Es war für Luana bedrückend und verwirrend zugleich, feststellen zu müssen, dass der eigene Vater einen tief verborgenen Schmerz in sich trägt. Erst heute bin ich fähig, den Schmerz, den mein Vater in seiner Kindheit durchlebt haben muss, wirklich zu erkennen und zu verstehen.

Auch meine Mutter hatte eine tiefe Traurigkeit in ihrem Herzen versteckt. Ihr Vater starb, als sie gerade mal zehn Jahre alt war. Er war Arzt, Kardiologe, und wie es die Ironie seines Lebens wollte, starb er mit 46 Jahren an einem Herzinfarkt. Die Stärke meiner Mutter war ihre natürliche Ruhe, die sie ausstrahlte. Egal, wie es in ihr brodelte, sie wirkte immer gelassen und ruhig. Nur wer sie genau kannte, bemerkte manchmal, wie ihre Nasenflügel bebten.

Luana bewunderte das Wissen ihres Vaters, er war es auch, der ihr auf eine spielerische Art und Weise die Geheimnisse der Natur, die physikalischen Gesetze, die Antike und die Geometrie erklärte.

Die Lehrer in der Grundschule liessen mir oft keine Freiheit im Denken, sie wollten mir ihre Denkweise aufzwingen, die jedoch oft Lücken und Paradoxa aufwies. Ich war wahrscheinlich eine interessante, aber wohl etwas zu individuelle Schülerin, und an Disputen mit den Lehrern fehlte es nie. Schon in der ersten Schulwoche riss meiner Lehrerin der Geduldsfaden. Sie hatte meinen Namen falsch geschrieben, und ich weigerte mich, an dem für mich vorgesehenen Pult Platz zu nehmen, wenn sie den Namen nicht korrigierte. Sie wollte mir wohl ihre Autorität beweisen und riss mich an den Haaren. Später entschuldigte sie sich bei meiner Mutter und erklärte, sie hätte noch nie so ein kleines, niedliches Mädchen vor sich gehabt, das so stur auf seiner Meinung beharrte.

Ich habe drei Geschwister, zwei jüngere Brüder und eine ältere Schwester. Als kleine Kinder verstanden wir uns sehr gut. Wir spielten zusammen und wir stritten zusammen, so wie sich das eben für Geschwister gehört. Sowohl meine Schwester als auch meine Brüder waren abwechslungsweise meine Helden. Meine Brüder hatten aber die Nase in diesem Rennen vorn. Da ich meinen Geburtstag einige Monate vor jenem meiner Schwester feierte, glaubte ich als kleines Kind immer, dass ich sie eines Tages einholen würde, was das Alter betraf. Dieses Vorhaben blieb mein Geheimnis, und wenn es so weit war, würde ich meine Schwester mit dieser Tatsache verblüffen. Wenn ich mich mit ihr stritt, war dieses Wissen eine Art imaginäre Rache, die ich mir für die Zukunft versprach, wenn ich älter als sie sein würde.

Luanas Phantasie konnte sich im Schulunterricht frei entfalten. Da es mir oft zu langweilig war, verabredete ich mich mit meinen Luftschlössern und genoss so auf meine Art und Weise den Unterricht. Meine schulischen Leistungen waren in der Regel hervorragend, und man gewöhnte sich daran. Unterlief mir dann doch ein Fehler, waren alle untröstlich und enttäuscht, während einzelne Mitschüler gelobt wurden, wenn sie anstelle von den üblichen zehn Fehlern nur noch sechs hatten. Alle erwarteten viel, und ich fühlte mich eingeengt und unter Druck. Wie ich mich von diesem Gefühl befreien konnte, wusste ich lange nicht.

Luana war offenbar überaus talentiert und sollte in den Augen der Mitmenschen etwas Besonderes darstellen. Das war eine enorme Last, und sie war verbunden mit der Angst, dass ich eines Tages die Menschen enttäuschen könnte. Diese Angst verspürte ich bei jedem kleinen Fehler, der mir unterlief, und die Reaktionen der Menschen zeigten mir dann, dass ich mit meinem erfolgreichen Heranwachsen auf Messers Schneide spazierte. Mit der Zeit wurde es für mich immer schwieriger, auf meinem gefährlichen Spaziergang nicht auszurutschen. Nicht selten begann ich den Reiz zu verspüren, alle mit einem unerwarteten Rollenwechsel zu überraschen. Ich sehnte mich danach, mich konstant auf einer Nulllinie zu bewegen. Dieser Gedanke hatte etwas angenehm Ruhiges.

6 Begegnung mit Viktor

Inzwischen waren drei Monate seit meinem ersten Kiffen vergangen. Ich bin ein kleiner Meister im Drehen von Joints geworden. Ich habe so ziemlich alle Sorten von Haschisch geraucht und weiss definitiv, dass der Schwarze Afghane zu meinen Lieblingen gehört. Sein Geruch ist würzig, seine Konsistenz knetig und sehr weich. Wenn ich einen Joint damit drehe, forme ich das Piece zu einer feinen, langen Linie, die dann sorgfältig auf das entsprechende Paper gelegt wird.

Unter Beimischung von Tabak kann ich so den Joint drehen. Welche Papers sich für das entsprechende Piece am besten eignen, ist eine Philosophie für sich. Jeder hat da so seine eigenen Theorien und natürlich auch seine Vorlieben. Im Moment drehe ich mit einer roten Ripsrolle. Diese Ripsrolle ist seit einiger Zeit ein neues Element in meiner Schultasche geworden.

Ich liebte es, bereits auf dem Weg zum Gymnasium einen Joint zu rauchen. Dieses morgendliche Ritual versetzte mich in meine ganz eigene Welt, und oftmals hörte ich meine innere Stimme sagen: Wenn die alle wüssten ...

Die ersten Stunden in der Schule brachten mich dann oft unverhofft in ein kaum mehr aufhaltbares Lachen, das auch meine Mitschüler ansteckte. Die Lehrer jedoch fanden dies weder angebracht noch witzig. Ich störte den Unterricht, und die Mitschüler schenkten mir dafür auch noch Aufmerksamkeit. Die Gesichter der Lehrer und ihre negativen Bemerkungen bestätigten mir nur, dass ich auf dem richtigen Weg war. Ich hatte mit meinem Spaziergang auf Messers Schneide ein Zeichen gesetzt und freute mich darüber, ein kleiner Revolutionär geworden zu sein. In mein Tagebuch schrieb ich den Satz: *Ich habe Sehnsucht, an der Gefahr zu lecken.*

Luana lernte Viktor auf der Heimfahrt vom Gymnasium Interlaken nach Thun kennen. Wie immer stieg sie nach Ende eines Schultages ein, und auch diesmal traf sie auf eine Gruppe von Touristen. Sie waren alle mit Fotoapparaten ausgerüstet und hatten ihren Tagesausflug mit der höchstgelegenen Eisenbahn auf das Jungfraujoch hinter sich. Die hochalpine Wunderwelt und Spaziergänge im ewigen Schnee auf 3400 Metern über Meer gehörten zu den ganzjährigen Attraktionen der Region.

Ich sass mitten in einer Gruppe von Japanern, als sich ein junger, braungebrannter und gut aussehender Mann dazusetzte und mich lässig angrinste. Wir sahen uns an und wussten, dass wir nicht zu den Touristen gehörten. Wir kamen sofort ins Gespräch. Er sah mich dabei mit einem durchdringenden Blick an, der mir das Gefühl gab, er könne all meine Wünsche und Träume erkennen. Es fiel mir schwer, mit ihm zu reden, denn ich fühlte ein Kribbeln im Bauch und wollte unbedingt vermeiden, dass er merkte, welche Wirkung er auf mich hatte. Auch ich wollte geheimnisvoll und interessant erscheinen und als jemand, den man nicht so schnell beeindrucken kann.

Mit seiner lockeren Art, seinem frechen Grinsen und dem scheinbar unerschütterlichen Selbstbewusstsein hatte er meine Neugierde in Sekundenschnelle geweckt. Dazu kamen seine von der Sonne golden gebräunte Haut und seine wilden braunen Locken, die es mir unmöglich machten, seinem Blick auszuweichen! Er überredete mich dazu, mit ihm bis nach Bern zu fahren. Als ich ihm erklärte, dass mein Zugabonnement nur bis Thun gültig sei, sagte er gut gelaunt, ich müsste einfach so tun, als würde ich schlafen. Der Kontrolleur würde ein so hübsches, schlafendes Mädchen auf keinen Fall aufwecken.

Der Typ hatte mein Gehirn ausgelöscht, und meine Hormone tanzten Rock 'n' Roll. Ein Tattoo an der linken Seite seines Halses zeigte ein chinesisches Zeichen, bei welchem es sich, wie er mir erklärte, um das Zeichen Qi (ausgesprochen: Tschi) handelte. Es steht in der chinesischen Philosophie und Medizin für die vitale Kraft des Körpers und hat in der chinesischen Sprache die Bedeutung von Atem, Energie und Fluidum.

Mein neuer Bekannter flunkerte, dass ihn das Qi die wahre Schönheit erkennen lasse, und er liess keine Zweifel offen, wen er damit meinte. Er flirtete ohne Hemmungen und schaute mich dabei immer wieder mit seinem durchbohrenden Blick an. Er hatte in Luanas Augen diesen unausweichlich anziehenden Surfer-Look, der Freiheit, Leidenschaft und Abenteuer ausstrahlte. Ausserdem fand er ziemlich schnell heraus, dass ich eine Vorliebe für den *Schwarzen Afghanen* hatte und wusste sofort, was damit gemeint war. Er behauptete sogar, noch etwas viel Besseres zu kennen.

Der Name *Viktor* kurbelte Luanas Gedanken noch mehr an. Sie erinnerte sich an eine Episode im Lateinunterricht der 8. Oberstufenklasse. Ich wusste damals nicht, wie der Genitiv Plural von *templum* lautete. Meine Lateinlehrerin war entsetzt und enttäuscht. Da ich mir am Vortag ein Muttermal hatte herausoperieren lassen, welches sich haargenau in der Mitte meiner Stirn befand, hatte sie für mein Unwissen eine Erklärung. Die Ärzte hatten mir, sagte sie, wahrscheinlich nicht nur mein Muttermal, sondern auch einen Teil meines Gehirns herausoperiert. Alle lachten. Unter angestauten Tränen bekam ich die Chance, meine Blamage mit der Deklination von *victor* wiedergutzumachen. Seither weiss ich unwiderruflich, dass der Name Viktor *Sieger* bedeutet. Die Tatsache, dass meine Begegnung diesen Namen trug, verstärkte mein Interesse, und in meiner Phantasie malte ich mir romantische Bilder von mir und meinem Sieger aus.

Gut gelaunt und voller Abenteuerlust kam ich mit Viktor ohne zusätzlich bezahltes Ticket in Bern an. Er wollte noch schnell etwas erledigen, mich anschliessend zu einem unvergesslichen Essen einladen und bat mich, auf ihn zu warten.

Ich beobachtete fröhlich die Leute am Bahnhof und dachte an Viktor. Vielleicht war er unterwegs, um ein Piece zu organisieren, er hatte mir auf unserer Zugfahrt ja erklärt, dass es noch etwas anderes und viel Besseres als den *Schwarzen Afghanen* gab.

Die meisten Menschen im Bahnhof gingen gezielt und mit schnellen Schritten an mir vorbei. Welche Hoffnungen oder Erwartungen wohl in ihnen steckten? Ich beobachtete einen Mann, der vor wenigen Minuten noch mit seinem Aktenkoffer an mir vorbeigeeilt war und den ich jetzt gemütlichen Schrittes in Richtung Blumenladen verschwinden sah.

Wahrscheinlich hatte er seinen Anschluss verpasst und musste sich nun bis zur nächsten Bahn gedulden. Mit einem Strauss gelber Rosen ging er mit zufriedenem Gesicht wieder zu den Perrons. Gelb schien seine Lieblingsfarbe zu sein, denn nicht nur die Rosen waren gelb, sondern auch seine Krawatte. Wahrscheinlich war gelb die Lieblingsfarbe seiner Frau, und aus Liebe zu ihr trug er eine gelbe Krawatte. Ich stelle mir vor, wie sie ihm von seiner Frau zu Weihnachten geschenkt worden war.

Wahrscheinlich hat sie ihm eine Karte dazugelegt und geschrieben: Gelb wie die Sonne. Lasse sie für mich scheinen, indem du diese Krawatte trägst und an mich denkst. Heute war so ein Tag, an dem der unbekannte Mann die Sonne für seine Frau scheinen liess. Er trug die gelbe Krawatte und kaufte ihr auch noch einen Strauss gelber, sonniger Rosen. Vielleicht bekam die Frau heute Abend einen Sonnenbrand und wechselte ihre Lieblingsfarbe.

Ein junges Mädchen holte mich aus meinen Gedanken und Phantasien.

«Hast du ein wenig Kleingeld bitte», fragte sie, «ich brauche unbedingt Geld für ein Zugticket.»

Ich wusste natürlich, dass die Geschichte mit dem Ticket gelogen war, gab ihr wortlos die Hälfte meines restlichen Kleingeldes und zauberte ein riesiges Lächeln auf ihr Gesicht. Schliesslich hatte ich heute das Glück gehabt, gratis von Thun nach Bern zu fahren. Ich wartete und wurde ungeduldig, denn von Viktor war weit und breit nichts zu sehen.

Zwei junge Typen hatten mich schon eine Weile beobachtet. Sie kamen auf mich zu und fragten mich, ob ich Lust hätte, mit ihnen einen Kaffee zu trinken. Ich sagte ihnen, dass ich auf meinen Freund warte.

«Such dir jemanden, der dich nicht warten lässt», sagte der Grössere der beiden.

Aber da war etwas, das äusserst stark war und mich weiter warten liess. Luana fühlte sich von Viktor so sehr angezogen, dass nur schon die Vorstellung seines frechen Lachens und seine attraktive Arroganz ihre Gefühle zappeln liess. Für Viktor legte sie sich auch noch nach einer Stunde alle möglichen Entschuldigungen zurecht.

Ich weiss, dass er nicht der einzige Grund meines Wartens war, da war noch etwas anderes, ich wusste nur nicht, was es war. Ein altes Pärchen ging langsam an mir vorbei Richtung Rolltreppe. Sie waren von einer so starken Liebesaura umgeben, dass ich beinahe geweint hätte. Die Frau hatte wahrscheinlich Angst oder war sehr unsicher, den Schritt auf die Rolltreppe zu wagen. Ich sah, wie ihr Mann ihre Hand nahm und ihr irgendetwas ins Ohr flüsterte. Sie lächelten sich beide vertraut an. Die Frau verlor ihre Unsicherheit. Mutig betrat sie nun die Rolltreppe, ihr Mann stand ihr zur Seite und hielt ihren Arm mit beiden Händen. Sie wurden von der Rolltreppe auf die nächste Etage getragen. Als sie oben angekommen waren, machten sie eine kurze Pause.

Ich sah, wie er über ihre Wange streichelte und ihr wieder etwas sagte. Sie rückte darauf sein Jackett zurecht, dann

hängte sie sich bei ihm am Arm ein, und mit würdiger Ruhe
watschelten sie davon. Wie schön die Liebe doch sein kann!

Endlich kam Viktor. Als er mich sah, schickte er mir von Weitem einen Luftkuss zu. Ich vergass sofort das mühsame Warten. Er hatte seine Pläne geändert und schlug vor, nach Thun zurückzukehren. Von einem romantischen Essen war nicht mehr die Rede. Ich war enttäuscht, sagte aber nichts. Stehend tranken wir im Bahnhof eine Cola, die wir uns teilten und warteten auf den Zug. Er wollte nicht den Schnellzug nehmen, sondern den Bummler, der natürlich viel länger brauchte und an allen Stationen hielt. Zu diesem Zeitpunkt verstand ich dies noch nicht. Als wir in den Regionalzug einstiegen, streichelte er mir sanft übers Haar und lachte.

Ich fragte mich für einen Augenblick, was ich eigentlich an einem Typen toll finden konnte, der mich beim ersten Rendez-vous über eine Stunde hatte warten lassen. Ausserdem war sein von ihm versprochenes, unvergessliches Essen ein Luftschloss geblieben, und für seine unglaublich lange Verspätung hatte er sich nicht einmal entschuldigt. Meine Zweifel waren aber nur von kurzer Dauer.

7 Der erste Schuss

Luana sass neben Viktor im Zugabteil und sah in sein Gesicht, das für sie etwas Geheimnisvolles hatte.
Er lächelte mich an, wirkte aber irgendwie nervös. Plötzlich stand er auf und ging auf die Zugtoilette.

Der Wagen war fast leer. Ich vernahm die Stimme zweier Frauen, die sich lebhaft unterhielten, jedoch nicht sichtbar für mich waren, da sie am Ende des Waggons sassen. Sie unterhielten sich über lateinamerikanische Tänze. Eine von ihnen schwärmte für den Paso Doble, den ihr ein Bekannter beigebracht hatte.

Viktor kam von der Toilette zurück. Meine Aufmerksamkeit gehörte sofort wieder ausschliesslich ihm. Er setzte sich nicht mehr neben mich, sondern mir gegenüber. «Gib mir nun deinen Arm, Kleines», sagte er so, als hätte ich mein ganzes Leben lang nur auf diese Worte gewartet.

Ich hatte weder Zweifel noch leistete ich Widerstand. Wortlos und ohne zu zögern streckte ich ihm wie unter Hypnose meinen Arm hin. Er schnallte seinen Gürtel eng um meinen Oberarm und meine Venen erschienen an der Hautoberfläche. Mit seiner linken Hand packte er mein Handgelenk, und mit dem Zeige- und Mittelfinger der anderen Hand tastete er zielsicher nach meinen Venen. Alles lief schnell und routinemässig ab.

Ich hatte das Gefühl, dass mir seine wilden Locken begeistert zunickten, als er die Luftbläschen in der Spritze wegdrückte. Ich habe dir einen Cocktail gemacht, sagte er stolz. Es war ein Gemisch aus Kokain und Heroin. Zuerst fühlst du das Koks, sagte er, später wirst du vom Sugar runtergeholt. Ich verstand nicht, was er damit meinte. Meine Vernunft hatte sich bereits seit Stunden aus dem Staub gemacht. Ich sass nur noch da und überliess mich meinem Sieger.

Mit einem fürsorglichen Lächeln injizierte mir Viktor meinen ersten Schuss.

Wie aus dem Nichts fühlte ich, wie mein Herz plötzlich raste.

Beängstigend! Ich konnte nicht mehr einfach nur dasitzen und nichts tun.

Ich stand fluchtartig auf. Ging im Zugabteil auf und ab, extrem nervös.

Viktor lachte laut, so kam es mir jedenfalls vor. Ich zog den Gürtel meiner Jeans aus, um besser atmen zu können. Jedes Geräusch erschien mir als eine immense Gefahr.

Ich hatte Angst. Eine mir bisher unbekannte Form von Angst umgab mich und liess mich glauben, ich würde durchdrehen. Ich fühlte kalten Schweiss auf meiner Stirn. Ein seltsamer Geschmack war auf einmal in meinem Mund, etwas Fremdes, was ich nicht kannte. Ich weiss nicht mehr, wie lange mich diese Gefühle bedrohten, jede Sekunde erschien mir zu lang! Das änderte sich plötzlich.

Auf einmal fühlte ich mich lieblich und sanft umarmt, und ein Gefühl der Sicherheit und inneren Ruhe streichelte mich zart. Das Heroin begann zu wirken und verlieh mir ein wohliges, warmes und entspanntes Gefühl.

Viktor grinste und nickte mir schon fast väterlich zu, als ich mich wieder neben ihn setzte. Er bot mir eine Zigarette an.
Mir war nicht mehr kalt. Ich fühlte eine angenehme, fürsorgliche Wärme, die von ganz tief innen zu kommen schien. Meine Ängste und Sorgen waren verschwunden, ich fühlte mich geborgen und sicher wie niemals zuvor. Ich hielt Viktors Hand und genoss die lautlose Kraft, die mich sanft umarmte und meine Sehnsüchte stillte. In Thun verabschiedete ich mich von ihm, er streichelte über mein Haar und gab mir einen leidenschaftlichen Kuss. Dies war für mich der Beweis seiner Verliebtheit. Langsam und mit dem Gefühl, frei von Sorgen zu sein, machte ich mich auf den Weg nach Hause.

8 Schwester und Brüder

Luana ging direkt auf ihr Zimmer, legte sich aufs Bett und schloss die Augen. Sie hörte ihre Schwester, die einen ihrer Anfälle hatte. *Zum ersten Mal liess mich ihr Geschrei kalt. Zum ersten Mal zeigte ich keinerlei Anzeichen von Nervosität und innerer Unruhe. Ich bin weit weg von allem und fühle mich unverletzlich. Meine Mutter sah mich später am Abend zweimal auf die Toilette rennen, wo ich mich übergab. Ich erklärte ihr, dass ich wahrscheinlich etwas Übles gegessen hatte. Wie einfach es doch ist, Lügen glaubhaft zu machen.*

Mein Wunsch war es immer gewesen, dass ich mit meiner älteren Schwester Spass haben kann und dass sie mir, ihrer kleinen Schwester immer beisteht und Ratschläge gibt und mir erzählt, was mich mit den Jungs und mit der Liebe erwartet. Diese Vorstellungen blieben jedoch reines Wunschdenken.

Meine Schwester wurde gegen Ende der obligatorischen Schulzeit magersüchtig, die genauen Ursachen dafür sind unklar geblieben. Sie hatte es meiner Meinung nach nie nötig gehabt abzunehmen, aber als sie ihre erste grosse Party vor sich hatte, wollte sie zwei oder drei Kilos abnehmen, um einfach perfekt in ihrem weissen Minirock auszusehen. Leider konnte sie es bei diesen drei Kilos nicht belassen, sie hungerte weiter und weiter.

Magersucht und andere Essstörungen waren damals noch nicht so bekannt wie heute, was die ganze Situation nicht vereinfachte. Meine Eltern mit ihren Sorgen und Ängsten schenkten ihre komplette Aufmerksamkeit meiner Schwester und vertrauten darauf, dass es mir und meinen Brüdern gut ging. Sicher realisierten sie, dass auch wir unsere Probleme hatten, aber sie schienen im Vergleich zur Erkrankung meiner Schwester unbedeutend zu sein.

In ihrer Hilflosigkeit und Angst zogen sie das Schweigen den Fragen vielleicht auch deshalb vor, um sich zu schützen. Es durften in der Familie nicht noch weitere Probleme auftreten, die sie belastet oder ihre Herzen verletzt hätten.

Meine innere Revolution, die schon seit einiger Zeit stattgefunden hatte, wurde jedenfalls nicht wahrgenommen. Warum sollten sie auch einen Sehenden über die Strasse führen, wenn ein Blinder laut um Hilfe schreit.

Oftmals schrie mich meine Schwester hysterisch an und schlug sich auf ihren mageren Bauch, der ihr noch immer viel zu dick erschien. Sie verfluchte mein problemloses Leben und meine Unkenntnis von Leid und Trauer. Sie warf mir vor, ein sorgloses Leben zu führen. Sie zwang mich dazu, ihren dünnen Oberarm mit dem meinen zu vergleichen und prüfte haarscharf den Umfang meines Oberschenkels. Sie heulte, es waren offenbar Hass und Schmerz, die sie bei meinem Anblick zu ertragen hatte. Obwohl ich ihr nie etwas angetan hatte, schien sie mich als ihren grössten Feind zu betrachten.

Ich hatte es total satt, dass mir ständig gesagt wurde, ich müsse ihr Verhalten verstehen und ihrer Krankheit zuschreiben. Diese Sätze hörte ich seit meinem elften Lebensjahr. Ich musste ihre Äusserungen und Emotionen akzeptieren, wie schmerzlich und schockierend sie auch immer waren. Häufig kochte sie kiloweise Teigwaren und forderte mich auf, zu essen. Oder sie kaufte mir etliche Tafeln meiner Lieblingsschokolade. Sie schien Befriedigung darin zu finden, wenn sie andere möglichst viel essen sah und konnte eine Riesenszene machen, wenn ich nicht noch einen zweiten oder sogar dritten Teller ass. Ihre damaligen Anfälle richteten sich explizit immer nur gegen mich. Es war für mich in jener Zeit extrem belastend, beängstigend und qualvoll, ihre Schwester zu sein.

Die einst gemütlichen Mahlzeiten mit der Familie wurden immer mehr zu einem dramatischen Gefühlsroulette. Es war oft so, dass ich mich vor meiner Schwester fürchtete, vor allem, solange ich noch das Zimmer mit ihr teilen musste. Oft verbrachte ich schlaflose Nächte. Meine Furcht war, sie könnte ihren Wahnsinn an mir auslassen. Ich hatte grausame Vorstellungen, die mich wach hielten.

Nicht nur meine Essensgewohnheiten wurden von ihr beobachtet und kommentiert. Es gab auch anderes. Ich erinnere mich, wie sie mich dazu zwang, meinen türkisfarbenen Jogginganzug nicht in ihrer Gegenwart zu tragen, da diese Farbe ihre Lieblingsfarbe war. Sie tobte und schrie, bis ich schliesslich eingeschüchtert meinen Jogginganzug schwarz färbte, allerdings nur die Hose, das Oberteil liess ich in seiner schönen, fröhlichen Originalfarbe in meinem Kleiderschrank, versteckt unter anderen Kleidern. Manchmal, wenn ich dann ganz sicher war, dass ich allein in der Wohnung war, zog ich es an und bewunderte mich vor dem Spiegel, immer auf der Hut, dass sie mich nicht ertappte. *In diesen Minuten musste ich das Glücksgefühl beinahe kotzen,* schreibt Luana in ihrem Tagebuch.

Die Krankheit meiner Schwester war gleichzeitig ihr Schutzschild, das uns verbot, sie anzugreifen.
Ich war gesund, sie war krank.
Ich war stark, sie war schwach.
Sie hatte Probleme. Ich hatte keine Probleme, jedenfalls keine sichtbaren.
Ich hätte mir auch einen offiziellen Schutzschild gewünscht.
Sie sollten auch mich nur mit Samthandschuhen berühren dürfen.
Es gab aber niemanden, der meine Schwester zum Schweigen gebracht und sich für mich eingesetzt hätte.

Ich fühlte mich einsam.

Ich fühlte mich verletzlich und schuldig.

Schuldig, dass es mir so gut ging, schuldig, dass mir bis jetzt immer alles auf Anhieb gelungen war. Schuldig, dass ich erneut einer der Gründe dafür war, dass meine Schwester herumschrie.

Ich brauchte Luft.

Ich wollte eine Pause.

Wie sehr hätte ich mir gewünscht, geliebt und umsorgt zu sein.

Ich lese in meinem Tagebuch, wie ich einst zu Beginn des krankhaften Abnehmens meiner Schwester meine Mutter darauf aufmerksam machte, dass ich gesehen hatte, wie meine Schwester alle Brötchen, die sie vorgab zu essen, unter ihrem Trainingsanzug versteckte.

Als meine Schwester meinen Verrat hörte, gab es ein ohrenbetäubendes Geschrei, welches sich später in ein Schluchzen wandelte. Meine Mutter forderte mich schliesslich auf, keine Lügengeschichten über meine Schwester zu erzählen.

Es gelang mir nicht, meine Mutter zu überzeugen, dass ich keine Lügnerin war. Sie glaubte meiner Schwester, die mich unter Tränen anschrie und mir klarmachte, wie sie meinen miesen, verlogenen Charakter verabscheute.

Vielleicht wusste meine Mutter instinktiv, was eigentlich los war, aber ihr fehlte die Kraft, für mich Partei zu ergreifen und mir zu glauben. Das Schreien und Weinen ihrer älteren Tochter lähmte sie.

Aus dem Tagebuch geht hervor, dass ich nicht wusste, wie ich mit den Anfällen und dem Verhalten meiner Schwester umgehen sollte. Sie waren ein Teil meines Lebens geworden. Es kam vor, dass ich nicht einmal mehr mit dem Fahrrad unterwegs sein durfte, weil meine Schwester dies nicht ertrug. Sie wollte mich von jeder körperlichen Bewegung fernhalten. Sah sie mich dann trotzdem auf dem Fahrrad, wurde ich massiv beschimpft. So war auch das Fahrradfahren mit erheblichen Ängsten verbunden.

Wenn ich meinen Eltern von den Anfällen meiner Schwester erzählte, wurde mir erklärt, dass dies mit ihrer Krankheit zu tun habe.

Es sei nicht persönlich gemeint.

Die Peitschenschläge, die ich abbekam, waren nicht für mich bestimmt. Das half mir aber nicht. Ich spürte nur den damit verbundenen Schmerz, und den Schutzschild meiner Schwester hatte ich definitiv satt.

Ich war überfordert mit dieser schwierigen familiären Situation. Die angenehme Ruhe, die Sicherheit, das Nest, wo man sich zurückziehen konnte und sich geborgen fühlte, dies alles fehlte mir plötzlich. Ich wusste nie, welche aufwühlende Situation ich gerade antreffen würde. Früher rannte ich fröhlich und unbekümmert nach Hause und erzählte sprudelnd die Ereignisse meines Tages.

Diese Zeiten gehörten schon lange der Vergangenheit an. Seit sich die Atmosphäre in unserer Familie verändert hatte, war ich nervös und teilweise ängstlich, wenn ich vor der Haustüre stand. Oft blieb ich einige Minuten stehen und horchte, ob die Stille mich freundlich einlud. Manchmal, wenn ich Geschrei hörte, wartete ich einige Minuten, bis ich den Mut hatte, einzutreten.

Wenn sich die Anfälle meiner Schwester gegen mich richteten, musste ich lernen, sie nicht persönlich zu nehmen, auch wenn sie mich verletzten. Ich sollte sie als Folge ihrer Krankheit verstehen. Trotzdem machte es mich wütend, dass sie mich verletzen durfte, während ich sie mit Samthandschuhen anfassen musste, um sie nicht aus dem Gleichgewicht zu bringen. Ich verfluchte diese Ungerechtigkeit. Ich verfluchte auch mich selbst, da ich offenbar nicht fähig war, über den Ausfälligkeiten meiner Schwester zu stehen.

Die Verzweiflung machte sich bei uns in unterschiedlicher Weise bemerkbar. Meine Eltern waren in permanenter Angst und Sorge, und ihre tägliche Unruhe hatte sich in ihren Gesichtern eingenistet. Der ältere meiner Brüder und ich entwickelten unsere eigenen Methoden, auch wenn wir selten darüber sprachen. Schon ein verständnisvolles Schweigen war Gold wert, ein Blick genügte mir, um zu wissen, wie er sich fühlte und umgekehrt. Er hatte einen ausgeprägten Sarkasmus, der ihm half, seine Sensibilität zu vertuschen.

Nicht selten kam er mit irgendwelchen Schrammen nach Hause, die er sich bei einer Schlägerei geholt hatte. Wenn ich ihn darauf ansprach, kamen immer ausweichende Antworten. «Das ist ein Geburtsmal, Lu», sagte er zum Beispiel, oder er sagte, er habe sich beim Onanieren verletzt, grinste und klopfte mir auf die Schulter. Es war fast unmöglich, eine ernsthafte Diskussion mit ihm zu führen.

Wir hatten beide unsere eigenen Dinge am Laufen, um unsere Sehnsüchte zu stillen.

Was damals in meinem jüngsten Bruder vorging, konnte ich nur erahnen. Sicherlich war die familiäre Situation in jener Zeit auch für ihn eine grosse Belastung.

Mein Ziel war es, wie ich in meinen Tagebüchern schrieb, meine alte Haut abzustreifen. Die neue sollte so stark und unverletzlich sein, dass ich allen Belastungen und Schmerzen, allen Erwartungen und Enttäuschungen standhalten konnte.

Ich hatte oft die Gelegenheit, unsere Riesenschlange, eine Netzpython, zu Hause in ihrem Terrarium zu beobachten, wenn sie dabei war, sich zu häuten. Ein paar Tage vor der Häutung verlor sie jeweils ihren Glanz, sie wurde trüb und zeigte ein aggressives Verteidigungsverhalten. Dann wieder wurde sie lethargisch.

Es war deshalb wichtig, dass sich die Schlange in ihrem Terrarium zurückziehen konnte. Meine eigenen Rückzugsmöglichkeiten zu Hause aber waren beschränkt und wurden täglich spürbar weniger.

9 Der nächste Tag

Am Tag nach meinem ersten Schuss war ich aufgewühlt und fühlte mich unwohl. Ein Gedanke jagte den andern. Als ich nach dem Aufwachen den Einstich an meinem linken Arm betrachtete, wurde mir bewusst, dass ich gestern die Grenze zu den harten Drogen überschritten hatte. Im Moment dieser Erkenntnis verabscheute ich mich und meine gefährliche Labilität zutiefst. Ich realisierte, in welche Gefahr ich mich begeben hatte.

Auf dem Weg ins Gymnasium weinte ich. Ich schwor mir, dass dies der erste und letzte Heroinrausch für mich gewesen war. Später verbrachte ich eine endlose Zeit damit, herauszufinden, warum ich mir diskussionslos ein Gemisch aus Kokain und Heroin hatte spritzen lassen. Es gab alle möglichen Erklärungen, die aber als Entschuldigung für meine Dummheit nicht ausreichten.

Wenn ich heute in meinen alten Tagebüchern blättere, lese ich Mutmassungen und Rechtfertigungen, Bruchstücke von Sätzen und unvollständigen Gedankengängen, die mir damals wohl hilfreich erschienen. Eine meiner Erklärungen war, dass ich mich von all den fordernden Menschen, von meiner Favoritenrolle, einfach von der ganzen für mich nicht mehr tragbaren Situation befreien wollte. Das Mädchen, das ich damals war, sei auf der Suche gewesen nach etwas, das all seine Sehnsüchte stillen konnte und ihm die

Unverletzlichkeit von Achilles verlieh. Dieser Viktor schien ein Rezept dafür gefunden zu haben. Es war eine Möglichkeit, Ruhe zu finden und sich von allen Schmerzen zu befreien.

Ausserdem habe Viktor sich im Moment der Injektion so beschützend und liebevoll verhalten, dass Luana damals keinen Grund hatte, an seinen friedlichen Absichten zu zweifeln. Er hatte mich ausgewählt, um seine Gefühle mit mir zu teilen. Ich konnte mich also fast ein bisschen geehrt fühlen. Möglicherweise hatte ich damals aber auch Angst vor seiner Reaktion, wenn ich einfach nein gesagt hätte.

Von diesem Nein war ich seltsamerweise unendlich weit entfernt. Ich kann mich jedenfalls nicht erinnern, dass ich auch nur versucht hätte, mich zu wehren. Im Gegenteil, es war eher das Gefühl von Begeisterung mit seiner Tat verbunden, die mich ins grösste Elend führen und um Jahre meines jungen Lebens bringen sollte. Ausserdem wollte ich den eindrucksvollen Kerl nicht enttäuschen, ich wollte weder unerfahren noch ängstlich wirken und nichts tun, das ihm die Gelegenheit gegeben hätte, mich nicht zu mögen. Erst viel später erkannte ich, dass Viktors Lächeln im Moment der Injektion weder fürsorglich noch liebevoll war, sondern kalt und herablassend.

Anderntags, nach der Begegnung mit Viktor, versuchte ich mir einzureden, dass dies alles nichts als ein einmaliger Ausrutscher gewesen war. Nichts auf der Welt konnte mich dazu bringen, es ein zweites Mal zu tun. Ganz sicher war ich mir aber nicht, und dies machte mich seltsam nervös.

Mit aller Kraft konzentrierte ich mich auf die Tatsache, dass ich mich zweimal übergeben musste. Dies war Grund genug, dieses Zeug nicht noch einmal anzurühren. Ansonsten fand ich aber nichts Negatives. Krampfhaft versuchte ich, mich *nicht* an das Gefühl zu erinnern, das ich hatte, als das *Sugar*, wie Viktor das Heroin nannte, seine Wirkung zeigte. Es gelang mir nicht.

Mein Versuch scheiterte. Denn dieser stille Retter in der Not, der mich so friedlich und so liebenswürdig umarmt und all meine Sehnsüchte für eine Zeit lang gestillt hatte und mich unverletzlich machen konnte, winkte mir bereits aus weiter Ferne vielversprechend zu.

Am Gymnasium hatte ich Mühe, dem Unterricht zu folgen. Der Geschichtslehrer erzählte vom Islam, er war nicht nur eine Religion, sondern ein in sich geschlossenes, für Muslime verbindliches Wertesystem. Der Koran war das für die Gläubigen unverfälschte Wort Gottes. In ihren Augen löste er sämtliche Probleme. Ich dachte unwillkürlich an Viktor und meine gestrige Erfahrung.

Der Koran und die Worte des Propheten Mohammed waren die Erkenntnisquelle der Muslime.

Ich war müde und gleichzeitig aufgewühlt. Ich wollte den Lehrer sogar unterbrechen und ihn fragen, woher er denn wissen wollte, dass Mohammed nicht unter Drogen stand, als ihm der Erzengel Gabriel erschienen war. Aber es war nicht der richtige Zeitpunkt, mit meinem blassen Gesicht Unruhe zu stiften.

An wen oder was glaubte ich eigentlich?

Im Moment hoffte ich nur darauf, dass diese Schulstunde bald zu Ende ging.

Nach der Schule war ich mit meiner Freundin Valérie verabredet. Ich erzählte ihr von Viktor und davon, wie es zu meinem ersten Schuss gekommen war. Sie nahm mich in ihre Arme und sagte unter Tränen, ich solle dies nie wieder tun.

«Ich will dich nicht verlieren», sagte Valérie.

«Bitte, tue es nie wieder.»

«Hör bitte auf, bevor es zu spät ist.»

«Lass die Finger von diesem Viktor.»

Die gute Valérie. Sie wusste nicht, welches Schicksal ihr selber bevorstand.

Ich versprach ihr, nie wieder harte Drogen zu konsumieren.

Wir wollten es bei unseren friedlichen Joints bewenden lassen. Wir kifften zusammen und redeten über unsere Träume und über die Liebe. Ich dachte an Viktor, der mich unwiderstehlich anzog, und heimlich sehnte ich mich nach einer Umarmung, aber nicht von Viktor, sondern von Sugar.

Zu Hause herrschte eine gedrückte Stimmung. Meine Schwester hatte schlechte Noten mitgebracht. Dies war für meine Eltern kein Grund zum Tadel, sondern ein Zeichen, dass sie noch mehr Zuneigung und Hilfe brauchte. Ihr Zeugnis war für sie ein weiterer Hilferuf.

Heute und aus der Distanz betrachtet, kann ich die Fürsorge meiner Eltern verstehen. Doch damals war es dem heranwachsenden Mädchen nicht möglich. Ich hörte meine Mutter sagen, dass sie sich gewünscht hätte, Luana wäre mit schlechten Noten nach Hause gekommen. Die Dinge in unserer Familie waren ihrer Ansicht nach schlecht verteilt. Ich war erfolgreich und hatte alles, was man für sein eigenes Leben brauchte, und meine Schwester hatte das Nachsehen.

Mein Vater ging in der Wohnung wortlos, aber irgendwie bedrohlich auf und ab. Ich hatte Angst, dass auch er schon bald einen Gefühlsausbruch haben würde.

Ich wollte nur noch raus hier.

Zwei Stunden später war ich mit Viktor zusammen und liess mir Heroin spritzen. Den Cocktail vom ersten Mal wollte ich nicht mehr. Irgendwie fühlte ich mich fast ein wenig stolz, dass ich nun wusste, welche Droge die meine war, nämlich Sugar. Endlich war es wieder da, dieses sanfte, wärmende Gefühl, das mich umarmte und mir Angst und Schmerzen nahm. Ich fühlte mich unverletzlich, unbesiegbar und durch Sugar mit Viktor verschmolzen.

10 Gymnasium oder Viktor

Am Gymnasium in Interlaken wurden wir in jenen Tagen mit den grossen Philosophen der Menschheit bekannt gemacht. Der Geschichtslehrer versuchte, uns Sokrates näherzubringen, und vielleicht war ich die Einzige, die aufmerksam zuhörte. *Sokratische Philosophie bedeutet eine innere Haltung, die das Denken und Dasein bestimmt und die Liebe zur Weisheit ausdrückt. Es ist besser, Unrecht zu leiden, als Unrecht zu tun. Die Liebe, hat Sokrates gesagt, ist das Einzige, wovon ich etwas verstehe.*

Ich dachte an Viktor und an Sugar.

Nach der Schulstunde würde ich direkt nach Bern fahren.

Ich war nervös.

Es war mir beinahe nicht möglich, den ganzen Nachmittag an der Schule zu sein.

Sokrates war der Ansicht, dass der, der wisse, was gut ist, auch das Gute tun werde. Diese Erkenntnis führe zum richtigen Handeln. Und nur wer das Richtige tue, werde zum richtigen Menschen. Wenn ein Mensch falsch handle, so tue er es nur, weil er es nicht besser wisse. Deshalb sei es so wichtig, das Wissen zu vermehren. Ob der Anfang einer Drogenkarriere auch zum Vermehren des Wissens gehörte?

Die Fähigkeit, zwischen Recht und Unrecht zu unterscheiden, lag laut Sokrates in der Vernunft begründet und nicht in der Gesellschaft. Meine Vernunft sagte mir, dass es jetzt angesagt war, die Schule zu schwänzen. Luana schrieb in ihr Tagebuch ein Zitat von John Stuart Mill:

«Es ist besser, ein unzufriedener Mensch zu sein als ein zufriedenes Schwein; besser ein unzufriedener Sokrates als ein zufriedener Narr.»

In den kommenden Wochen war ich fast täglich mit Viktor zusammen. Ich schwänzte die Schule immer öfter, und die Lügen wurden Teil meiner täglichen Routine. Morgens stand ich jeweils auf wie gewohnt und liess meine Eltern im Glauben, ich mache mich auf den Weg zur Schule. Oft sagte ich meiner Mutter noch irgendetwas, was mit der Schule zusammenhing, um vor dem Verlassen des Hauses auch wirklich alle Zweifel aus der Welt zu schaffen. Meine Lügen waren ausgeklügelt bis ins kleinste Detail, und ich entwickelte darin ein erstaunliches Talent.

Statt zur Schule ging ich direkt zu Viktor.

Er war meistens noch am Schlafen, wenn ich frühmorgens bei ihm eintraf. Ich kuschelte mich zu ihm, und dürstend nach Geborgenheit sog ich diese trügerisch schönen Augenblicke auf. Unser Ziel des Tages war Sugar, und wir machten uns jeweils Anfang Nachmittag auf den Weg zur Szene.

Meine Lehrer waren von mir enttäuscht. Ich war eine vielversprechende Schülerin gewesen, jetzt machten sie mich auf meine vielen unentschuldigten Absenzen aufmerksam und drohten, meinen Eltern einen Brief zu schreiben. Ich fälschte die Unterschrift meiner Eltern und hatte so keine unentschuldigten Absenzen mehr. Keiner hegte einen Verdacht, und sie waren damit zufrieden.

Obwohl ich oft der Schule fernblieb, schrieb ich immer noch gute Noten. Das war für mich ein Beweis, dass mein Lebensstil funktionierte und ich nichts ändern musste. Warum hätte ich dies auch tun sollen. Die Drogen waren mein Schutzschild, und mein Doppelleben funktionierte. Ich schien eine Begabung dafür zu haben. *Heute erhielten wir den Mathetest zurück. Ich machte mit mir selbst kurz vorher eine Vereinbarung. Falls meine Note unter einer 5 sein sollte, durfte ich mir heute während der Mittagspause keinen Schuss setzen. Ich hatte eine 5,5.*

Solche Spielchen trieb ich mit mir selbst immer wieder, um auf irgendeine Art und Weise den Schuss rechtfertigen zu können und um das Verbotene, Gefährliche in jenen Momenten für mich gefühlsmässig zu legalisieren.

Niemand merkte, dass ich drogenabhängig geworden war.

Meine Mutter sagte mir einmal erstaunt: «Luana, du blutest ja.»

Sie zeigte auf meinen Arm.

Spontan erwiderte ich: «Das war ein Mückenstich. Ich habe ihn aufgekratzt.»

Kurz vorher hatte ich mir einen Schuss gesetzt, in meinem Zimmer, hatte sogar die Zimmertüre ein wenig offen gelassen und mich sitzend hinter der Kleiderschranktüre versteckt. Ich redete dabei gut gelaunt mit meiner Mutter. Sie bügelte die Wäsche, während ich meine Venen durchbohrte.

Ich versteckte meine Sucht geschickt. Ich trug ein Geheimnis in mir, welches mir auf eine seltsame Weise Freude bereitete. Der Rektor des Gymnasiums Interlaken schrieb meinen Eltern schliesslich doch noch einen Brief. Er teilte ihnen mit, dass Luana in den letzten drei Monaten in der Schule ungewöhnliche Absenzen hatte. Sie sei dem Unterricht mehr als zur Hälfte ferngeblieben. Dies alles war ausführlich protokolliert, und es wurde eine Erklärung verlangt.

Meine Eltern konnten dem schriftlichen Nachweis meiner Absenzen kaum glauben. Sie wussten nur, dass ich jeden Morgen wie immer aufgestanden war, um in die Schule zu gehen.

Mein Vater geriet in Wut. «Du setzt deine ganze Zukunft aufs Spiel», sagte er. «Du willst doch nicht irgendeinen Hilfsarbeiterjob machen. Du hast deine Begabungen, und alles steht dir offen. Du musst dich von dem ganzen Gesindel trennen, mit dem du herumhängst.»

«Alles ist dir gleichgültig.»

«Du verpfuschst dir dein ganzes Leben.»

«Ich bin von dir enttäuscht.»

Er appellierte an meine Vernunft.

Meine Mutter schwieg, doch ihr Schweigen war qualvoll. Sorgen und Ängste spiegelten sich in ihrem Gesicht.

Ich versprach meinen Eltern, ab sofort wieder regelmässig in die Schule zu gehen. Sie glaubten mir schliesslich, meine Schauspielerei konnte sie überzeugen, und vielleicht meinte ich es in diesem Augenblick sogar ernst. Mit meiner Traurigkeit und Hilflosigkeit aber blieb ich allein. Mein nächster Gedanke gehörte ausschliesslich dem Sugar.

Meine Eltern haben bereits genügend andere Sorgen. Manchmal bin ich dennoch erstaunt, wie sie meine Hoffnungslosigkeit und Verzweiflung übersehen können. Es gibt Tage, da nervt und verletzt mich ihre Gleichgültigkeit so sehr, dass ich mir meine Beerdigung vorstelle und das damit verbundene Gerede aller Leute, die niemals erwartet hätten, dass Luana an einem goldenen Schuss sterben könnte.

11 Spurensuche in meinem Tagebuch

Luana hat beinahe täglich in ihr Tagebuch geschrieben und gezeichnet. Vieles von dem, was ich hier aufschreibe, hätte ich sonst nicht mehr so genau wiedergeben können. Sie schrieb aber auch Texte mit der Verzweiflung eines noch nicht einmal volljährigen Mädchens. Darunter sind Zeilen, die Luana wenige Wochen nach ihrer Bekanntschaft mit Viktor geschrieben hat und denen sie den Titel *Lied der Tränen* gab.

Tränen, warum könnt ihr nicht singen? Mein Herz klopft nach Ausgeglichenheit, doch blosse Worte verirren sich in den Verwirrungen des Systems. Wären es singende Worte, Worte, die akustisch beeindrucken könnten, so würden meine Tränen singen können, mein Herz würde vor Erleichterung und Genugtuung klopfen! Doch ich bin gefangen in meiner Stille, in schreienden Worten und Gedanken, die man nicht hört. Könnten meine Tränen singen, würde sich meine Seele im Takt der Musik wiegen! Mein Schmerz bekäme eine Antwort durch die Poesie der Musik. Poesie von Worten ist so einsam, so still. Zum Glück ist die Grösse der Seele unendlich! Warum nur verstehen die Menschen eine Melodie aus Worten nicht? Bitte, Tränen, singt doch, denn stille Musik wird nicht verstanden! Mein Herz klopft ruhiger, meine Seele wiegt sich sanft in meinen von ihr gefühlten Worten, es scheint, als würde sie ihre Hüften leicht bewegen, gerade so, als ob sie Musik wahrgenommen hätte. Vielleicht also haben meine Tränen doch gesungen ...

12 In der Szene

Unterdessen hatte Luana von Viktor einen Job erhalten, nämlich *vermitteln.*
Sie organisierte Leute, die von ihm Sugar kauften. Als Entlöhnung erhielt sie eine Messerspitze Sugar von Viktor gratis. In der Szene nannte man das Heroin *Sugar* oder *Gift,* andere sprachen von *Stoff* oder *Eitsch* für die Abkürzung H.

Ich war das noch unverbrauchte, frische, junge Gesicht in der Szene. Viele Abhängige dachten, ich hätte mich bloss verirrt und wäre zufälligerweise hier gelandet. Manchmal, wenn ich direkt von der Schule kam und meine Schulmappe mit mir herumschleppte, schüttelten einige nur den Kopf.

Es war wohl ein seltsames Bild, wenn jenes Mädchen, das ich damals war, mit seinem kindlichen, unschuldigen Aussehen versuchte, die Abhängigen von Viktors Stoff zu überzeugen.

Anfangs traute ich mich kaum, die Süchtigen anzusprechen. Ich schämte mich fast ein wenig für mein blendendes Aussehen, für meine schneeweissen Zähne und meinen gesunden Körper.

Bei ihren Vermittlungen für Viktor konnte Luana die Szene und ihre Süchtigen gut beobachten und schrieb darüber in ihrem Tagebuch.

Sie haben einen Ausdruck von Leere, Achtlosigkeit und Ruhelosigkeit.

Dazu kommt eine erschreckende, unangenehme Hektik, die von der Sucht bestimmt ist und sie alle rastlos macht. Sie kommen mir vor wie eine Ansammlung von geklonten Menschen, die alle genau dasselbe Verlangen haben und dasselbe Ziel verfolgen. Wie erschütternd und traurig diese Bilder der Sucht doch sind!

Gefühllose, qualvoll zerfallende Existenzen, kraftlos und keine Liebe mehr fühlend, denn alles, so denken sie, kann durch einen Schuss ersetzt werden. Am Ende sind sich alle gleich. Die gleichen Gedanken, die gleiche Hektik, dieselbe Gleichgültigkeit, dieselbe Blässe, dieselbe Isolation.

Das Schlimmste daran war, dass jeder wusste, wie hoffnungslos sein Leben war. Früher oder später würde man an diesem Gift sterben. Doch diese Einsicht war völlig nebensächlich, denn jeder Gedanke galt einzig und alleine dem nächsten Schuss, und dafür hätten sie alles, auch Unbegreifliches oder sogar Unmenschliches getan.

Die Liebe? Sie geht hilflos unter. Die Sucht lässt auch die Liebe sterben. Sie stiehlt einem alle Gefühle. Wer zu tief drinsteckt, kommt nie mehr lebend heraus. Wer sich in dieser Hölle bewegt, realisiert auch die Liebe nicht mehr. Allein der Gedanke nach dem nächsten Schuss ist ins Gehirn, ins Herz und in die Seele tätowiert.

Noch konnte ich jenseits der Drogen etwas anderes fühlen. Ich war also noch nicht verloren. Ich war immer noch fähig, Liebe zu Viktor zu empfinden. Ich weiss, dass ich mich damals mehrmals gefragt habe, ob Viktor meine Vorstellungen von dieser wahren Liebe erfüllte. Ich war mir keineswegs sicher. Dennoch hielt ich daran fest. Es wäre falsch gewesen, daran zu zweifeln. Es hätte mir nur einen neuen Vorwand für Sugar geliefert.

Eines Tages stritt ich mich mit Viktor, weil ich mehr Sugar von ihm für das Vermitteln wollte. Er zeigte mir sein zweites Gesicht, es war völlig leer, und von seinem verführerischen Lächeln blieb nichts übrig.

Ich ekelte mich beinahe vor ihm.

Er schrie mich an, nannte mich eine Dreckschlampe und drohte mir, ich könne Teile meines Gesichtes schon bald auf der Strasse zusammensuchen.

Ich liess mir meine Angst nicht anmerken. Seine unkontrollierte Rage liess mich seine Gefährlichkeit spüren. Er schubste mich, packte mich und brüllte mich so heftig an, dass ich danach das Gefühl hatte, schwerhörig geworden zu sein.

Von all den anderen, die sich damals in Viktors Unterkunft aufhielten, war niemand bereit, mir zu helfen. Sie waren mit sich selbst und ihrem Stoff beschäftigt, die meisten waren auf der Suche nach einer noch brauchbaren Vene.

Am nächsten Tag ging ich in die Schule und nicht zu Viktor. Im Unterricht fühlte ich mich Welten von den Lehrern und Mitschülern entfernt. Mathematikstunde.

Ein Vektor war ein Objekt, das aus drei und in der Ebene aus zwei reellen Zahlen bestand. Mir war schwindlig, und ich konnte mich nicht auf die Worte des Lehrers konzentrieren.

In der Pause kam ein Mädchen aus meiner Klasse auf mich zugerannt und hatte Tränen in den Augen. Ihr Fingernagel war beim Einpacken des Schulmaterials abgebrochen.

Jeder hat seine Probleme, egal wie banal sie manchmal erscheinen. Für diese Schülerin war es der abgebrochene Fingernagel. Sie weinte sogar. Meine Tränen waren eingefroren. Ich machte das Mädchen auf ihre neun anderen wunderschönen Nägel aufmerksam. Sie stellte fest, wie bleich ich war und gab mir liebevoll einen Apfel, weil sie überzeugt war, dass mir Vitamine helfen konnten.

Die Trauer um ihren abgebrochenen Fingernagel und mein zerbrochenes Herz gaben sich für einen Augenblick schweigend die Hand.

13 Ein Geschenk von Nicolas

Auf einer Heimfahrt von Interlaken nach Thun setzte ich mich wie gewohnt ins Raucherabteil des hintersten Wagens. Von Viktor war ich total enttäuscht, und meine Gedanken waren beim Sugar. Das Abteil war für viele junge Leute damals ein Treffpunkt. Es gab den wohlverdienten Abendjoint oder die Zigarette nach einem harten Arbeitstag oder nach der Schule. Für die älteren Leute oder das Zugpersonal war es schwierig, die damit verbundene Provokation zu tolerieren.

Beim ersten Halt stieg ein junger Mann dazu und setzte sich mir gegenüber. Ich schaute ihn an. Ich weiss nicht, warum mir mein Schicksal ständig irgendwelche abgedrehten Typen über den Weg schickte. Er hatte himmelblaue Augen, die mich laut Tagebuch *an ein Meer voller Tränen* erinnerten. Ich merkte sofort, dass er auf Drogen war. Er hiess Nicolas, war im Knasturlaub und versuchte gerade, sein Leben wieder in den Griff zu kriegen. Er war an einem Raubüberfall beteiligt gewesen, bei welchem ein Mann erschossen wurde, er hatte bei diesem Überfall mitgemacht, weil er auf Drogenentzug war und unbedingt Geld brauchte.

Er erzählte mir dies alles auf eine irritierende Art. Es war, als würde er mir von einem Kinofilm erzählen, den er sich mit ein paar Freunden angeschaut hatte.

Seine Traurigkeit und eine intensive Leere, die mich fast zum Kotzen brachte, verrieten mir, dass dies tatsächlich seine Geschichte war. Vielleicht war das eine oder andere dazuerfunden und das eine oder andere ausgelassen. Seine Schilderungen liessen mich erschauern. Da er zwei Zigaretten von mir geraucht hatte, schenkte er mir stolz einen Feuerzeughalter, auf welchem AC/DC eingraviert war.

«Damit du mich und AC/DC nicht so schnell vergisst», sagte er. Er stellte sich vor, dass ich mich immer, wenn ich diesen Feuerzeughalter in der Hand hielt, an ihn erinnern würde, vielleicht mit Freude, vielleicht mit Trauer.

«Verliere ihn nicht», sagte er. Er war Fan von AC/DC und erzählte mir, wie die Band auf diesen Namen gekommen war. Die Idee stammte von der Schwester der Young-Brüder, die die Band gegründet hatten. Sie sah die Aufschrift AC/DC auf einer Nähmaschine ihrer Familie, die englische Abkürzung für Wechselstrom und Gleichstrom. Die Schwester war der Meinung, dass diese Abkürzung die kraftvolle Musik der Band ideal symbolisieren würde. Also nannten sie sich AC/DC. Ich spielte Nicolas die interessierte Zuhörerin vor, auch wenn mir seine Erklärungen vollkommen egal waren. Ich war nervös und zitterte. Ich brauchte einen Knall.

«Bist du oft auf diesem Zug?», fragte er.

«Eigentlich jeden Tag. Ich besuche das Gymnasium in Interlaken.»

«*Eigentlich* heisst, dass du ab und zu blau machst.»

Ich schwieg.

«Warum zitterst du?», fragte er, als ob er es nicht gewusst hätte.

Ich sagte nichts.

«Scheisse, Mädchen, du bist auf Entzug. Hast du etwas dabei?»

Ich schüttelte den Kopf.

Die Stimme des Lautsprechers beendete unser Gespräch. *Nächster Halt Thun, prochain arrêt Thun, next stop Thun.* Ich musste aussteigen. Nicolas ging mit. Er hatte noch ein 50er-Piece dabei und wollte versuchen, dies einzutauschen. Beim Bahnhofkiosk bat er mich, zu warten und ging mit gezielten Schritten davon.

Luana setzte sich auf eine Wartebank und rauchte eine Zigarette. Sie war nun doch froh über ihr Schicksal, das sie diesen Nicolas treffen liess. Obwohl sie unruhig war und hungrig den Rauch der Zigarette inhalierte, gingen ihr die Zeilen eines Gedichts durch den Kopf. Sie holte ein Stück Papier aus ihrem Schulsack und machte sich Notizen.

Dann kam auch schon Nicolas.

«Gehen wir auf die Männertoilette», sagte er mit einem Gesicht, als habe er soeben den Jackpot gewonnen.

Nachdem wir uns in der alten, nach eingetrocknetem Urin stinkenden Toilette eingeschlossen hatten, öffnete er ein *Briefli* mit Heroin. Er legte es zusammen mit der Spritze bereit, nahm einen kleinen Löffel aus seiner Jackentasche, der vom Erhitzen gekennzeichnet war, mischte ein wenig Ascorbinsäure dazu, ein wenig Wasser, hielt eine Riesenflamme aus seinem Feuerzeug unten an den Löffel, bis sich der Stoff auflöste. Dann drehte er aus einer Zigarette den Filter raus, legte einen Teil dieses Filters in das aufgelöste Heroin, durch den die Flüssigkeit in die Spritze aufgesogen wurde und drückte danach die verbliebene Luft aus der Spritze weg. Er hatte vor, zuerst mir und dann sich selbst einen Schuss zu setzen.

«Ich habe schlechte Venen», sagte ich ungeduldig.

«Ich bin mir sicher, dass du weder Aids noch Hepatitis hast», sagte er. «Ich selbst habe Hepatitis, das ist leider so, und deshalb werde ich dir den Vortritt lassen.»

Ich war geschockt. Was tat ich hier eigentlich? Jetzt ging ich also schon mit irgendeinem Typen, von dem ich ausser seinen kriminellen Geschichten überhaupt nichts wusste, auf die Herrentoilette und liess mir einen Schuss setzen. Hatte die Droge mich dermassen unter Kontrolle? Ich wollte doch aufhören und nicht ein weiteres, totes Gesicht der Szene werden!

Bereits der Metallgeruch des Löffels liess all meine Vorsätze und Gedanken verschwinden. Ich konnte den Schuss kaum erwarten, das ganze Ritual, und dies alles ohne Viktor, das gab mir ein gutes Gefühl.

Ich konnte mir in diesem Augenblick beweisen, dass ich auf Viktor nicht angewiesen war. Nicolas legte mir ein Batiktuch, das er als Gürtel trug, um den Oberarm, band es fest zu, und das Blut wurde gestaut. Er ertastete eine feine Vene, schob gekonnt die Nadel hinein und sog etwas Blut heraus, um sicher zu sein, dass er getroffen hatte.

Dann setzte er mir den Schuss.

Seltsamerweise kam mir in diesem Augenblick die Abkürzung von AC/DC in den Sinn. Wechselstrom, Gleichstrom. Einen Teil injizierte er mir, den Rest, mit meinem Blut gemischt, spritzte er sich in seinen Fuss, seine Venen wären am Arsch, meinte er entschuldigend. Das also war sein neues, altes Leben, das er in den Griff kriegen wollte.

Am Abend nahm Luana ihre Notizen vom Bahnhofplatz hervor und schrieb das Gedicht eines 17-jährigen Mädchens in ihr Tagebuch.

Isolation, wie kalt, wie tot sie doch ist
Ich fühle, sie injiziert mir dieses Gift
Welches ich unwillkürlich rief
Und dennoch, sie umarmt mich so intensiv
Zuerst glaubte ich, sie will mich foltern
Als sie begann über die Scherben meines Herzens zu stolpern
Später begriff ich, sie ist ein Freund der Stille
Und ich fragte mich: Wie aufopfernd ist wohl ihr Wille?
Ich kann ihre unsichtbare Schönheit fühlen
Traue mich aber nicht, sie zu berühren
Ihre Stärke jedoch macht mir auch Angst
Jetzt, so fühle ich es, umhüllt sie mich mit ihrem Glanz
Mein Preis war die Hingabe meiner Seele
Die Qualen sind weg, sie schenkte mir Leere
Anfangs fürchtete ich mich sehr

Doch jetzt schätze ich sie umso mehr
Sie ist mein treuster Begleiter geworden
Schmerz und Angst sind durch sie gestorben
So soll es nun bleiben, geheilt hat sie mich!
Die Verführungen des Lebens versetzten mir einen
unvergesslichen Stich
Nichts mehr kann mich zum Fürchten bringen
Ich höre schon die Glocken erklingen
Des Todes Angesicht streichelt sanft mein Herz
Eine Träne der Erleichterung nimmt mir endlich den Schmerz

14 Die Schulagenda von Luana

Ich sehe die Schulagenda von Luana durch. Jedes Mal, wenn ich mir einen Schuss setzte, machte ich mir in jenen Tagen ein grosses K für Kick. Zwischen den Notizen für die Hausaufgaben steht 1K, 2K, 3K, manchmal schon 4K.

Ich dachte mir, das wäre vielleicht eine Möglichkeit, mir bewusst zu werden, wie viel ich von diesem Stoff brauchte, und wie dringend ich aufhören sollte.

Viktor hatte sich in der Zwischenzeit bei mir für seinen Wutausbruch entschuldigt und offerierte mir mehrere Gratiskicks, die ich dankend entgegennahm.

Ausserdem war ich trotz allem froh, jemanden in der Szene zu kennen, der mich beschützen konnte.

Ich war damals wahrscheinlich die Jüngste, die sich regelmässig in der Szene von Bern herumtrieb. Mein frisches, junges Gesicht brachte manchmal sogar die alten, hoffnungslosen Junkies gegen mich auf. Es war eine Art fürsorgliches Unverständnis, verbunden mit einer lähmenden Wut. Vielleicht erinnerte ich sie an ihr eigenes einst unschuldiges und hübsches Gesicht, vielleicht erinnerte sie meine Erscheinung aber einfach nur an ihren eigenen unaufhaltsamen Zerfall.

Ich schämte mich, wenn ich jemanden anlächelte und mir bewusst wurde, dass diese Person von meinen glänzend weissen Zähnen geblendet wurde. Wahrscheinlich war ich für die Schwerstabhängigen ein Bettler mit vollen Taschen.

Es gab auch andere, darunter waren vor allem die Dealer, deren Phantasie durch meine Erscheinung angeregt wurde. Nicht selten wollte mich einer dazu überreden, mit ihm zu arbeiten. Ich würde innerhalb kürzester Zeit im Geld schwimmen, wurde mir jeweils versprochen. Meistens kam dann Viktor dazwischen und erklärte stolz, dass ich zu ihm gehöre. Dann nahm er mich in seine Arme und küsste mich. Er war eben trotz allem mein Sieger. So nahm ich sogar seine Beschimpfungen hin, im Wissen, dass ich später in seinen beschützenden Armen liegen würde und wir unsere injizierten Gefühle teilen konnten. Bei ihm fühlte ich mich geliebt und sicher und dachte nicht darüber nach, ob diese Gefühle Viktor oder der Droge zuzuschreiben waren.

Heute stellte mich Viktor einem seiner Freunde vor. Sein Name ist Mario, und ich kann den Kerl vom ersten Augenblick an nicht leiden. Ich soll für Mario vermitteln. Ich antwortete Viktor, dass ich das auf keinen Fall tun werde. Er hatte einen Wutanfall und beschimpfte und beleidigte mich. Seine Beleidigungen sind zur Routine geworden, und dennoch verletzen mich seine Worte immer wieder. Es folgt seine übliche Entschuldigung namens Sugar. Ich weiss, dass seine Entschuldigungen bedeutungslos sind, aber sie lassen mich seine Anfälle vergessen, jedenfalls für ein paar Stunden.

Da ich es satt hatte, mich mit Viktor zu streiten, war ich schliesslich einverstanden, für seinen Freund Mario zu vermitteln, allerdings nur heute. Ich ging zu einer der für die Süchtigen aufgestellten Toiletten. Ein Mann kam mir von der Toilette entgegen, er sass in einem Rollstuhl und fuhr mir beinahe über den Fuss. Er sah mich an und sagte: «So jung und so schön, und doch hat dich der Teufel verführt. Willst du dahinsiechen wie ich? Willst du in deiner eigenen Kotze aufwachen und dir von irgendwelchen Arschlöchern ins Gesicht pissen lassen? Verschwinde von hier. Ich muss kotzen, wenn ich dich hier sehe. Verschwinde!» Er sah mich drohend an, und ich rannte in Panik weg.

Ich traf Viktor in seiner Wohnung. Er war gerade dabei, sich einen Knall zu setzen, und zwar in der Gesellschaft von Mario. Ich erzählte ihm aufgelöst von meiner Begegnung mit dem Rollstuhlfahrer und meiner Angst, an diesem Ort zu vermitteln. Viktor hörte sich meine Geschichte an, lächelte und sagte zu Mario: «Kümmere dich bitte um Lu.» Ich konnte es in diesem Augenblick nicht ausstehen, dass er mich Lu nannte, denn nur meine Freunde, die mir wirklich sehr nahe standen, nannten mich so. Es war, als habe er mich und ein persönliches Geheimnis verraten. In meinen Drogenflashs hatte ich ihm immer wieder Dinge gesagt, die ich oft hinterher bereute. Kurze Zeit später erfuhr ich, dass Mario und Viktor jetzt zusammenwohnen würden, damit sie sich die Miete teilen konnten.

Ich dachte immer, die Konsequenz von Ehrlichkeit sei Liebe, und diejenige von Verlogenheit Hass. Doch heute realisiere ich, dass die Konsequenz von Verlogenheit Respekt ist, und diejenige von Ehrlichkeit Enttäuschung.

15 Im Dämmerzustand

Mario kümmerte sich nun also an jenem Abend um mich. Er setzte mir einen Knall, der mich während zwei Tagen zittern und erbrechen liess. Natürlich hatte ich das Privileg, dabei in Viktors und Marios Wohnung zu liegen und mich dort zu übergeben. Ich bekam nicht viel mit von dem, was sich um mich herum abspielte. Ich hörte nur, dass da ständig irgendwelche Leute rein und rausgingen, nahm unterschiedliche Männer- und Frauenstimmen wahr, hörte Gelächter, Gestöhne und irgendwelche Streitereien. Ich lag auf einer Matratze am Boden.

Viktor kam zwei oder drei Mal zu mir herüber und flüsterte in mein Ohr, dass er mich liebe und dass alles gut werden würde. Ich erinnere mich, dass mich seine Worte in meinem Zustand sanft streichelten, da war wenigstens einer, der mich liebte. Dann lag ich wieder allein da in meinem Dämmerzustand und dachte wirres Zeug.

Ich fragte Mario nach einem Blatt Papier, er grinste und sagte: «Du bist unglaublich, Kleines, da kotzt du uns zwei Tage und Nächte die Bude voll, und sobald es dir besser geht, willst du dir eine Nase reinziehen.»

Ich erwiderte ihm erschöpft, ich wolle nicht sniefen, sondern bloss etwas aufschreiben.

«Du bist eine verwöhnte, kleine Schlampe», sagte er und warf mir einen Fetzen Papier hin. Jenen Zettel habe ich aufbewahrt, Luana schrieb darauf erschöpft und ausgebrannt:

Ich halte alles nicht mehr aus – stopp – ihr wollt es schliesslich alle so – stopp – ich werde nicht noch mehr verkraften können – stopp – ich werde euer perfektes Mädchen spielen, ja ich werde es durchziehen, ich werde wahnsinnig – stopp – ich dachte, ich wusste, was hinter dem Wort Liebe stecken würde – stopp – ihr glaubt, ich sei unverletzlich!!! STOPP!!!!! ICH HABE SOLCHE ANGST – stopp – ich möchte wieder träumen – stopp – ich kann kaum atmen – stopp – verdammt, was ist nur mit mir geschehen??? – stopp – ich habe nun alles erlebt, also spielt es keine Rolle, ob ich sterbe – stopp – Rettung, was ist das für ein Wort? – stopp – ich habe keine Chance mehr – was soll ich nur tun??? – stopp – macht euch keine Sorgen um mich – Luana – die Unverletzliche, die Intelligente, die Starke – seltsam, ich kann nicht einmal weinen – stopp – meine Überzeugung des Aufgebens ist verdammt hoch! Die Wahrheit zu erkennen, zu realisieren und zu verarbeiten ist nichts für einen Träumer – stopp - ich habe wohl selbst zu viel erwartet – stopp – an Toleranz hat's euch gefehlt, nicht mir – stopp – das Wetter ist so grau und fad – stopp – keine Freude bleibt mir – stopp- ich hätte einfach glücklich sein wollen…

Meine Eltern sahen mich in jenen Tagen kaum noch, und wenn ich wieder einmal zu Hause war, stritten wir uns fast immer. Ich war mir sicher, dass sie aufatmeten, wenn ich sie wieder verliess. Es war damals unmöglich, eine vernünftige Diskussion mit mir zu führen, ich fühlte mich immer sofort angegriffen und unverstanden. Die Empörungen meines Vaters erfüllten mich mit Wut und Verachtung. Die Stille meiner Mutter verstand ich als Gleichgültigkeit. Tief in meinem Herzen wusste ich, dass ich mich mit etwas Gefährlichem verbündet hatte und damit nur Eigentore schoss. Doch das Wissen, dass ich etwas besass, das mich jederzeit von irgendeiner Enttäuschung oder von einem Schmerz retten konnte, unterstützte mich in sämtlichen Streitereien. Durch Sugar fühlte ich mich geschützt.

Um meine Abwesenheiten zu erklären, teilte ich meinen Eltern mit, dass ich zeitweise bei meinem Freund wohne und auch von dort aus zur Schule gehe. Ich wolle aber noch nicht definitiv ausziehen, da unsere Beziehung erst gerade am Anfang sei. Auch meine Freundin Valérie fühle sich in ihrer neuen Wohnung einsam und habe mich gebeten, regelmässig bei ihr zu übernachten.

Der Flash des Heroins liess mich mein freundliches Gesicht mit einem entschuldigenden Ausdruck zeigen.

Ich erzählte meinen Eltern von dem Mädchen mit dem abgebrochenen Fingernagel und von meinem Freund Viktor, der aussehe wie ein Surfer und Sport studiere. Die Geschichte mit dem Mädchen liess meine Eltern glauben, dass ich immer noch die Schule besuchte, und die Beschreibung meines Freundes, der Sport studierte, löschte den Zweifel, dass ich mich mit einem zwielichtigen Typen herumtrieb.

Ich konnte überzeugend wirken.

Meine Stimmungsschwankungen wurden als vorübergehende Trotzreaktionen eines unreifen Mädchens verstanden und still übergangen.

Ob meine Eltern gemerkt haben, dass ich mich seit zwei Tagen übergebe? Ob sie fühlen, dass ich mich nach Wärme sehne und einer ehrlichen Umarmung? Würden sie spüren, wenn ich sterbe? Werden sie die Verwesung meines Körpers riechen können? Wären sie die Letzten, die mich vermissen oder die Ersten? Von meiner Sucht wissen sie nichts. Es ist mein gut gehütetes Geheimnis, mit dem ich mich räche für alle Verletzungen, die man mir zugefügt hat. Manchmal empfinde ich sogar eine merkwürdige Freude, wenn ich mir einen Schuss setze und dabei an das Unwissen meiner Familie, Kollegen und Lehrer denke.

16 Luana, das perfekte Mädchen

Nach meinem Dämmerzustand, noch in derselben Nacht, schlich ich mich davon und ging zurück nach Hause zu meinen Eltern. Am nächsten Morgen sagte mir meine Mutter, ich wirke verstört. Ich freute mich, dass sie bemerkte, dass es mir alles andere als gut ging. Ich liess mir nichts anmerken und antwortete gereizt, sie solle sich doch nicht um mich, sondern um meine Schwester kümmern. Sie brauche sich nicht zu zwingen, Interesse an mir zu zeigen. So ging unser Gespräch wie so oft sofort zu Ende. Meine Mutter schien verzweifelt und traurig über meine Reizbarkeit zu sein und schwieg, um mich nicht zu provozieren.

Ich hoffte tief in meinem Herzen, dass sie nicht aufgeben würde. Dass sie für mich kämpfen würde, wie sie es doch auch für meine Schwester tat.

Ich hoffte, sie würde meine Aggression und meine Verlorenheit verstehen.

Ich hoffte, sie würde fühlen, wie traurig und hilflos ich war.

Ich war aber nicht fähig, ehrlich zu sein, ihr alles zu sagen und sie um Verzeihung zu bitten. Stattdessen unternahm ich alles, um ihr dabei zu helfen, mich abzulehnen, was mir auch ganz gut gelang.

Sie war mit meinem völlig aus den Fugen geratenen Leben überfordert und fand den Draht zu mir nicht mehr. Obwohl sie versuchte, mich fühlen zu lassen, dass sie sich um mich sorgte und mich liebte, kamen diese Gefühle bei mir nicht an. Sie tappte im Dunkeln und ich auch. Wir versuchten, den Lichtschalter zu finden. Aber auch wenn wir ihn gefunden hätten, hätten wir einander nicht sehen können, denn wir befanden uns nicht im selben Raum.

Nur meine Erschöpfung der letzten Tage hielt mich zurück, einen riesigen Streit mit ihr zu beginnen und völlig auszuflippen. Heimlich war ich sogar stolz auf mein Geheimnis. Ich hatte etwas, das mir alles gab, was ich brauchte, und das mir alle Schmerzen nahm. Keiner konnte mich verletzen, das Heroin machte mich stark und gab mir Selbstbewusstsein und ein Gefühl der Unverletzlichkeit.

Ich wollte gehen.

«Wann kommst du wieder?», fragte meine Mutter.

«Das weiss ich nicht», antwortete ich laut und unfreundlich. «Ich wohne bei meinem Freund oder bei Valérie und gehe dann auch von dort direkt in die Schule.»

Meine Mutter war der Situation hilflos ausgeliefert.

«Du kommst nur noch nach Hause», sagte sie, «um schnell zu duschen, etwas zu essen und zu nörgeln, und dann verschwindest du wieder.»

«Was ist eigentlich mit dir geschehen, Luana? Wir waren doch immer so stolz auf dich! Verschiedene Leute sind schon zu uns gekommen und haben gefragt, was mit dir los sei! Schau dich doch mal an, wie du herumläufst! Wir machen uns Sorgen um dich! Bemerkst du denn nicht, dass du mit deinem Verhalten alle Sympathien verlierst? Du bist doch intelligent! Willst du denn nicht mehr studieren, etwas entdecken oder sogar berühmt werden? Du hattest doch so viele Fähigkeiten, Luana.»

Sie versuchte, mich in ein Gespräch zu verwickeln, doch ich wehrte mich. Ich provozierte sie mit Absicht. Ich wollte sie an den äussersten Rand treiben, wollte sehen, wie sie sich Sorgen machte und um mich kämpfte. Doch ihr Versuch scheiterte kläglich. All meine Gefühle waren auf Abweisung eingestellt. Die Türe zu meinem emotionalen Raum war verschlossen und versiegelt.

Hilflosigkeit, Unverständnis, Verzweiflung und Sorge waren in ihrem Herzen, und bei Luana waren es Sehnsüchte, Wut, Misstrauen und Ängste.

Sie schrie ihre Mutter an.

«Keine Angst! Ich werde auch nicht mehr für eine Scheissdusche nach Hause kommen! Ich habe die Schnauze von unserer Familie echt voll!» Sie knallte die Türe hinter sich zu, war den Tränen nahe, und als sie die frische Luft vor dem Haus einatmete, weinte sie und sah zum Himmel, als würde es dort jemanden geben, der ihr helfen konnte.

17 Im Zug nach Bern

Kurze Zeit später sass ich wieder im Zug Richtung Bern. Inzwischen war ich schon fast ein kleiner Profi geworden, was das Schwarzfahren anging. Bis nach Thun hatte ich ein Abonnement, das mir meine Eltern für den Schulweg bezahlten. Von Thun nach Bern bewährte sich die Methode, die mir Viktor beigebracht hatte: so tun, als würde ich schlafen, wenn möglich auf einem Fensterplatz, das sah so aus, als wäre ich nicht neu zugestiegen. Manchmal ging ich auch auf die Toilette, wenn ich den Kondukteur von Weitem sah, oder ich sagte ihm, dass ich meinen Geldbeutel samt Identitätskarte in der Schule vergessen hätte, ob er mir die Rechnung für das Ticket bitte nach Hause schicken könnte. Mein kindlicher, unschuldiger Blick liess ihn ohne Zweifel, und ich gab ihm, mich entschuldigend und gespielt genervt, einen Namen und eine Adresse an.

Natürlich erfand ich alle Daten. Meistens gab ich irgendeinen Vornamen an und einen Familiennamen, der immer sehr speziell war, sodass ich ihn buchstabieren musste. Das Geburtsdatum erfand ich je nach Laune. Ein schlauer Kondukteur sagte einmal, um mich zu testen: «Dritter September, dann bist du also ein Löwe.» Aber ich hatte meine Lügen ausgefeilt, war vorbereitet und erwiderte ihm freundlich: «Nein, ich bin Jungfrau.» Er schrieb alles auf und übergab mir wortlos den gelben Zettel.

Nicht immer hatte ich Glück. Einer wollte meinen Ausweis sehen und seine Zweifel blieben, auch wenn ich das Unschuldslamm spielte. Ich beharrte darauf, dass ich keinen Ausweis bei mir hatte, und er beharrte darauf, dass wir gemeinsam, beim nächsten Halt des Zuges, die Bahnpolizei aufsuchen würden. Er ging keinen Schritt mehr von meiner Seite und ich wurde langsam aber sicher nervös. Als die Bahn zum Stehen kam, packte er mich am Arm, liess die Leute aussteigen und wollte gemeinsam mit mir den Zug verlassen. Ich hatte nur eine Möglichkeit, um meine Haut zu retten: Fliehen. Ich riss mich von ihm los und rannte, als wäre der Teufel hinter mir her und sah nicht zurück, um keine Sekunde zu verlieren. In den meisten Filmen, wenn jemand in Panik davonrennt, schauen immer alle zurück, dann stolpern sie, diese Gefahr wollte ich vermeiden. Mein Adrenalinflash liess erst nach, als ich mich in der Toilette eines Restaurants ganz in der Nähe eingeschlossen hatte.

Manchmal ging mir das Lied *Questions* von Manfred Mann durch den Kopf. Ich liebte diesen Song, weil es da jemanden gab, der meine Gefühle erkannt hatte.

In a dream it would seem I went to those
Who close the open door, and turning the key
I sat and spoke to those inside of me
They answered my questions with questions

And they pointed me into the night
And the power that bore me had left me alone
To figure out which way was right

Was war der richtige Weg? Ich fand in meinen Fragen und Antworten nur Widersprüche. *Aber vielleicht behalten mich gerade diese Widersprüche am Leben. Denn so höre ich niemals auf zu denken, es bewegt sich immer irgendetwas in mir drinnen, und auf diese Weise werde ich wenigstens nicht verblöden.* Manchmal versuchte Luana, alles zu verdrängen und spielte sich vor, dass es ihr gut ging. Dann wurde sie wieder von Bildern eingeholt. Die Erde in Form eines Riesenmundes, der quälend schreit. *Alle Menschen, die auf der Erde wohnen, bewohnen eigentlich diesen um Hilfe schreienden Mund. Doch sie bemerken ihn nicht, da jeder seinen Alltag lebt und nur mit sich selbst beschäftigt ist, sodass er das Schreien überhört. Dann sehe ich mich selbst, und ich stürze mich in den schreienden Mund.*

18 Trennung von Viktor

Nach meinem Streit mit meiner Mutter kehrte ich also in mein Drogenzuhause zurück. Viktor war in aggressiver Stimmung und schlug auf eine Frau ein. Er war total durchgedreht.

Ich schrie. «Hör sofort auf damit!»

Er verpasste mir eine heftige Ohrfeige.

Ich unterdrückte meine Tränen. Viktor entschuldigte sich sofort. Er sei voll auf Koks und habe die Kontrolle verloren.

An seine Erniedrigungen hatte ich mich ja schon beinahe gewöhnt, aber dass er mich jetzt auch körperlich verletzte, war zu viel. Ich sagte ihm, dass ich nicht die Richtige für ihn sei und nervte mich später, dass ich ihm nicht sagte, er sei nicht der Richtige für mich.

Ich erwartete, dass er enttäuscht und traurig war. Immerhin hatte ich die Absicht, unsere Beziehung zu beenden. Er sagte gefühllos: «Das ist mir nur recht, ich habe keine Zeit, mich ständig um jemanden wie dich zu kümmern.»

Als hätte er sich jemals ernsthaft um mich gekümmert! Nicht einmal, als ich diesen Knall von Mario verabreicht bekam, der mich während zwei Tagen erbrechen liess, sorgte er sich ernsthaft um mich!

Dieses arrogante Arschloch, ich verfluche ihn, aber natürlich wieder einmal nur in meinen Gedanken. Scheisswelt! Scheissgerechtigkeit! Ich weiss, dass ich selbst ein Stück dieser riesengrossen Scheisse bin. Ich möchte frei sein von Gefühlen, frei sein vom Denken, eins sein mit dem Nichts…

Mario kam mein Streit mit Viktor gelegen. Wenn zwei sich streiten, freut sich der Dritte. Er kam und spendierte mir einen Schuss, weil er sich davon eine künftige Zusammenarbeit versprach. Da ich kein Geld hatte, nahm ich sein Angebot an, obwohl ich mich unwohl dabei fühlte. War ich wirklich nicht fähig, ohne diese zwei Typen in der Szene zu überleben? Als ich mich auf den Weg zurück zum Bahnhof machte, wurde ich von mehreren Freiern angesprochen. Einer war hinter einem Busch versteckt und befriedigte sich selbst. Zum Glück war mein Schutzschild für solche Szenen noch immer intakt. Und von Viktor hatte ich mich endlich getrennt.

Ich war nun fast immer in der Wohnung von Valérie und hielt mich der Unterkunft von Viktor und Mario fern. Val hatte ihre erste Wohnung zusammen mit zwei Kollegen bezogen, und Valéries Eltern bezahlten ihr die Miete. Ich brauchte nichts zu bezahlen und hatte noch immer bei meinen Eltern meine offizielle Adresse.

Es wurde schnell bekannt, dass Val in Thun eine Wohnung hatte, und vor allem, dass man dort wilde Partys feiern konnte. Diese Treffs gerieten schon bald ausser Kontrolle, und ständig waren irgendwelche Leute, meist Süchtige, in der Wohnung.

So kam es, dass das Zuhause von Val zu einem inoffiziellen Drogenumschlagplatz wurde. Täglich sah ich irgendwelche kaputten Typen rein- und rausgehen. Die Toilette war fast permanent besetzt, und ein süss-säuerlicher Gestank hatte sich in der gesamten Wohnung eingenistet.

19 Der Wunsch nach Bewusstlosigkeit

Einer unserer Mitbewohner in Valéries Wohnung war Tim. An einem unserer Abende schlug er vor, einen Trip zu spicken und eine andere Dimension zu geniessen.

Ich selbst hatte noch nie LSD genommen.

Ich hatte nichts anderes vor und war neugierig. Tim reichte mir eine braune Gelatine und erzählte irgendetwas von Albert Hofmann, dem Wissenschaftler, der dieses Mittel erfunden und selber ausprobiert hatte. Ich schluckte das Zeugs und wartete auf den Trip, den man mir angekündigt hatte und auf seine wunderbaren, halluzinogenen Wirkungen.

Ich wartete und wartete vergebens, um das Neue und Schöne zu empfinden.

Enttäuscht und gelangweilt ging ich zu Tim. Er grinste und übergab mir eine weitere Gelatine. Ich schluckte sie, fühlte aber genau in diesem Augenblick, dass die erste Dosis erstmals Wirkung zeigte. Ich wurde tierisch nervös, da mir bewusst wurde, dass ich mehr Geduld hätte haben sollen. Die zweite Portion war vielleicht eine zu viel.

Ich verliess unruhig die Wohnung und ging in den Schadaupark, wo der Treffpunkt vieler junger Leute war. Umsonst wartete ich auf die wunderbaren Gefühle, die man mir versprochen hatte und von denen mir so oft erzählt wurde.

Was ich fühlte, war alles andere als schön, es war pure Angst! Ich spürte plötzlich zur selben Zeit jede einzelne Zelle meines Körpers.

Ein nicht beschreibbares Gefühl trieb mich an die Grenze des Wahnsinns. Ich konnte nur noch mit grösster Anstrengung verständlich sprechen. Alle Gesichter waren verzerrt und nahmen zum Teil bösartige, beängstigende Formen an.

Mein Zeitgefühl hatte sich verändert.

Ich hatte das Gefühl, schon während Jahren in diesem Park umherzuirren. Meine Beine waren ein Fremdkörper geworden, sie taten nicht mehr, was ich wollte, sie waren nicht mehr unter meiner Kontrolle. Ich blieb verängstigt und verwirrt stehen und wusste nicht mehr, wie man gehen muss.

Ich bat einen jungen Mann um Hilfe. Ich erklärte ihm, dass es mir gar nicht gut ging, weil ich LSD genommen hatte. Er war mit einer Gruppe junger Leute im Park zusammen. Meine Wahrnehmungen waren völlig ausser Kontrolle. «Bitte hilf mir.» Vielleicht hatte ich geschrien oder auch nur geflüstert, und es kam mir vor, dass nicht ich selbst, sondern jemand anders redete.

Alles hatte sich bösartig verzerrt. Den Jungen sah ich monströs und teuflisch. Die Hände, mit denen er lachend vor meinem Gesicht herumfuchtelte, sahen erschreckend lang aus und waren fett behaart, als gehörten sie zu einem Monster. Er fand es äusserst witzig, Grimassen zu schneiden und mit seinen Kumpels laut zu grölen. Ich schrie, rannte in Panik weg und irrte völlig verzweifelt und verwirrt umher. Ein Gefühl sagte mir, dass alle Menschen das Innere nach aussen gekehrt hatten.

Ich sah ihre Falschheit oder ihre Gutmütigkeit. Ich fühlte plötz-
lich ihre Gedanken und roch ihre Ängste!

Ein anderer junger Mann, der meine verzweifelte Situation erkannt
hatte, kam auf mich zu. Er schien meine Angst zu verstehen und
wollte mich vor dem Menschengetümmel in Sicherheit bringen.

Ich starrte ihn an und packte ihn so fest an seinem Oberarm,
dass die Abdrücke meiner zukneifenden Fingernägel auf seiner
Haut zu sehen waren. Ich fühlte, dass er wirklich Angst um mich
hatte, was meine Verzweiflung noch vergrösserte.

Ich schrie ihn an. Er solle mich bitte so stark schlagen, dass ich
das Bewusstsein verliere, er müsse das einfach tun, wenn er mir
wirklich helfen wolle. Ich wollte nichts anderes, als von der Gegenwart erlöst zu werden. Natürlich schlug er mich nicht und bat
mich, ruhig zu bleiben. Doch genau das war es, was ich nicht mehr
konnte. Ich ging mit zum Teil beängstigenden, spastischen Bewegungen zu verschiedenen Leuten, die sich im Park befanden und
forderte sie auf, mich zu schlagen. Ich wollte einfach das Bewusstsein verlieren.

Ein Mädchen war von meiner unverständlichen Bitte völlig verwirrt.

Es gab mir erschrocken ein *Toffifee*.

Als ich versuchte, das Stück Schokolade zu essen, realisierte ich auf
einmal, dass mein ganzer Mund voll von Zungen war. Ich konnte
nicht mehr schlucken und biss mir nur noch auf diese Riesenzungen.

«Ruft Tim an, ruft Tim an!», schrie ich.

Ich hielt mich selbst nicht mehr aus. All diese Gefühle waren
einfach zu viel für mein Gehirn. Ich konnte die Farben riechen,
und sämtliche Geräusche verwandelten sich in optische Empfindungen. Ich hörte tuschelnde Stimmen und sah die Menschen nur
noch als monströse Gestalten.

Hektisch und ausser Kontrolle nahm ich das Taschenmesser aus meinen Jeans.

Ich begann mir wie wahnsinnig die Hände und Arme aufzuritzen. Es war die Hoffnung, ich würde etwas spüren, das mir nicht mehr so fremd war. Ich wollte in die normale Welt zurückkehren.

Wenn schon niemand dazu bereit war, mich in die Bewusstlosigkeit zu befördern, dann musste ich etwas anderes probieren.

Ich fühlte absolut keinen Schmerz.

Endlich nahm mir jemand das Messer aus der Hand und sagte mit einer beruhigenden Stimme: «Wir fahren dich jetzt ins Krankenhaus.»

20 Auf der Notfallstation

Ich erinnere mich an die Krankenschwester, die wahrscheinlich von ihrer Nachtwache sehr gestresst war und Routinefragen stellte. Ich schrie und flehte sie an, mir einfach irgendetwas zu spritzen, damit ich wieder normal fühlen konnte. In ihrem Gesicht sah ich einen gigantischen Pickel, der eine Art zweites Kinn bildete. Er war voll von verzerrten Gesichtern, brodelte gefährlich vor sich hin, wurde grösser und grösser und drohte zu explodieren. Ich begann hysterisch zu lachen und sagte ihr, sie solle auf ihren Pickel aufpassen, ich wolle nicht in ihrem Eiter ertrinken.

Sie reagierte beleidigt, wies mich zurecht und forderte mich auf, ihre Fragen zu beantworten, sonst könne man mir nicht weiterhelfen. Ich schrie herum, verfluchte das Spital und seine inkompetenten Angestellten, die mir stupide Fragen stellten, statt mir zu helfen.

«Wann hatten Sie ihre letzte Periode?», fragte sie zum Beispiel.

Ich schrie zurück, dass ich einen Scheisstrip gespickt habe. Offenbar schrie ich so laut herum, dass endlich ein Arzt herbeikam, der mir als erstes ein Glas Wasser reichte. Ich nahm das Glas in die Hand, wollte einen Schluck trinken, verfehlte aber meinen Mund, meine Bewegungen waren völlig unkoordiniert.

Ich erinnere mich an intensives Weiss und grelles Licht und an eine beruhigende Stimme mit österreichischem Akzent, die mir immer wieder sagte: «Bald wird es dir besser gehen, Mädchen.» Ich sah Flaschen und Spritzen, die in einem geöffneten Schrank lagen und wild tanzten.

Ich hörte mich sagen: «Warum tanzen denn bei euch die Flaschen und Spritzen?»

Die beruhigende Stimme mit dem österreichischen Akzent erklärte: «Du hast eine Überdosis LSD, Mädchen, da siehst du eben schon mal Flaschen tanzen.»

«Sie sind so lieb», hörte ich mich sagen, «sie sind so lieb zu mir, wirklich, sie sind so lieb zu mir.»

Ich sah hinter meinen geschlossenen Augen ein unerhörtes Farben- und Formenspiel. Kaleidoskopartig sich verändernd, drangen bunte, phantastische Gebilde auf mich ein, in Kreisen und Spiralen sich öffnend und wieder schliessend, in Farbfontänen zersprühend, sich neu ordnend und kreuzend, in ständigem Fluss.

Irgendwann muss ich endlich eingeschlafen sein. Mehrere Stunden lag ich auf der Intensivstation, dann wurde ich auf ein Zimmer verlegt. Als ich aufwachte, fühlte ich mich, als wäre ich von einem Panzer überfahren worden. Eine Schwester nahm mir den Blutdruck, irgendetwas tropfte aus einem Beutel durch einen Schlauch in meine Venen. Ich fragte mich, wie lange sie wohl gebraucht hatten, um eine Vene zu finden.

21 Arztvisite

Zwei Männer und eine Frau traten in mein Spitalzimmer. Reflexartig versteckte ich meine aufgeritzten Arme und Hände unter der weissen Bettdecke. Idiotisch, denn diese Leute schienen ja sowieso alles über mich zu wissen. Einer der beiden Männer war der Arzt.

«Wie geht es Ihnen heute?», fragte er.

«Wann kann ich hier raus?», fragte ich zurück.

«Wir haben Ihre Eltern morgens um zwei angerufen und ihnen mitgeteilt, dass Sie mit einer Überdosis LSD auf der Intensivstation liegen.»

«Das haben Sie aber toll gemacht.»

«Sie sind noch nicht volljährig, das ist unsere Pflicht. Wir machen uns grosse Sorgen.»

Er stellte mir seine Begleitpersonen vor und bat mich, mit ihnen zu sprechen. Es war eine Psychologin und ein Mann von der Erziehungsdirektion. Der Arzt sagte mir, dass dieser Herr auch mit meinen Eltern ein Gespräch führen würde. Er sah in meinen Augen aus, als hätte er viel dringender ein Gespräch mit einem Psychologen nötig als ich.

Dann verliess der Arzt das Zimmer zusammen mit dem Erziehungsberater und überliess mich der Psychologin.

Ich sagte ihr, auch Albert Hofmann habe damals das LSD an sich selbst ausprobiert und habe deswegen nicht gleich einen Psychologen gebraucht.

Albert Hofmann sei nicht mit aufgeschlitzten Händen und Armen auf der Notfallstation gelandet, sagte sie, ausserdem habe er vor der Gefahr bei unbedachter Einnahme gewarnt. «Ich werde nie mehr LSD konsumieren», sagte ich, «das können Sie mir glauben, ich habe gemerkt, dass LSD nicht meine Droge ist.»

Sie schaute mich nachdenklich an und belehrte mich, dass ich noch längere Zeit sogenannte Flashbacks haben würde, was sehr gefährlich sein könne, und ich solle die Sache ernst nehmen.

Sie war auf meine Überdosis LSD fokussiert. Die Frage nach anderen harten Drogen stellte sie nur der Ordnung halber, um das Protokoll zu vervollständigen. Sie interessierte sich mehr für meine aufgeschlitzten Hände als für meine zerstochenen Venen.

«Sie müssen Ihre Hände nicht verstecken, Luana, die Schnitte müssen Ihnen nicht peinlich sein», sagte sie, als habe sie soeben Amerika entdeckt. Meine zerschnittenen Hände bekamen ihre vollste Aufmerksamkeit, da konnten meine Venen nur neidisch sein.

Dann die üblichen Fragen. «Wie waren Sie als Kind?» – «Würden Sie sich als introvertiert oder eher extrovertiert beschreiben?»

Mir kam die Galle hoch bei diesen Scheissfragen und mir wurde schlecht. «Ich muss kotzen», sagte ich.

Da mein Gesicht erschreckend blass war, schenkte sie mir Glauben und verschob das Gespräch.

Ich möchte weinen, möchte laut schreien, möchte sterben ...

Im Moment kann ich gar nicht mehr genau sagen, was ich überhaupt fühle. Ich glaube, ich fühle nichts mehr. Ist es nur der Schmerz, der all meine Gefühle kalt stellt? Vielleicht ist das gut so, denn wenn nun meine Gefühle ausbrechen würden, wenn alle gleichzeitig schmelzen würden, wäre ich wohl dem Wahnsinn nahe oder dem Tod. Verdammt, kann mich wirklich niemand verstehen? Will ich vielleicht gar nicht verstanden werden? Wiege ich mich jetzt etwa in Selbstmitleid?

Wo bleibt die Ehrlichkeit, wo bleibt die Wahrheit? Warum stets diese fiesen, quälenden Spielchen treiben? Die Enttäuschung wird immer grösser, die Wunde immer tiefer. Jedes Mal, wenn ich zu spüren glaube, dass die Wunde am Heilen ist, kommt jemand und

stochert in ihr herum, bis sie wieder zu bluten beginnt. Leider
begegne ich immer wieder Menschen, die nicht bemerken, dass
sie eine Wunde aufreissen und dann noch vertiefen. Bin ich es etwa
selbst, die die eigene Wunde immer wieder aufreisst?

Nach dem Gespräch mit der Psychologin musste ich eingeschlafen
sein, denn plötzlich standen meine Eltern und meine Schwester neben meinem Bett. Meine Angehörigen versuchten, ihre Sorge und
Angst unter Kontrolle zu halten. Es muss schrecklich für sie gewesen sein, mich so zu sehen.

Dennoch wollte mein Vater wissen, wie ich zu dieser Droge gekommen war. Ich erwiderte, dass ich keine Ahnung habe. Ich sei an
einer Party gewesen, und wahrscheinlich habe mir jemand LSD ins
Glas getan, das könne eben schon mal vorkommen. Es hatte keinen
Sinn, mit mir zu diskutieren.

Meine Mutter sagte: «Luana, wir machen uns wirklich grosse Sorgen um dich.» Meine Schwester öffnete die Pralinéschachtel, die sie
mir mitgebracht hatte und streckte mir eines davon wortlos entgegen.
Ich lehnte müde ab und sagte, dass ich einfach nur schlafen wolle.

Ich schloss die Augen und fühlte, wie mir jemand übers Haar
strich. Kurze Zeit später hörte ich das Öffnen und Schliessen der
Türe meines Zimmers.

22 Tage im Spital

Ich war traurig und unruhig. Auf dem Tischchen neben meinem
Spitalbett lag der neue Schreibblock, den mir meine Eltern mitgebracht hatten. Als wäre dies meine Rettung, packte ich ihn und
begann zu schreiben.

Könnte schreien, mein Atem stockt, meine Tränen sind zwar noch
lebendig, aber trocken. Meine Seele ist ein Bündel voller Knoten.
Ich sehe keinen Ausweg.
Keine Musik erfüllt mein Herz.
Der Schmerz sitzt so tief.
Ich kann nicht mehr stark sein.
Möchte ruhen, sehne mich nach Atem, nach Lachen, nach Schlaf.
Die Sonne ist so dunkel.
Die Nacht unendlich lang, der Tag ist schon lange gestorben.
Wozu dieser permanente Schmerz?
Umarme mich, liebe mich, fühle mich!
Ich bin so sehr müde, so alleine, so zerrissen, so zu sanft.

Zwei Tage später sass ich in der Cafeteria des Spitals. Ich hörte alle
lachen, reden, essen und trinken. Ich nahm das alles aus einer grossen Entfernung wahr, ich war apathisch. Ich fühlte mich isoliert,
das Einzige, was ich denken konnte, das einzige Wort, welches in
meinem Kopf herumgeisterte, war Sugar. Während der letzten vier
Tage war ich ständig unter irgendwelchen Medikamenten gewesen,
die mir helfen sollten, mich wohlzufühlen.

Ich wollte davonlaufen, sofort hier raus, einfach weg aus dieser Spital-
atmosphäre. Wohin ich sah, wohin ich auch ging, meine Gedanken kreisten immer um dasselbe Gefühl. Ich roch den so typischen
Heroingeschmack, ich war paranoid, was Löffel anging, denn jeder
Anblick eines Löffels hinterliess bei mir diesen Geschmack, der ent-
steht, wenn Metall heiss gemacht wird. Würde ich wieder einmal
fähig sein, ein Joghurt zu essen, ohne dabei an Sugar zu denken?
Ständig wurde ich von Bildern der Szene heimgesucht. Bilder von
Schwerstabhängigen, die wie wilde Tiere vor sich hinvegetieren,
keine Moral mehr in sich tragen, sich selbst völlig aufgegeben ha-

ben. Ich weigerte mich, ein Teil dieses Bildes zu werden, doch mein Körper und all meine Gedanken schrien nach Sugar.

Ich muss aufhören! Werde ich das schaffen? Werde ich die Stärke und den Willen haben, ohne dieses Gift zu leben? Werde ich wirklich einmal frei sein? Ich sehne mich aber so sehr nach diesem Gefühl, das mich unterstützt, das mich stark macht, das mich niemals im Stich lässt, das mich liebt. Dieses Gefühl ist aber auch das elendeste, qualvollste und tödlichste.

In meiner letzten Spitalnacht hatte ich einen schrecklichen Traum. Meine Mutter trank aus einem Glas, welches für mich bestimmt war. Da sie jedoch wusste, dass mir jemand in dieses Glas LSD getan hatte, trank sie es, um mich zu beschützen. Ich sah, wie meine Mutter langsam von der Wirkung des LSD gepackt wurde. Ihre Hände wurden steif, ihr Ausdruck war voller Angst und Ungewissheit. Wir umarmten uns innig. Jemand sagte plötzlich aggressiv, dass dieses Glas fertiggetrunken werden müsse. Dann lag ich in einer Scheune am Boden und konnte mich nicht bewegen. Von allen Seiten wurde auf mich uriniert. Etliche Männer standen um mich herum und pinkelten laut lachend auf meinen bewegungslosen Körper. Jetzt kam meine Mutter in die Scheune, sie konnte jedoch nicht mehr gehen, sie kroch auf allen Vieren, schleppte sich zu mir und versuchte mich vor dem Urin zu beschützen. Doch die Wirkung des LSD lähmte ihre Bewegungen. Verzweifelt verzog sich ihr ganzes Gesicht zu einer angsteinflössenden Fratze. Schweissgebadet wachte ich auf.

Der Psychologin ging es immer noch nur um die Überdosis LSD und die damit verbundenen Konsequenzen. Ich liess mich darauf ein, was sie als Bereitschaft deutete, mir helfen zu lassen. Der Arzt klärte mich mehrere Male über die Gefährlichkeit der Flashbacks auf und beängstigte mich mit seinen Beschreibungen so sehr, dass ich manchmal glaubte, die Flashbacks hätten sich jetzt alle versammelt und nur darauf gewartet, bis ich mich alleine im Raum befand, um mich zu erschrecken. Ich brauchte dann einige Zeit, um zwischen der Angst vor einem Flashback und einem richtigen Flashback zu unterscheiden. Diese Angst davor war so gross, dass ich fähig war, die Gefühle eines wirklichen Flashbacks durch Einbildung heraufzubeschwören.

Ich war jedenfalls heilfroh, dass ich das Spital mit seiner belastenden Atmosphäre endlich verlassen durfte. Ein Gespräch mit dem Herrn von der Erziehungsberatung blieb mir erspart, die Gründe dazu habe ich nicht erfahren, sie waren mir damals auch völlig egal. Ob er tatsächlich mit meinen Eltern gesprochen hat, weiss ich bis heute nicht, ich fragte sie nie danach.

Als ich wieder bei meinen Eltern zu Hause war, wollten sie endlich wissen, von wem ich den Trip bekommen hatte. Mein Vater versuchte eine ganze Stunde lang, den Namen der Person oder der Personen aus mir herauszubekommen. Auch warnte er mich nochmals vor LSD und wiederholte die Worte des Arztes. Zudem machte er mich immer wieder darauf aufmerksam, dass ich meine Zukunft nicht für irgendwelche Typen, die er als falsche Freunde bezeichnete, aufs Spiel setzen dürfe. Es war ein Psychothriller für mich! Ich weinte und ich schrie, aber ich verriet Tims Namen nicht. Trotz Wut und Zorn, trotz Enttäuschung und Sorge blieb meinem Vater nichts anderes übrig, als anzuerkennen, dass seine Tochter unter keinen Umständen einen Freund verraten würde.

Meine Mutter liess mich mit meinem Vater alleine kämpfen. Nur ihre Nasenflügel bebten. Ich wiederholte, dass ich niemals von selbst auf den Gedanken gekommen sei, LSD zu nehmen, und dass mir irgendjemand diesen Trip in mein Glas getan hätte. Es sei ein Horrortrip gewesen, und ich wolle mich niemals mehr in eine so schreckliche Situation bringen. «Ihr wisst ja nicht, was für Ängste ich durchgestanden habe», sagte ich erschöpft, «sonst würdet ihr mir sofort glauben.»

Ich musste nicht lügen, denn dieser Trip war das Schrecklichste gewesen, was ich bis jetzt erlebt hatte. Die Angst, dass mich all diese furchtbaren Gefühle plötzlich mit einem Flashback überraschen könnten, sass tief. Ich war nach dem Gespräch mit meinem Vater einem Nervenzusammenbruch nahe. Das Erlebte der letzten Tage hatte mich geschwächt, und ich brauchte enorm Kraft, um den Kampf mit meinen Eltern durchzustehen.

Meine einzige Rettung vor einem Zusammenbruch war ein weiteres «K» in meiner Agenda, und ich machte mich auf den Weg nach Bern.

23 Betti

Tränen der Trauer tropften von der Decke auf mein Gesicht. Dieses Gefühl überkam Luana laut Tagebuch im Bahnhof in Bern. Da sie nicht genügend Geld hatte, um sich einen Schuss zu finanzieren, begann sie zu mischeln.

Ich fühlte mich ausgelaugt, erschöpft und extrem verletzlich. So kam es, dass ich mehrere Male spontan weinen musste, wenn ich die Leute nach ein paar Franken fragte. Einige Passanten waren verwirrt und wirkten hilflos, wenn ich plötzlich heulend vor ihnen stand. Andere wichen mir aus, bevor ich sie überhaupt ansprechen konnte. Ich kannte ein Sprichwort von Goethe, das mir oft durch den Kopf ging:

Gleich zu sein unter Gleichen
Das lässt sich schwer erreichen
Du müsstest ohne Verdriessen
Wie der Schlechteste zu sein dich entschliessen

Ein älterer Herr kam auf mich zu. Er bot mir an, mit ihm zu essen. «Du hast sicher Hunger. Wir können in einem gemütlichen Restaurant mit vollem Magen über alles in Ruhe diskutieren.»

Ich hatte nichts zu verlieren, ausserdem hatte ich keine Lust, Viktor oder Mario zu treffen, ich wollte mir selbst meinen Kick verschaffen.

Ich willigte ein und folgte leicht fröstelnd diesem Herrn, der mich zielbewusst in ein Restaurant führte. An den Namen des Lokals erinnere ich mich nicht mehr, aber an den grünen Salat und die Spaghetti mit Tomatensauce, die ich später wieder rauswürgte. Der sympathische Herr jedenfalls machte mir seelenruhig und immer freundlich lächelnd ein Angebot. Ich sollte ihn einzig mit der Hand befriedigen, das wäre es dann auch schon gewesen, und er würde mir den nächsten Schuss finanzieren. Er lächelte mich an, und seine sexuelle Gier spiegelte sich in seinen Augen.

Ich realisierte, was ich zu tun im Begriff war, als ich mit ihm im Bahnhof auf der Herrentoilette eingeschlossen war und er dabei war, seine Hose runterzulassen. Blitzschnell gingen mir meine Gedanken durch den Kopf. War ich nun wirklich so weit, dass ich mich absolut nicht mehr kontrollieren konnte? Waren nun all meine Prinzipien hin und weg? Verkaufte ich jetzt wirklich meinen Körper? Wo bleibt meine Moral? Wer bin ich? Und was zum Teufel tue ich? Als er erregt vor mir stand und mich fast bettelnd ansah, öffnete ich die Toilettentür und rannte, so schnell ich konnte.

Ausser Atem fand ich meine Leute in der Szene.

Betti war gerade dabei, mit Mario etwas auszuhandeln.

Ich kannte Betti schon länger, sie war seit sechs Jahren abhängig. Mehrere Male hatte sie schon versucht aufzuhören, doch sie hatte es leider nie geschafft. Sie bestand nur noch aus Haut und Knochen. Ihre Zähne oder das, was von ihnen noch übriggeblieben war, sah furchtbar aus. Jedes Mal, wenn ich sie wieder traf, schienen ihr Körper und ihr Gesicht dem Tod nähergekommen zu sein.

Ich fragte mich, wie sie früher wohl ausgesehen hatte, als sie noch nicht süchtig gewesen war. Ihre Haut sah heute besonders schlimm und ekelerregend aus. Trotz viel zu viel Make-up und den knallroten Lippen war kein Leben in ihrem Gesicht zu finden. *Wann werde ich wohl ihrem Gesicht des Todes eine Konkurrenz sein?* Sie kam auf mich zu und fragte mich, ob ich bereit wäre, mit ihr zu Mario zu gehen. Der Dealer wollte mit ihr Sex haben. Sein Wunsch war es aber, dass ich dabei sein würde. Ich müsse nichts anderes tun, als in einer Ecke zu stehen, könne die Kleider sogar anbehalten. Mario würde es erregen, wenn ich im selben Raum war und zusah.

Sie wusste, so wie ich aussah, dass ich dringend einen Knall brauchte. «Wir können uns das Geld teilen», sagte Betti, «es ist ein echt *Easy Job* für dich.» Ein wenig später hörte ich mir an, wie Mario keuchte und Betti gefühlstot stöhnte.

Es war schwierig, eine Vorstellung zu finden, welche mich so beschäftigte und ablenkte, dass ich Betti und Mario nicht mehr wahrnehmen musste. Schliesslich begann ich zu rechnen. Ich erinnerte mich dabei an meine Schulzeit, als ich acht Jahre alt war und die Lehrerin immer abwechslungsweise zwei Schülern Rechenaufgaben stellte und wir dann die Lösung so schnell wie möglich hersagen mussten. Wer zuerst die richtige Lösung fand, durfte damit beginnen, das Gesicht eines Königs an die Schultafel zu malen, zuerst die Augen, dann Nase und Mund, den Kreis fürs Gesicht und am Schluss eine Krone. An einem dieser Rechentage wurde ich zum Rechenkönig ernannt.

Ich stellte mir nun Rechenaufgaben, auf die ich mich so sehr konzentrieren musste, dass ich dieses eklige Geschehen nicht mehr so intensiv wahrnahm. So stand ich also in der mir befohlenen Ecke und löste mir selbst gestellte Rechenaufgaben, während sich Mario mit Betti beschäftigte und mich dabei widerlich ansah.

Anschliessend fragte er, ob mir das Schauspiel gefallen habe. Ich fühlte mich elend und schwieg. Betti kam schon fast mütterlich auf mich zu und nahm mich an der Hand.

«Lass uns nun etwas Gutes tun ...»

Wir machten uns auf den Weg, nachdem wir beide unser Geschäft für unseren Freund Sugar erledigt hatten.

Mich hatte das Ganze mehr mitgenommen als Betti. Sie war an derlei Dinge gewöhnt und hatte dies wohl nicht zum ersten Mal getan. Ich war von Bettis Verhalten verwirrt und abgestossen, aber auch beeindruckt. Ich wollte auch so abgeklärt wie Betti sein, die anscheinend mühelos fähig war, den Preis für ihre Sucht zu bezahlen und alle damit verbundenen Widerwärtigkeiten zu verdrängen. Ich wünschte mir die Fähigkeit, ebenfalls so mühelos alles hinter mir zu lassen, aber dies gelang mir auch diesmal erst, als ich meinen lang ersehnten Knall intus hatte. Erst jetzt konnte ich Betti mein Gefühl des Ekels ausdrücken. «Ein Schuss ist ein Mittel für alles im Leben», sagte sie und lächelte mich mit ihrem verfaulten Gebiss an. Es war das letzte Mal, dass ich Zeit mit Betti verbrachte, wenig später wurde sie tot aufgefunden.

24 Bettis Mutter

Ich erfuhr von Bettis Tod von meiner Freundin Valérie.

Es schnürt mir die Kehle zu. Seit jenem Ereignis hat mich ihr gefühlstotes Stöhnen verfolgt und ich frage mich, ob es wohl ein Zeichen gewesen ist, dass sie bald sterben muss. Ich stoppe meine Gedanken, denn ich fühle, es kann gefährlich werden, mich in das Schicksal von Toten einzumischen. Ich erinnere mich an Worte, die ich einmal in einem Buch gelesen habe: «Die Wahrheit muss gelebt werden und nicht doziert.» Die Trauer berührt meinen Körper überall, und leider ist ihre Umarmung weder behutsam noch scheu, sondern rücksichtslos und schmerzhaft.

Obwohl ich Bettis Mutter nie gesehen hatte, verspürte ich das Bedürfnis, sie anzurufen. Ich suchte in einem Telefonbuch, das etwas lädiert in der Telefonkabine lag, den Namen *Trachsel*. Da es mehrere Nummern hatte, begann ich am Anfang der Liste. «Ich rufe wegen Betti an», sagte ich, doch die ersten, die sich meldeten, kannten keine Betti. Ich versuchte es schliesslich mit *Trachsel, Taxifahrerin* und fühlte, dass dies die Richtige war.

«Hier ist Luana, ich rufe wegen Betti an.»

Die Frauenstimme am anderen Ende klang gleichgültig. «Wer sind Sie? Ich kenne Sie nicht.»

«Betti kannte ich gut», sagte ich.

«Sie haben wohl erfahren, dass Bettina gestorben ist», sagte die Frau am Telefon.

Jetzt wusste ich, dass es Bettis Mutter war.

Ich sagte ihr, dass mir Bettis Tod sehr leid tat. Betti sei eine Freundin von mir gewesen, und wir hätten manchmal Zeit zusammen verbracht.

Sofort hatte ich ein schlechtes Gewissen, da sich ihre Mutter wohl ein Bild machen konnte, auf welche Art und Weise wir unsere Zeit verbracht hatten. Ich begann zu weinen und konnte meine Tränen nicht mehr unter Kontrolle bringen, ich konnte kaum mehr sprechen.

Da sagte die Mutter von Betti mit einer fast zärtlichen Stimme: «Bitte nein, weine nicht, es war das Beste für Bettina, dass sie endlich sterben durfte, es war das Beste für uns alle.»

Sie begann zu reden, mit einem ihr fremden Mädchen am anderen Ende der Leitung, als sei sie froh, mit jemandem sprechen zu können, der Betti verstehen konnte. Sie erzählte mir, dass Betti immer wieder versucht hatte, mit dem Heroin aufzuhören. Bei ihrem letzten Versuch habe sie damit begonnen, Tabletten und Alkohol zu nehmen, um den Entzug durchzustehen, doch diese verdammten Tabletten hätten sie nur noch mehr zerstört, sagte Bettis Mutter, noch nie habe sie ihre Tochter so kaputt gesehen wie mit diesen Tabletten.

«Sie wollte eine Therapie machen, die Anfrage wurde jedoch zu diesem Zeitpunkt abgelehnt. Kurze Zeit später bekam sie vom Sozialamt 450 Franken. Es war glasklar», sagte Frau Trachsel sachlich, «dass sich Bettina mit diesem Geld Stoff kaufen würde.»

Irgendwie klang es seltsam, aus ihrem Mund das Wort *Stoff* zu hören. Sie fuhr fort und sagte, Betti habe kurz vor ihrem Tod bereits eine Überdosis gehabt und sei ins Spital eingeliefert worden.

Nach ihrer Entlassung sei es dann kurze Zeit später wieder zu einer Überdosis gekommen, die diesmal tödlich gewesen war.

«Ich habe täglich, und dies seit Jahren, mit solch einer schrecklichen Nachricht gerechnet», sagte Bettis Mutter.

Dann ermahnte sie mich, dass ich ja die Finger von diesem Teufelszeug lassen solle. «Bettina hat die Arbeit gefehlt», fügte sie hinzu. «Sie hatte einfach zu viel Zeit, um mit den falschen Leuten rumzuhängen.»

Obwohl wir uns noch nie gesehen hatten, redete sie auf mich ein, doch ihre leise Stimme klang hoffnungslos und leer.

Ich solle mir eine vernünftige Beschäftigung suchen und meine ganze Energie dafür einsetzen. Sie habe viel gebetet, und sie wisse, dass es Bettina jetzt besser gehe, und sie wiederholte, dass ich einen grossen Bogen um dieses Gift machen solle.

Dann wurde mir klar, warum Bettis Mutter so lang mit mir geredet hatte. Sie sagte es klar und deutlich und schöpfte daraus ihre Hoffnung. «Meine Tochter», sagte sie, «soll ein Beispiel für die Gefahr dieses Giftes sein. Ich hoffe, dass durch ihren Tod einige der Süchtigen endlich aufwachen und dieses Zeug nicht mehr anrühren oder wenigstens Hilfe suchen.»

Ich verliess aufgewühlt die Telefonkabine und blickte zum Himmel. Betti, lass es dir gut gehen! *Lieber Gott, falls es dich wirklich gibt, lasse mich noch nicht sterben, sondern schenke mir BITTE Kraft und Wille, damit ich endlich aufhören kann!*

Nachdem ich mein kurzes Gespräch mit Betti und Gott beendet hatte, gehörten meine Gedanken dem nächsten Schuss.

25 Luanas Zimmer

In den kommenden Wochen war ich nur noch sehr selten zu Hause bei meinen Eltern. Ich wollte jeden Streit, aber auch alle Annäherungsversuche vermeiden. Ich war so sehr mit mir selbst und meinen Problemen beschäftigt, dass mich auch nur der kleinste Versuch meiner Eltern, mir Aufmerksamkeit zu schenken oder Fürsorge zu zeigen, gewaltig anwiderte. Weder ihre Wut noch ihre Sorge konnten mich berühren. Es war, als würden wir verschiedene Sprachen sprechen, und keiner verstand den andern.

Sie wussten, dass ich bei Valérie wohnte und schienen froh darüber zu sein, dass ich mich von meinem angeblichen Surfer-Freund, den sie nie gesehen hatten, getrennt hatte. Vielleicht glaubten sie, dass er mit meiner LSD-Überdosis etwas zu tun hatte. Diese Episode wurde jedenfalls als einmaliger, wenn auch gefährlicher Ausrutscher gesehen und beiseitegelegt. Dass ich am Junken war, wussten sie noch immer nicht. Ob sie in ihren Herzen ahnten, was bei mir wirklich abging, weiss ich nicht. Sie fragten mich jedenfalls nie nach Heroin. Vielleicht hatten sie Angst vor der Wahrheit, vielleicht aber glaubten sie wirklich, dass ich meine revolutionäre Phase noch immer nicht beendet hatte.

Luanas Zimmer hätte einiges verraten können. Ich liebte mein Zimmer im Elternhaus, das sich mit der Zeit in ein offenes Tagebuch verwandelt hatte. Unzählige und aufwühlende Gefühlsausbrüche von Luana fanden ihren Ausdruck in Geschriebenem überall an den Wänden, an Schranktüren und an der Decke. Es waren einsame Schreie, die ihre Ängste, Wut, Überforderung und Sehnsucht nach Liebe ausdrückten.

Dunkle, melancholische Zeichnungen zierten die Wände und hingen von der Decke. Da waren ein grosser, schreiender Mund, der in einer schwarzen Mauer feststeckte, und eine Riesenkralle, die diese Mauer mit dem schreienden Mund zu zerdrücken drohte. Zwei schwarze Kreuze hingen an einem roten Faden, der aus Tränen bestand, und der Boden, auf dem die zwei Kreuze standen, war ein zerbrochenes Herz. Ein grosses Fragezeichen fand sich neben einem roten Herzen, in welchem zwei schwarze Kreuze eingetragen waren.

Grosse, dunkle Phantasieblumen, deren Köpfe zum Teil aus weinenden, zum Teil aus schreienden Gesichtern bestanden, waren sowohl an den Wänden wie auch an der Decke zu sehen.

Einzelne dieser Blumen trugen auf ihren Blättern das Ying-Yang-Symbol oder das Zeichen für Peace, und an ihren Wurzeln fand sich entweder das Anarchiezeichen oder eine Träne in einer Mauer. Ein riesengrosses, weinendes Auge versperrte den Blick durch das Fenster.

Im Zimmer hing auch ein Poster von Che Guevara, der für Luana ein Idol war, obwohl der Geschichtslehrer darauf aufmerksam machte, dass Guevara nicht nur ein Volksheld war, sondern auch viele Kritiker und Gegner hatte, die ihn als einen skrupellosen und brutalen Menschen beschrieben. Neben Che Guevara hingen Poster von Bob Marley, Pink Floyd und Janis Joplin. Ein mit Filzstift gemaltes Kreuz, das an allen Ecken blutete, dekorierte die Schranktür.

Zeichnungen mit schwarzen oder blutigroten Tränen hingen sowohl an den Wänden als auch an der Decke. Die riesigen Tränen an der Decke weckten den Eindruck, sie könnten sich jederzeit lösen. An einer Wand waren zwei Köpfe gezeichnet, deren Gesicht aus einer Mauer bestand und die sich am Hals durch eine Kette von kleinen Tränentropfen verbanden.

An die Zimmertür klebte Luana zwischen all dem Geschriebenen ein zerstückeltes Foto. Die einzelnen Teile zeigten mein Gesicht, Nase, Mund Stirn und je ein Auge. Eine grosse, knöcherige Hand berührte mit jedem Finger eines dieser Teile meines Gesichts. Ich fühlte mich auf eine seltsame Weise wohl, wenn ich dieses zerstückelte Foto von mir mit dieser skelettartigen Hand anschaute. Es war kein Zufall, dass ich das Bild an die Zimmertür heftete, denn so konnte ich es auch von meinem Bett aus sehen und in mich aufsaugen.

26 Abschied vom Bruder

Um bei meinen Eltern jeden Verdacht zu zerstreuen, erklärte ich ihnen, dass es mir bei Valérie gut gehe und dass wir jeweils gemeinsam die Schulaufgaben erledigen würden. Ich hatte in ihren Augen eine Anti-Familienphase, das machte schliesslich fast jeder in meinem Alter durch, das war die jugendliche Art der Selbstfindung. Was genau meine Eltern jeweils dachten, wenn sie mein Zimmer betraten, weiss ich nicht, sie sprachen mich niemals darauf an. Ich hatte wie gesagt das Talent, ihnen ein falsches Bild von mir zu geben, und sie wollten wohl an diese Vorstellungen glauben. So halfen wir uns gegenseitig, die Wahrheit weiterhin zu leugnen.

Der ältere meiner beiden Brüder war auf der Abreise ins Ausland, er hatte, wie er sagte, die Schnauze voll, und sein Auslandaufenthalt kam ihm sehr gelegen. Ich traf ihn ein letztes Mal, kurz bevor er die Schweiz verliess. Wir tranken zusammen ein Glas Rioja. Er warnte mich vor dem Saupack, wie er die Leute nannte, mit denen ich mich offenbar herumtrieb.

Wir redeten über alles Mögliche, aber keiner von uns wagte es, das Wort *Sucht* in den Mund zu nehmen. Doch mir war klar, dass er wusste, dass ich drogenabhängig geworden war. Dies schien ihn sehr zu belasten, aber da war eine unsichtbare, eiserne Barriere, die weder er noch ich durchbrechen konnten, da wir wohl beide fühlten, dass dies mit enormen Schmerzen verbunden war.

Ironischerweise redeten wir aber über den Tod.

«Was würdest du tun, wenn ich sterben würde?», fragte ich meinen Bruder. Spontan antwortete er: «Ich würde jede Menge Alkohol auf deinem Grab trinken und laut fluchen.» Wir grinsten uns leicht verlegen an.

«Wenn ich tot bin», sagte ich schliesslich, «wünsche ich mir, dass die *Songs of Freedom* von Bob Marley gespielt werden.» Wir versprachen uns gegenseitig, wenn er oder ich sterben sollten, Bob Marley in der Kirche laut abzuspielen. Wir schwiegen. Es gab nicht viele Menschen, mit denen ich mit einem guten Gefühl schweigen konnte. Mein Bruder gehörte zweifellos dazu.

27 Begegnung mit Michael

Nachdem ich meinen Bruder traurig verabschiedet hatte, traf ich auf dem Weg zu Valéries Wohnung auf Michael. Er war meine Jugendliebe in der Schulzeit gewesen. Ich erinnere mich genau, wie er damals neu in unsere Klasse gekommen war und ihn der Klassenlehrer vorgestellt hat. Schon bei seinem ersten Betreten des Klassenzimmers wurde mir klar, dass wir endlich einen gut aussehenden Jungen an unserer Schule hatten.

Er wurde meine erste grosse Liebe.

Sie fing damit an, dass Michael in der Pause, noch bevor wir zusammen waren, um mich herumalberte. Ich sass an meinem Pult, er hatte das Japanmesser in der Hand, das wir im Zeichenunterricht erhalten hatten, und fuchtelte damit herum. Da ich in dieser Zeit voll im Judofieber war und ausserdem die Kampfkunst von Bruce Lee verehrte, wollte ich Michael beeindrucken. Ich versuchte also, ein paar Handkantenschläge im Stil von Bruce Lee nachzuahmen. Doch plötzlich fühlte ich einen heftigen Schmerz in meinem rechten Zeigefinger. Bei seinem Anblick wurde mir übel, das Japanmesser hatte den Finger aufgeschlitzt.

Michael war entsetzt und kreideweiss, ich rannte zum Lavabo und liess kaltes Wasser über meinen Finger laufen, doch es hörte nicht auf zu bluten. Michael holte sofort einen Lehrer, der mich ins Spital auf den Notfall brachte. Dort wurde der Finger von einem Assistenzarzt zusammengenäht.

In jenen Tagen trug ich einen Halskragen, der mir nach einem unsanften Judowettkampf verpasst worden war. Jetzt hatte ich also auch noch einen Riesenverband um meinen rechten Zeigefinger.

Der Mathematiklehrer fragte ironisch: «Luana, sehen wir dich morgen auch noch mit einem eingegipsten Bein?»

Michael fehlte in den nächsten Schulstunden, er sei mehr unter Schock gestanden als ich, sagte mir einer der Lehrer. Am anderen Morgen erschien er mit einer weissen Rose, die für mich bestimmt war, und das war der Anfang meiner ersten Liebesgeschichte.

Sechs Monate später fand diese Geschichte ihr Ende. Ich sagte ihm, dass ich nicht mehr mit ihm zusammen sein wolle. Es war für ihn ein Schock, er liebte mich und konnte sich ein Leben ohne mich zu diesem Zeitpunkt nicht vorstellen. Ich selbst war noch nicht bereit für eine Beziehung in der ausschliesslichen Art, die er sich vorstellte. Ich war naiv, wollte meine Freiheit und Unabhängigkeit. Für mich war Michael zwar meine erste grosse Liebe, die Zeit mit ihm war wunderschön gewesen, doch jetzt war es mir zu viel, ich fühlte mich eingeengt und wollte wieder atmen können.

Nun aber, etwa drei Jahre später, an jenem Abend auf dem Weg zu Valérie in den Strassen von Thun, hörte ich, wie Michael meinen Namen rief. Wie gut er doch noch immer aussah! Er fragte mich, ob ich Lust hätte, mit ihm etwas zu trinken. Kurze Zeit später sassen wir zusammen an einer Bar und sprachen über die alten Zeiten. Es war mir schon fast fremd geworden, mich mit jemandem zu unterhalten, der kein gravierendes Problem zu haben schien.

«Nun erzähle mal etwas von dir.»

Ich hätte ihm am liebsten alles erzählt, er war mir immer noch vertraut. Doch ich wollte ihn nicht erschrecken.

Ich erzählte ihm eine Geschichte, die ich in mein Tagebuch geschrieben hatte, sie handelte von einer Maus, die in eine Mausefalle geraten war und ausgerechnet von einer Katze gerettet wurde. Es stellte sich jedoch schnell heraus, dass die Katze die Maus nur deshalb gerettet hat, um sie nach etlichen Spielchen in aller Ruhe auffressen zu können.

«Scheint so, Lu, als hättest du einiges durchgemacht», sagte Michael beim Abschied. «Darf ich dich mal anrufen?»

Hatte schon einmal jemand *darf ich* zu mir gesagt? Jedenfalls nicht in letzter Zeit, nicht in den letzten Wochen oder Monaten. Allein diese Worte waren eine Art drogenfreie Umarmung. Ich war mir in diesem Moment sicher, dass ich mit dem Sugar aufhören konnte, wenn ich es auch wirklich wollte. Ich gab Michael meine Nummer.

28 Perpetuum mobile

In Valéries Wohnung kam mir sofort dieser süss-säuerliche, unvergleichliche Geschmack entgegen. Es roch zudem nach verbranntem Metall, und dieser Geruch liess mein Blut sofort brodeln.

Valérie lud mich zu einem Kick ein, was ein unwiderstehliches Angebot für mich war. Trotz der Begegnung mit Michael setzte ich mir kurze Zeit später einen Schuss. Ruhig, aber innerlich erschöpft, lag ich auf meiner Matratze und liess meine Gedanken schweifen.

Betti sah ich plötzlich vor mir, ihr Gesicht und ihre verfaulten Zähne, und die Worte ihrer Mutter hämmerten in meinen Ohren. Ihre Tochter solle ein Beispiel für die Gefahr dieses Giftes sein, und durch ihren Tod würden hoffentlich einige Süchtige endlich aufwachen. Der Stoff, so sagte ich mir, war stärker als alles andere, sogar stärker als die Angst vor dem Tod. Kompliment an dich, Sugar. Keiner scheint gegen dich gewinnen zu können. In meinem Flash kritzelte ich etwas auf ein herumliegendes Papier. Heute lese ich, was Luana damals geschrieben hat.

Geistiges Perpetuum mobile. Ich kann mit meinen Gedanken nicht fertig werden, ich bin nicht fähig, nur eine Sache zu denken, ich denke etliche Dinge gleichzeitig, und zur selben Zeit prüfe ich dann innerhalb eines Bruchteils einer Sekunde, was die Konsequenzen, die gegenwärtigen Zustände, Grundfragen und die entsprechenden Antworten des Problems oder der Frage sein könnten. Fragt mich jemand ganz ohne Hintergedanken «Wie heisst du?», nehmen die Gedanken ihren Lauf.

Warum will diese Person meinen Namen wissen? Was genau bewirkt eine Antwort von mir auf das Verhalten dieser Person? Wozu stellt diese Person mir überhaupt eine Frage? Was will sie anhand dieser Frage wirklich herausfinden? Was wird eine eventuelle Antwort von mir dieser Person für einen Nutzen bringen? Wie hoch ist das Risiko, bei einer ehrlichen Antwort sofort oder aber auch später verletzt zu werden? Wie ehrlich wurde mir diese Frage gestellt, aus der Situation heraus, schon lange vorher vor-

bereitet, zweckbedingt oder einfach nur aus wirklichem Interesse?
Ob ich es will oder nicht, ein einzelner Gedanke teilt sich blitz-
artig auf, und diese wiederum neu entstandenen Gedanken stellen
erneut Fragen. Es ist eine Art geistiges Perpetuum mobile. Für
mein Gegenüber antworte ich zwar völlig spontan, und ich bin
vorbereitet auf eine weitere Frage. Da für mich jeder Satz neue
Fragen aufwirft, habe ich täglich Tausende von Überlegungen, die
sich unendlich immer wieder in neue aufteilen. Ein Teil läuft
bewusst ab, ein Teil jedoch läuft unbewusst weiter. Ich habe also
schon wieder unzählige neue Gedanken und beginne sofort, diese
sorgfältig aufzuteilen.

Ich erwachte, und mein erster Gedanke war, dass ich Geld brauche,
Geld für einen Schuss. Mein zweiter Gedanke gehörte Michael! Ich
war mir sicher, dass ich mit dem Heroin aufhören könne, wenn
noch nicht heute, aber wer weiss, vielleicht schon morgen. Der
Name Michael war verbunden mit dem Gefühl, als befinde man
sich im Treibsand, man steckt bereits mit seinem ganzen Körper im
Sand, nur der Kopf ragt noch heraus, dann kommt im allerletzten
Moment jemand und zieht dich heraus. Jedenfalls war aus meiner
Verzweiflung Hoffnung, aus meiner Traurigkeit Zuversicht und aus
meiner Sehnsucht der Wunsch nach Geborgenheit geworden. Ich
hatte nach unserer kurzen Begegnung Kraft und Energie gewonnen
und glaubte, Berge versetzen zu können.

Michael ist die Hoffnung, dass das Dach über meinem Kopf nicht
zusammenbricht. Er ahnt nicht, dass unsere kurze Begegnung
fähig war, die Blutung meiner Wunde kurz zum Stoppen zu
bringen.
  Dann kommt wieder Angst. Wenn jemand zu lange an einer
noch nicht verheilten Wunde kratzt, reisst er sie auf, bis das

Blut zum Vorschein kommt. Ich stelle mir ein grosses Plakat vor.
Einsturzgefahr! Haltet euch bitte von meiner Wunde fern!

Valérie schrie herum, brachte mich auf die Beine und bremste meine Phantasien. Wir machten uns auf den Weg nach Bern, um uns das Notwendige zu beschaffen. Während der Fahrt redeten wir über unsere Sucht.

Beide wollten wir aufhören.

Ich erinnerte mich, wie ich auf genau dieser Zugstrecke, aber damals auf der Rückfahrt nach Thun, von Viktor meinen ersten Schuss erhielt und wie Valérie mich später weinend in ihre Arme schloss, als ich ihr davon erzählte.

Valérie hatte damals mit einer Kollegin bereits damit begonnen, Sugar zu rauchen, wollte aber nicht, dass ich es wusste, vielleicht glaubte sie, dies könne das Ende unserer Freundschaft bedeuten. Eines Tages hatte ich aber auf der Toilette ihrer Wohnung braun gefärbtes, eindeutig nach Sugar riechendes Aluminium gefunden. Am selben Abend übergab sie mir einen Brief, in dem sie ihre Abhängigkeit schriftlich bestätigte. Die Tatsache, dass meine beste Freundin auch Heroin nahm, machte mir Angst und nahm mir meine Hoffnung, wieder einmal frei und ohne Drogen sein zu können.

Ich schwor mir jedenfalls damals, mir niemals gemeinsam mit Valérie einen Schuss zu setzen. Die Gefahr, dass dieses Ritual uns zwar noch mehr zusammenbringen würde, uns mit der Zeit aber auch misstrauisch und völlig kaputt machte, war mir zu gross. Ich wollte die Magie des Sugars, die unter zwei Freundinnen entstehen kann, auf jeden Fall vermeiden.

So hatte ich mir meinen Knall immer dann gesetzt, wenn Valérie nicht in der Nähe war. Oft trafen wir aufeinander, wenn wir beide schon unseren Flash intus hatten. Dann erzählten wir uns gegenseitig unsere Erfahrungen, unsere Albträume und von unserem Willen, aufzuhören. Dieser Entschluss war immer nur von kurzer Dauer, denn sobald jede Faser meines Körpers nach Sugar schrie, schien es unmöglich zu sein, einem Flash zu widerstehen.

Als wir eines Tages zusammen in einem Tearoom sassen und Valérie provokativ einen Tee mit zwei Zitronenschnitzen bestellte, war mein Vorsatz vergessen. Wir sahen uns an, grinsten und wussten sofort, was wir wollten. Einige Minuten später setzten wir uns auf der Toilette des Tearooms einen Schuss.

Normalerweise benutzten wir Ascorbinsäure in Pulverform. Dieses Mal verwendeten wir die Tropfen der Zitronenschnitze. Alles schien so vertraut und sicher zu sein mit Valérie. Das Gefühl, dass meine Freundin genau zur selben Zeit dasselbe fühlte, war einzigartig. Es war das Wissen, dass man nicht allein etwas Verbotenes und Selbstzerstörendes tat. Dies hüllte die Misere in ein versöhnliches Licht, jedenfalls für einen kurzen Moment. Und es war der Anfang für gemeinsame Unternehmungen in der Szene, und auch diesmal waren wir wieder zusammen unterwegs nach Bern.

29 In der Szene

Bei unserer Ankunft in Bern begann es wie aus Kübeln zu regnen. Valérie bat mich, Stoff kaufen zu gehen, sie würde auf mich im Bahnhof warten. Scheinbar wollte sie sich bei einigen Leuten nicht sehen lassen und drückte mir 200 Franken in die Hand. Ich war erstaunt, zog es aber vor, nicht zu wissen, woher sie das Geld hatte. Bald war ich völlig vom Regen durchnässt, aber ich gab mir keine Mühe, mich zu beeilen, der Regen war nun mal da und ich hatte keinen Schirm bei mir, wozu auch. Ich konnte meinen Sugarflash kaum erwarten, und guten Mutes ging ich in die Richtung, wo sich die Süchtigen aufhielten.

Die Standorte der Drogenabhängigen änderten immer wieder. Die kleine Schanze, die Bundesterrasse und der Kocherpark stecken bis heute wie ein tief gestochenes Tattoo in meiner Seele fest. Wenn es regnete, waren alle Süchtigen eng beisammen in einer Art Riesenzelt, welches für die Abhängigen aufgestellt worden war.

Hektik, Geschrei, Fluchen und überall diese toten, aber dennoch gierigen Blicke. Jeder setzte sich in irgendeiner Position einen Schuss, Kokain oder Heroin, in Arme, Hände, Beine, Füsse, Waden, Hals, einfach irgendwohin, wo sich noch eine Vene befand, die zum Spritzen genutzt werden konnte.

Ab und zu hörte man jemanden rumschreien.

«Kannst du mir helfen, eine Vene zu suchen.»

«Kannst du mir bitte einen Schuss setzen.»

Andere pöbelten einander an, weil einer Scheissstoff erhalten hatte.

Ein anderer hatte kein Geld oder zu wenig Stoff bekommen, und so weiter.

Es war verdammt lebendig in diesem Dreckszelt, obwohl fast alle halb tot waren.

In einer Ecke waren zwei kleine Tische aufgestellt, wo ein paar Süchtige frische Spritzen für einen Franken verkauften. Auch kleine Löffel, die scheinbar gewaschen waren, lagen bereitgestellt neben Ascorbinsäure auf den Tischen. Wer diese Löffel benutzte, hinterliess danach seine gebrauchten Filter. Das war der Deal.

«Filter, Filter!», hörte man es immer wieder laut rufen. Es gab Junkies, die gebrauchte Filter sammelten, um so an für sie fast lebensnotwendige Reste des Giftes zu gelangen, die sie sich dann hungrig injizierten.

Die Gefahr einer Ansteckung war gross, aber die Schwersüchtigen hatten keine Zeit, ihre Gedanken an Hepatitis oder Aids zu verschwenden. Zum Glück hatte ich das Misstrauen in meinen Genen, denn niemals bezahlte ich einen Franken für eine Spritze, die mir ein Süchtiger verkaufen wollte.

Ich besorgte mir meine Spritzen immer selbst.

Entweder ging ich in das *Contact Thun,* oder ich ging direkt auf den Notfall im Spital und verlangte eine Insulinspritze, oder ich ging in eine Apotheke.

Es war mir nämlich bekannt, dass die sogenannt frischen Spritzen, die von den Süchtigen verkauft wurden, manchmal bereits gebraucht waren. Sie wurden von den Junkies mit Wasser ausgewaschen und dann in ihren originalen Plastikhüllen wieder verpackt, so sah es aus, als wären sie fabrikneu.

Eine Bekannte von mir, die später an einem goldenen Schuss starb, holte sich mit einer dieser Spritzen eine Hepatitis.

Den meisten Junkies war es scheissegal, ob die Spritzen gebraucht waren oder nicht, denn das Einzige, was zählte, war der Knall, auf den man auf keinen Fall warten wollte. Ihr Verhalten zeigte mir, dass ich in meiner Sucht wenigstens noch denken konnte, und das wiederum sagte mir, dass ich den Gipfel der Sucht noch nicht erreicht hatte. Sonst hätte ich ja nicht diese Paranoia vor Aids und Hepatitis gehabt.

Ich war also wieder einmal unterwegs, um Sugar für mich und Valérie zu holen. Vom Regen war der ganze Hang völlig durchnässt, und das Gemisch aus Gras und Erde machte ihn glitschig. Ich hatte Panik, zu stürzen und auf eine der Spritzen zu fallen, die überall am Boden herumlagen, auch wenn ich meine Doc Martens-Schuhe mit Stahlkappen trug. Bis ich den kleinen Hang hinter mir hatte, war ich nervös und hielt mich auf halbem Weg an einer der Wasserröhren fest.

Im Zelt sah ich verschiedene mir bekannte Gesichter. Sofort kam Mario breit grinsend auf mich zu. «Wie viel, Kleines?»

Der Typ ekelte mich so sehr an, dass ich zuerst ablehnte. Ich hasste mich dafür, dass ich von diesem Arschloch Stoff kaufen sollte. Ich tüpfelte mit meinem kleinen Finger in den Stoff und prüfte mit Zunge und Gaumen die Qualität. Als er mir noch einige Messerspitzen extra bot, einigten wir uns schnell.

Valérie würde sich freuen, und ich freute mich auch. Ich wollte so schnell wie möglich los und versorgte das Briefchen in meinem Slip.

Aber da kam ein Typ auf mich zu und fragte mich nervös, ob ich ihm beim Knall helfen könne. Er wollte sich einen Schuss in die Beinvene setzen und war so sehr auf Entzug, dass er selbst nicht mehr fähig war, mit seiner zitternden Hand die Vene zu finden.

Ich lehnte ab, wollte nur weg.

Er schimpfte und sagte, ich sei eine verdammte Dreckschlampe.

Diese Worte kamen mir bekannt vor.

Ich wollte nur noch raus.

Da fasste mich jemand an die Brust.

Fluchend drehte ich mich um.

Viktor und Mario grinsten mich an.

«Hallo Wildkätzchen», sagte Viktor. «Lass es uns doch noch einmal probieren. Niemand kann es dir so besorgen wie ich.»

«Lass mich in Ruhe!», schrie ich ihn an.

Ich flüchtete aus dem Zelt.

Draussen standen vereinzelt Freier herum.

«Ich bezahle dich gut Schätzchen!», brüllte mir einer hinterher.

30 Freier oder Raubzüge

Die Freier, die in der Drogenszene rumlauern, sind wirklich das Letzte. Sie wissen, dass die Drogensüchtigen die billigsten Prostituierten sind. Was taten die Süchtigen nicht alles, nur um sich einen Schuss setzen zu können, da gab es für viele keine Grenzen mehr, egal, wie billig sie ihren Körper verkauften, Hauptsache war, sie hatten das Geld für den nächsten Schuss. Jedes Mal, wenn ich ein Mädchen sah, das zu einem Freier ins Auto stieg oder mit ihm zu Fuss irgendwohin verschwand, schwor ich, mit dieser Droge aufzuhören.

Bis jetzt war ich dem Drogenstrich ferngeblieben, ich verdrängte den Gedanken, dass auch ich eines Tages dazugehören könnte. Wenn ich ein Mädchen mit einem Freier sah, ekelte ich mich. Je mehr ich mich davor ekle, dachte ich mir, desto kleiner ist die Möglichkeit, dass ich mich selbst in die Freierszene begebe. Ich würde ja sowieso schon bald aufhören, also kam der Strich für mich eh nicht infrage.

Mit diesen Gedanken versuchte ich mich zu beruhigen. Dann hatte ich auch immer wieder das Bild von Betti und Mario vor Augen und ich glaubte, das Stöhnen der toten Betti zu hören.

Da war ein kranker Typ, der sich beim Telefonieren bei mir aufgegeilt hat. Ich stand in einer Telefonkabine und wollte jemanden anrufen.

Er öffnete die Kabinentür und fragte mich, ob ich ihm beim Onanieren in der benachbarten Kabine zuschauen wolle, er würde mir Geld dafür geben. Ich hatte nichts anderes zu tun, als ihm zuzusehen. Da ich dringend Geld brauchte, stimmte ich schliesslich zu. Ich tat wie befohlen so, als würde ich telefonieren, hielt den

Hörer an mein Ohr und schaute, wie er sich einen runterholte. Er
züngelte mir zu, und je näher er an seinem Höhepunkt war,
umso ekelerregender wurden seine Gesten.
Ich versuchte, meinen Blick auf das Telefon neben ihm zu fixie-
ren, doch es gelang mir nicht immer. Etwas zwang mich, ihm
zuzusehen, obwohl ich mich ekelte.

Ich war schockiert über die Geilheit der Männer und ihre Leichtigkeit, zum Höhepunkt zu kommen. Und da war noch etwas, das, was
meine Gefühle angeht, neu für mich war. Ich genoss auf eine merkwürdige Art, wie einfach es war, das männliche Geschlecht zu kontrollieren und ihm überlegen zu sein. Vielleicht entstand dieses Gefühl aus einer Art von Rache gegenüber der scheinbar unstillbaren
Geilheit der Männer, vielleicht war dieses Gefühl aber auch die einzige Chance, um wenigstens eine Art von Kontrolle zu fühlen.

Als der Typ fertig war, ging ich aus der Kabine und wartete auf
mein Geld. Er kam raus, atmete zufrieden tief durch, öffnete sein
Portemonnaie und gab mir neun Franken! Ich konnte es nicht glauben und beschimpfte ihn, aber er lachte nur und sagte, ich hätte ja
nicht selbst Hand angelegt und liess mich mit neun Franken stehen. Ich fühlte mich jammervoll, und gleichzeitig nervte mich meine Naivität. Als ich es später einer Bekannten aus der Szene erzählte, sagte sie mir, ich sei blöd gewesen, man müsse das Geld immer
vorher verlangen. Da aber die Freierszene für mich nicht infrage
kam, musste ich es mit anderen Unternehmungen versuchen.

Tim, von dem ich die Überdosis LSD erhalten hatte, traf ich später
mal in einer Bar. Da er die Typen an der Bar kannte, dachten wir, dies
wäre eine Gelegenheit gewesen, uns gratis zu betrinken. Doch zu unserem Pech spendierte der sogenannte gute Kumpel von Tim keinen

Drink, und natürlich hatten wir nicht das Geld, uns weiter zu vergnügen. Schlecht gelaunt verliessen wir den Laden und wussten nicht, wie wir ohne Geld nach Thun kommen sollten. Das Lokal befand sich ausserhalb von Thun in einem kleinen Kaff mit ländlichem Charme. Draussen waren etliche Autos und ein Lastwagen geparkt. Tim schlug vor, eine dieser Karren zu klauen, um zurück in die Zivilisation zu kommen. Er brauche, sagte er, ein bisschen Action nach dieser Flaute.

Zu diesem Zeitpunkt standen Tim und ich uns immer noch sehr nahe. Er war sogar wie ein Bruder für mich. Als Mann reizte er mich nie, obwohl ihn viele Mädchen für sehr männlich und attraktiv hielten. Für mich war und blieb er ein verrückter, aber immer netter Kumpel. Für den Horrortrip, der damals für mich im Spital geendet hatte, fühlte sich Tim noch immer verantwortlich, da er derjenige gewesen war, der mir das LSD gegeben hatte. Obwohl ich ihm mehrere Male erklärt hatte, dass das ganze Dilemma allein in meiner Verantwortung lag, fühlte er sich schuldig. Tim war einer dieser Typen, die ab und zu mal einen Trip spickten, um spirituell weiterzukommen. Er selbst hatte noch nie einen Horrortrip erlebt, er sagte immer, man müsste mental für LSD bereit sein. Scheinbar war ich es nicht gewesen.

Tim schlug mir vor, gemeinsam ein Auto zu klauen. Es war nicht das erste Mal, dass er so etwas tat. Ich war auf eine kindische Art beeindruckt und fühlte mich wie eine Gangsterbraut. Er schickte mich zum Eingang der Bar, damit ich ihn mit einem lauten Pfiff warnen konnte, wenn jemand kam.

In der Zwischenzeit war es dunkel geworden, dies gab unserem Vorhaben einen hübschen, kriminellen Schleier. Mein Herz pochte, und ich bewunderte Tim, der die Zündung von Fahrzeugen kurzschliessen konnte. Ich passte auf, und es blieb zum Glück ruhig, bis ich den Motor eines Autos hörte. Ich rannte los und traute meinen

Augen nicht, als ich Tim in einem Lastwagen sah. Extrem nervös stieg ich ein.

«Bist du sicher, dass du dieses Monstrum auch fahren kannst?»

«Beruhige dich», sagte Tim, «ich habe alles im Griff.»

Wir fuhren los mit einem geklauten Lastwagen, und ich war mir nicht klar darüber, was wir wirklich taten. Das Adrenalin wirkte, und wir schrien und grölten in der Kabine.

In der Nähe eines kleinen Bahnhofs am Stadtrand von Thun liessen wir den Lastwagen auf einem leer stehenden Platz neben einem Bauernhaus stehen und schlichen uns davon.

Wir wollten endlich etwas trinken.

Da zeigte mir Tim hinter dem Bahnhof ein tief gelegenes Fenster, und dort drinnen sah ich jede Menge Flaschen Wein und Gin, es handelte sich um ein Alkoholdepot, das Tim bekannt war.

Er grub den Holzpfosten eines Zaunes aus. Beim nächsten Zug, der vorbeifuhr, wollte er damit das Fenster einschlagen. Dann konnten wir all den Alk holen und vorerst in einem alten Militärbunker unterbringen. Tim hatte den Bunker vor ein paar Tagen mit einem Kollegen entdeckt, er lag ganz in der Nähe unter einer Brücke.

Nach einer halben Stunde kam der Zug.

Mit einem Riesenknall zerschmetterte Tim mit dem Holzpfosten die Fensterscheibe, und wenig später stiegen wir in den Lagerraum und schleppten die Flaschen hinüber in den Bunker. Tim nahm jeweils einen Harass in die rechte und einen in die linke Hand, während ich schon Mühe hatte, einen einzigen zu tragen. Zudem mussten wir verdammt aufpassen, dass uns niemand sah.

Schliesslich rief Tim einen Kumpel an, weihte ihn ein, und dieser war bereits zehn Minuten später beim Bunker, wo wir alle Flaschen in sein Auto verstauten und zu ihm nach Hause fuhren. Ich sass auf Tims Schoss, da das Auto vollgestopft mit all den Flaschen war.

Ich beruhigte mich erst, als ich bei unserem Kumpel auf einem Sofa sass und Tim mir mit einem breiten Grinsen eine Flasche Gin hinstellte. Wir hatten 80 Flaschen Wein und 50 Flaschen Gin ergattert und das Riesenglück gehabt, dass uns keiner bei unserem Raubzug erwischte.

Die Ginflaschen verkauften wir später auf der Gasse für zehn Franken. Die Weinflaschen waren lange unser Gratisgetränk und eine Erinnerung an unseren Raubzug. Tim wurde bei einem weiteren Versuch, ein Auto zu klauen, erwischt und hatte ein Verfahren am Hals. Er kam jedoch mit einer saftigen Busse auf Bewährung frei.

Als ich später Valérie die Geschichte erzählte, lachte sie und sagte, sie wäre gerne dabei gewesen. Es war ihrer Meinung nach jedenfalls besser, als seinen Körper zu verkaufen, mit all dem damit verbundenen Schmerz und Ekel.

31 Valérie und ihre Eltern

Mit dem Stoff vom Drogenzelt kehrte ich zu Valérie zurück. Wir gingen auf die Toilette beim Bahnhof Bern und begannen unsere Sugar-Zeremonie. Es war wie jedes Mal ein schönes Gefühl, wenn ich mir mit Valérie einen Schuss setzte. Die Welt schien in Ordnung zu sein und ich fühlte mich unverletzlich.

Dies war für mich ein überaus wichtiger Effekt.

Oft war ich in jenen Jahren über meine Sensibilität und meine Empfindlichkeit gestolpert. Doch wenn ich die Droge in meinen Venen fühlte, konnte mir niemand etwas antun. Ich war in meiner Welt, wo niemand Zutritt hatte. Erst viel später realisierte ich, dass das Heroin mich noch viel sensibler und zerbrechlicher machte.

Nach unserer Heimkehr war in der Wohnung von Valérie die Hölle los. Sie war schon lange zu einem geheimen, sicheren Treffpunkt der Szene geworden. Unsere Bude war voll von Junkies, Mario und Viktor waren auch da.

Mario sagte zu Val: «Kommst du nicht zu mir, komme ich zu dir. Du bist mir noch etwas schuldig.»

Valérie ging mit Mario auf ihr Zimmer.

Ich war auf Sugar.

Ich sass auf dem Boden, zündete mir eine Zigarette an und konzentrierte mich auf die Glut der Zigarette. Als ich Valérie mit Mario wieder aus dem Zimmer kommen sah, fühlte ich mich trotz Sugar den Tränen nahe. Ich ging auf die Toilette, schloss die Tür hinter mir zu und schrieb meine Gefühle auf Toilettenpapier.

Wozu gibt es eigentlich Menschen und nicht nur Tiere und Pflanzen? Wer oder was ist Gott und wo versteckt er sich? Ich weiss nicht mehr, wer ich bin, ich weiss nicht mehr, was ich tun soll, ich weiss nicht mehr, wohin ich gehen soll... aber ich weiss, dass sich täglich dieses Verlangen nach Sugar intensiviert und sich gefährlich schnell wie eine schwere Blutvergiftung in meinem ganzen Körper ausbreitet und jede infizierte Körperzelle schreit immer wieder synchron: SUGAR!!!!

Nach einer Weile hämmerte Valérie wie wild an die Tür.

«Lu, uns ist die Wohnung gekündigt worden!»

Obwohl Valéries Eltern die Miete regelmässig einbezahlt hatten, schrieb ihnen der Vermieter einen Brief, in welchem er erklärte, er sei gezwungen, den Mietvertrag vorzeitig aufzulösen. Der ewige Lärm, vor allem die regelmässigen Nachtruhestörungen sowie der rege tägliche Verkehr, der in der Wohnung herrschen würde, seien der Grund dafür.

Ist das vielleicht eine Chance, mit dem Sugar aufzuhören? Oder ist dies das Zeichen, dass wir nun endgültig verloren sein werden, obdachlos, nur noch in den Gassen rumhängend auf der Suche nach dem nächsten Schuss? Erwarten mich schlaflose Nächte? Habe ich meinen warmen Unterschlupf, welcher mir Sicherheit gab, nun ein für alle Mal verloren? Wohin werde ich gehen? Wo werde ich die Nächte in Zukunft verbringen? Wird meine Freundschaft mit Valérie womöglich auch zu Ende sein?

Wird sie in die Wohnung ihrer Eltern zurückkehren oder das Angebot für einen Au-pair-Platz in Neuchâtel annehmen?

Valérie hatte schon seit längerer Zeit geplant, ein Jahr nach Neuchâtel zu gehen. Nachdem sie das Gymnasium Thun nach riesigem Krach mit ihren Eltern geschmissen hatte, wollte sie als Aupair-Mädchen Kinder betreuen, Französisch lernen und anschliessend die Krankenschwesternschule absolvieren. Ihre Eltern liessen ihr die Freiheit, die Familie selbst zu wählen, damit sie sich dort auch wirklich wohl fühlte und dieses Welschlandjahr nicht wieder frühzeitig abbrach. Diese Entscheidung zögerte sie jedoch so gut es ging und mit den unterschiedlichsten Gründen immer wieder hinaus.

Wir hatten fünf Wochen Zeit, die Wohnung zu räumen und uns etwas einfallen zu lassen.

«Alles ist eine riesengrosse Scheisse», sagte Valérie. «Ich werde morgen mit meinen Eltern reden. Sie haben im Moment den Stress, ihr Schlafzimmer neu zu gestalten, zum Kotzen, was die für Probleme haben.»

Wir teilten allen mit, dass wir jetzt alleine sein wollten, und da jeder unsere miese Laune verstand, verliessen sie nachdenklich die Wohnung, sogar Viktor und Mario verschwanden. Valérie und ich fielen uns in die Arme und fühlten wortlos unsere Verzweiflung. Wir tranken eine Flasche Rotwein, erzählten uns Geschichten und wussten beide, dass das Ende unserer gemeinsamen Zeit bevorstand.

Valéries Eltern sind reich, vielleicht sogar stinkreich, jedoch nicht in ihren Herzen! Sie glauben, wenn sie ihrer Tochter mit Geld das ermöglichen, wovon Valérie träumt, seien sie die perfekten Eltern. Sie wissen aber nicht, was der Traum von Valérie ist und dass er nicht finanziert werden kann!

Immer, wenn Val zu ihren Eltern nach Hause ging, kam sie mit Geld zurück, das wir kurze Zeit später in einen Knall verwandelten. Sie hatten nicht mitgekriegt, dass ihre Tochter süchtig war.

Einmal, als ich dabei war, sagte ihre Mutter am Mittagstisch zu ihr: «Kindchen, du solltest wieder mal an die Sonne, du bist viel zu bleich, die Leute könnten ja denken, du seiest krank.»

Dann nahm sie ihr grosses Portemonnaie aus ihrer Markentasche, gab Val 300 Franken und sagte besorgt: «Kauf dir ein Abonnement für die Sonnenbank und nimm deine Freundin auch mal mit, die kann auch ein bisschen Farbe gebrauchen.»

Val und ich traten uns unter dem Tisch gegenseitig in die Beine. Es war die Vorfreude auf einen gemeinsamen Knall, den uns Valéries Mutter gerade finanziert hatte.

Die hauptsächliche Sorge von Valéries Eltern galt ihrem Familienimage. Wurde es angekratzt, empfanden sie dies als eine Art persönliche Demütigung.

Am Tag nach der Kündigung ging Valérie zu ihren Eltern nach Hause. Ich blieb extrem nervös zurück und wusste nicht, womit ich mich ablenken konnte, denn auch Sugar hatte ich nicht. Angespann ging ich in der Wohnung auf und ab zu aggressiver Musik, die ich bewusst viel zu laut aufdrehte, um unseren Vermieter für den Rauswurf zu bestrafen.

Dieses Verhalten von mir war kindisch, dumm und vor allem nutzlos, aber trotzdem waren einige winzige Gefühle der Schadenfreude damit verbunden. Wie aber komme ich heute an Sugar, wie, wie, wie???!!!

32 Angst vor der Zukunft

Endlich kam Valérie zurück, und ein Blick genügte, um zu wissen, dass alles aus war. Ohne zu fragen, bot ich ihr eine Zigarette an, und wir setzten uns auf den Boden. Wir rauchten wortlos, Traurigkeit, Ungewissheit und Angst sowie ein süsser, nostalgischer Schmerz lagen in der Luft.

Dann begann Valérie zu berichten.

Sie sei zu Hause total ausgeflippt und habe ihren Eltern die ganze Wahrheit endlich an den Kopf geworfen. «Du hättest den Gesichtsausdruck meiner Mutter sehen sollen», sagte Val, «ich habe natürlich Schande über die ganze Familie gebracht, du kannst dir das Drama ja vorstellen.»

Ihre Eltern wollten sie in eine Therapie stecken.

«Es gibt da so Therapieplätze in der Natur», sagte sie, «in den Bergen für Süchtige, wo du komplett weg von all dem Scheiss bist.»

«Du musst mich unbedingt besuchen, wenn ich in den Alpen beim Melken bin. Ich habe vorgeschlagen, mit dir zusammen diese Therapie zu machen, aber meine Alten sind total dagegen. Sie glauben, dass wir schon nach ein paar Stunden wieder abhauen.»

Nun stand ich also, jedenfalls in meinen Gefühlen, ganz allein da. Die Sorge um Valérie konnte ich nun wenigstens abhaken, sie schien in Sicherheit zu sein. Aber eine grenzenlose Angst umhüllte mich bei der Vorstellung, dass ich nun ohne meine beste, einzige Freundin sein würde.

Als hätte Valérie meine Gedanken gespürt, umarmte sie mich. Wir werden immer zusammenbleiben, nichts kann unsere Freundschaft trennen!

Wir atmeten beide tief durch. Dann schlug Valérie vor, nach Bern zu fahren, um uns Sugar zu organisieren. Wir machten uns schön und zogen unsere besten Klamotten an. Auf dem Weg nach Bern sprachen wir kaum ein Wort miteinander. Jede wusste von der anderen, dass sie verzweifelt war.

In der Szene trafen wir Mario und Viktor. Sie fragten uns, was wir denn zu feiern hätten, weil wir so herausgeputzt waren.

Valérie erzählte den beiden ihre Zukunftspläne. Ich war erstaunt, wie einfach es Valérie fiel, über ihre Eltern und ihre Probleme zu Hause zu sprechen.

Ich stand Viktor allein gegenüber. Er grinste mich an, machte ein paar vulgäre Sprüche und gab mir einen Kuss auf die Stirne. Offenbar wusste er, dass er mich in meiner Situation damit herumkriegen und beruhigen konnte. Mit diesem zärtlichen Kuss auf die Stirne gab er mir das Gefühl, als sei jemand da, der sich um mich kümmerte. Deine Freundin wird dich zwar verlassen, aber keine Angst, du hast ja noch mich.

Seltsam, wie mir diese Person, die ich unter normalen Umständen sofort abweisen würde, im richtigen Augenblick das Gefühl eines Retters geben kann.

Wenige Minuten später sass ich mit Viktor, Mario und Valérie auf der Wiese unter einem Baum, und wir alle setzten uns einen

Schuss. Ich hatte Probleme, eine Vene zu finden, wurde nervös und begann zu fluchen. Mehrmals hatte ich versucht, in eine Vene zu stechen und sie nicht getroffen.

Auch auf meiner Hand blieb ich erfolglos.

Schliesslich halfen mir Valérie und Viktor. Nach einigen Fehlschlägen fanden wir gemeinsam eine noch brauchbare Vene an meinem linken Unterarm. Es tat mir verdammt weh, und so, wie die Vene anschwoll, war ein Teil daneben gespritzt. Egal, ich hatte endlich meinen Sugarflash.

Dann lag ich in Viktors Armen, und Valérie lag in den Armen von Mario. Ich dachte nicht über mein Verhalten nach, denn zu sehr hätte ich mich dafür gehasst. Ich genoss es einfach, dass mich jemand in den Armen hielt.

Es spielte in diesem Augenblick gar keine Rolle, dass es Viktor war, einzig das Gefühl, nicht allein zu sein, war wichtig. Das Heroin tat den Rest, ich fühlte mich wohl, und die Welt schien wieder in Ordnung zu sein. So lag ich zum Abschied von meiner Freundin Valérie auf der Wiese, zugedröhnt und in den Armen jenes Mannes, der mir meinen ersten Knall gesetzt und mich wie Dreck behandelt hatte und der es auch wieder tun würde.

Doch ich fühlte mich geborgen.

In diesem Moment, in den Armen von Viktor, dachte ich aus weiter Ferne über die gut gemeinten Worte einzelner Lehrer nach, aber auch über die stille Sorge meiner Mutter und über die Enttäuschung und Empörung meines Vaters.

Es war so, dass ich anderntags unbedingt in der Schule erscheinen musste. Es war ein Test in Biologie angesagt, der meine letzte Chance war, um auf dem neuen Gymnasium in Interlaken bleiben zu können, eine Sonderprüfung, damit man sich ein abschliessendes Bild über mich machen konnte.

Meine fortlaufenden Absenzen und vor allem auch meine Vorgeschichte waren der Grund dafür. Ausserdem waren meine Leistungen in der Zwischenzeit katastrophal geworden.

Bei einigen Tests hatte ich einfach ein leeres Blatt abgegeben.

Die Lehrer hatten mich mehrere Male auf meine Situation aufmerksam gemacht und auch darauf, dass ich ja bereits aus einem anderen Gymnasium hatte entfernt werden müssen und dass ich wirklich eine Lehre daraus hätte ziehen sollen.

Ich musste in der Sonderprüfung unbedingt eine 4 haben, um allen zu beweisen, dass ich meine Chance ernsthaft nutzen wollte.

Meine Arme und Hände waren völlig zerstochen und wiesen überall bläuliche Hämatome auf, und ich überlegte mir, was ich an langärmliger Kleidung anziehen konnte, damit mir in der Schule keine peinlichen Fragen gestellt wurden.

33 Schlussprüfung

Der Test in Biologie war mündlich. Nur der Biologielehrer, der Klassenlehrer und ich waren im Schulzimmer. Ich hatte für das Examen eine schwarze Bluse angezogen, mit langen Ärmeln natürlich, nur die Einstiche auf den Händen waren noch zu sehen, deshalb hatte ich Pflaster auf meine Hände geklebt, und falls mich jemand fragte, würde ich antworten, dass ich Mückenstiche aufgekratzt hatte. Seit ich Sugar spritzte, war ich den Mücken für ihre Anwesenheit dankbar. Sie dienten mir in heiklen Situationen als glaubwürdiges Alibi, sie waren meine Anwälte und verteidigten mich immer nach dem Grundsatz in dubio pro reo ...

Ich ging völlig ausgelaugt und ohne jede Vorbereitung zum mündlichen Biologieexamen, das mich retten oder mir meinen weiteren Lebensweg versauen konnte.

Ich musste vor der Wandtafel stehen. Mir war leicht schwindlig.

«Luana, ich hoffe, dass Sie sich gut auf dieses Examen vorbereitet haben», sagte der Biologielehrer. Er hielt nichts von mir, da ich seinen Unterricht oft geschwänzt hatte, und er verachtete mich für mein Desinteresse an der Biologie. Er konnte ja nicht wissen, dass mein einziges Interesse dem Heroin galt. Für ihn gab es nur Biologie, dieses Wissen erfüllte ihn mit Leidenschaft und stellte den Sinn seines Lebens dar.

«Was bedeutet das Wort *Meiose*?», fragte er.

Erwartungsvoll und ungeduldig sah er mich an. *Er kam mir vor wie eine Flutwelle, und ich war kurz davor, darin zu ertrinken.* Ich schaute auf meine zugepflasterten Hände, dachte unwillkürlich an Sugar, rang nach Luft und war mir nicht ganz sicher, ob ich mich bald übergeben musste. Ich antwortete: «Meiose kommt aus dem Griechischen und heisst Verminderung.»

«Das wissen wir doch alle», sagte er unfreundlich. «Wir sind hier aber nicht im Griechischunterricht, sondern sprechen über Biologie.» Seine Stimme wurde beim Wort *Biologie* lauter und mindestens einen Ton höher.

Mir war zum Heulen zumute, schon bei der ersten Frage.

«Die Meiose produziert zusammen mit der Mitose die Gametenzellen», sagte ich.

Er wartete.

«Das sind Geschlechtszellen», fügte ich hinzu.

«Sie müssen mir nicht erklären, was Gametenzellen sind», sagte er verärgert. «Ich habe im Unterricht über das Wunder der Mitose und Meiose gesprochen, aber Sie waren ja wieder einmal nicht anwesend.»

Offenbar wollte mir der Biologielehrer keine Chance geben, und ich überlegte mir kurz, ob ich einfach das für mich reservierte Kriegszimmer verlassen sollte.

Er stellte die zweite Frage. Sie betraf den sogenannten Golgi-Apparat, auch als *Dictyosom* bekannt. «Was ist seine Funktion?»

Ich hasste diesen Scheiss-Golgi-Apparat schon allein des Namens wegen, ich kannte einen Typen, den ich nicht ausstehen konnte, wir nannten ihn Golgi. Ich musste sofort an ihn denken und hatte Lust zu sagen: «Golgi ist ein Wixer.»

Aber ich hatte noch nicht aufgegeben.

«Den Golgi-Apparat findet man in den eukaryontischen Zellen», sagte ich.

«Ich will nicht wissen, wo er sich befindet», antwortete er. «Ich habe nach seiner Funktion gefragt. Ich bitte Sie, meine Fragen zu beantworten und nicht einfach gedankenlos einen Satz, der Ihnen gerade einfällt, zu äussern.»

Ich schaute Hilfe suchend zu meinem Klassenlehrer, der nicht reagierte, sondern interessiert zu seinem Kollegen blickte. Beinahe bekam ich das Gefühl, dass sie gemeinsam vereinbart hatten, mich durchfallen zu lassen, mehr noch, mich so richtig fertigzumachen.

«Der Golgi-Apparat dient zur Synthese von Glycoproteinen in Pflanzenzellen», sagte ich.

«Zeichnen Sie uns bitte eine eukaryontische Zelle an die Wandtafel.»

Ich zeichnete, und offenbar gab es dazu nichts einzuwenden.

Seine nächste Frage galt dem *endoplasmatischen Retikulum.*

Damit hatte er mich erwischt, denn vom endoplasmatischen Retikulum hatte ich so gut wie keine Ahnung.

«Das endoplasmatische Retikulum ist wichtig für die Zellen», sagte ich unsicher und fühlte mich wie jemand, den man soeben bei einem Ladendiebstahl ertappt hatte.

Der Biologielehrer schwieg vielsagend und blickte irgendwie erleichtert zum Klassenlehrer, als hätte er ihm endlich den lang ersehnten Beweis für meine Untauglichkeit abliefern können.

Nach der Prüfung zogen sich die beiden Lehrer zurück, um sich zu besprechen.

Mein Herz pochte.

Die Note 4 hätte ausgereicht, damit ich nicht von der Schule flog. Sie war entscheidend für mein weiteres Leben.

Der Biologielehrer machte es kurz und teilte mir die Note mit.

Es war eine 3,5.

Mir war heiss und kalt.

Ich fühlte meine Tränen, wollte aber auf gar keinen Fall weinen, also begann ich wieder mal lautlos zu rechnen, um mich abzulenken und die Kontrolle nicht zu verlieren. Ich hatte Schmerzen in der Halsgegend, da ich meine Tränen gewaltsam zurückhalten musste.

«Sie haben uns mit diesem Examen gezeigt», sagte der Biologielehrer, «dass Sie Ihre Chance nicht wahrnehmen wollten. Sie haben sich sehr schlecht vorbereitet. Unsere Hilfe und unser Verständnis haben Sie abgewiesen. Wir sind enttäuscht und traurig.»

Ich sagte nichts.

Der Klassenlehrer teilte mir mit, dass ich per Ende dieses Quartals die Schule verlassen müsse. Er hoffe, sagte er, dass diese Entscheidung sich letztendlich positiv für meinen weiteren Lebensweg auswirken werde. Dumm sei ich ja nicht, aber mit meinem Minimalismus und meiner Gleichgültigkeit den naturwissenschaftlichen Fächern gegenüber könne ich auf dem Gymnasium nicht bestehen. Dann kam er auf mich zu und streckte mir die Hand entgegen.

Meine Klassenkameraden warteten auf mich, als ich aus dem Zimmer kam.

«Ich bin durchgefallen», sagte ich.

Alle waren fassungslos, als sie es hörten. Das Mädchen, das damals wegen eines abgebrochenen Fingernagels am Weinen war, hatte heute wässrige Augen wegen mir. Es kam auf mich zu und umarmte mich. Eine heftige Diskussion unter den Mitschülern begann, wobei der Biolehrer scharf kritisiert wurde.

Ich packte meine Sachen und verabschiedete mich von jedem Einzelnen. Bis zum Ende des Quartals wollte ich nicht warten.

Obwohl ich mich vom ersten Schultag an als Aussenseiterin gefühlt hatte, bemerkte ich im Moment des Abschiednehmens, dass alle traurig waren. Wir tauschten unsere Telefonnummern und Adressen aus.

Ein Junge, mit dem ich mich immer sehr gut verstanden hatte, war kreidebleich. Wortlos umarmte er mich und legte eine Kette mit einem keltischen Zeichen um meinen Hals.

Es stellte ein keltisches Seepferd dar und sollte die Harmonie zwischen Land und Meer repräsentieren und damit auch zwischen dem Bewusstsein und dem Unterbewusstsein. Das Amulett wurde getragen, um innere Ruhe und Ausgeglichenheit zu erlangen.

Mir wurde klar, dass manchmal erst ein endgültiger Abschied die wahren Gefühle der Menschen zulassen kann. Die Mitschüler wollten unbedingt, dass ich wenigstens noch bis zum Ende des Quartals bleibe. Nur der Junge, der mir das Amulett geschenkt hatte, schien meinen Entscheid zu verstehen und begleitete mich hinaus aus diesem asozialen Gebäude, wie er es nannte.

Auf dem Weg zum Bahnhof kam mir der stellvertretende Englischlehrer entgegen. Er war der einzige Lehrer, der wusste, dass ich am Junken war. Er hatte mich auf meine Sucht angesprochen, als er mich einmal auf dem Weg zur Schule hinter einem Busch erbrechen sah.

Ich erzählte ihm von meiner missglückten Prüfung. Er war aufrichtig besorgt und fragte, wohin ich denn nun gehen würde, was ich jetzt tun wolle, was meine weiteren Pläne seien und so weiter.

Es waren Fragen, die ich im Moment nicht beantworten konnte. Er schien beinahe trauriger und nervöser als ich selbst zu sein. Er verstand nicht, dass seine Kollegen mich fallen liessen, nur weil ich persönliche Schwierigkeiten hatte. Ich versuchte, ihn zu beruhigen und sagte ihm, ich würde einen Therapieplatz suchen und alles werde gut werden. Er gab mir ebenfalls seine Telefonnummer und seine Adresse, falls ich Hilfe brauchte.

Als ich endlich im Zug sass, war ich verwirrend ruhig. Ich dachte an mein vermasseltes Examen, an die Reaktionen meiner Mitschüler und an die Zahl 3,5. Ich hasste diese Zahl, und auch das *endoplasmatische Retikulum* hatte meinen vollen Hass! Als sich ein älterer Herr neben mich setzte, fragte ich ihn, ob er wisse, was ein endoplasmatisches Retikulum sei.

«Ein was?»

Ich wiederholte meine Frage.

Er lächelte und sagte, er habe schon viel in seinem Leben gehört und gesehen, aber es gäbe immer wieder etwas, was man noch nicht kenne. «Worum handelt es sich denn bei diesem Wort?»

«Dieses Wort ist ein Grund dafür, dass ich aus dem Gymnasium rausgeflogen bin», sagte ich.

«Alles hat seinen Grund», sagte er väterlich. «Alles hat seinen Grund, mein Kind.»

Für mich war es ein Grund dafür, mir jetzt bei Valérie einen Knall zu setzen.

34 Begegnung mit Jo

In Valéries Wohnung waren wie gewohnt viele Leute, darunter natürlich auch Viktor und Mario. Val kam auf mich zu, sie war völlig breit, und ich sagte ihr sofort, ich sei durchgefallen.

Sie nahm mich in die Arme.

Viktor kam zu mir und sagte: «Scheiss drauf Kleines, du wirst bald nicht mehr daran denken.» Ich fühlte mich definitiv verloren, hatte keinen Halt mehr. Einzig Sugar schien mir Hoffnung zu geben: Hoffnung auf Vergessen, auf Zweisamkeit, Geborgenheit und Unverletzlichkeit, Hoffnung, diese Gefühle der Leere durch Glücksgefühle zu überdecken und mich frei zu fühlen. Tief in meinem Innern wusste ich, dass diese Hoffnungen nur ein Trugbild waren. Nichts macht gefangener als die Sucht.

Ich legte mich nach einem von Viktor offerierten Knall auf eine Matratze am Boden. Da sagte eine mir unbekannte Stimme: «Alles okay?» Ich öffnete die Augen und blickte einem Typen entgegen, der sich als Jo vorstellte.

«Dich habe ich hier noch nie gesehen», sagte ich müde.

«Bin auch erst seit vorgestern in dieser Gegend.»

Er kam aus Zürich, wo er Schwierigkeiten bekommen hatte und wegziehen musste von der Zürcher Szene nach Thun. Hier hatte er einen Vormund. «Ist eine lange Geschichte», sagte er. «Wenn du willst, kann ich sie dir später mal erzählen. Du bist verdammt hübsch, aber das weisst du ja sicher.»

Nach diesen einschmeichelnden Worten verliess Jo den Raum und ich schlief ein, wurde aber bald wieder unsanft geweckt. Viktor hatte einen seiner Wutanfälle und schrie wild und völlig ausser Kontrolle herum.

Als ich ihn bat, dass er bitte nicht so herumbrüllen solle, kam er zu mir und begann auf mich einzuschlagen. Ich hielt meine Hände abwehrend vors Gesicht und hörte mich schreien. «Beruhige dich!», schrie und schluchzte ich mehrmals. Er prügelte weiter.

Valérie begann hysterisch zu weinen.

Mario schaute dem Ganzen seelenruhig zu.

Ich lag in Embryostellung auf dem Boden. Ich fühlte, wie ich zitterte, was mir wiederum sagte, dass ich noch lebte. Die Türe ging auf und wurde zugeknallt, Viktor und Mario schienen gegangen zu sein. Valérie hörte ich noch immer weinen, doch ich hatte keine Kraft, mich jetzt um sie zu kümmern.

Wegen Sugar habe ich mich wieder auf Viktor eingelassen und seine Nähe gesucht, obwohl ich ihn verabscheue. Dieser Widerspruch ekelt mich an. Mein ganzes Leben ekelt mich an. Was ist das Leben?

Warum oder wozu leben wir überhaupt? Warum stirbt der eine schon in ganz jungen Jahren, der andere aber lebt bis ins Greisenalter?

Leben und sterben, unendliche Fragen und einige Antworten. Was bedeutet das Wort Leben für einen unheilbar kranken Menschen? Hat denn jemand gelebt, der ständig nur danach strebt, Macht zu haben? Hat ein Süchtiger gelebt, wenn er gefangen in seinem Alltag ist? Oder ein völlig gesellschaftskonformer Mensch, ist das, was er lebt, das Leben? Sind einige Menschen schon emotional tot geboren? Leben wir erst, wenn wir gestorben sind? Leben wir nur in unseren Phantasien?

Ist alles Erlebte nur unsere Vorstellung? Ist das, was wir glauben zu erleben, nur eine Art psychische Projektion von uns selbst? Ist Sugar denn wirklich MEIN Leben oder vielleicht bald schon mein Tod?? Was auch immer das Leben sein mag, es liegt an uns, es zu gestalten, zu erfühlen, zu erleben! Jedes Leben ist lebenswert! Kein Leben wird vollkommen sein! Jeder wird erst durch sein gelebtes Leben zu einer Persönlichkeit oder aber zu einer zerfallenden, elenden, leblosen Fratze...

Valérie hatte aufgehört zu weinen.

Sie kam herüber, legte sich zu mir auf den Boden, und wortlos atmeten wir den Schmerz, und mit jedem Atemzug kam ein Tropfen Angst vor unserer bevorstehenden Trennung hinzu. Ich erinnere mich nicht mehr, wie lange wir so nebeneinander lagen. Irgendwann hörten wir ein zaghaftes Klopfen an der Tür. Valérie fürchtete schon, Viktor und Mario seien zurückgekehrt, aber sie hätten lauter und ungeduldiger geklopft.

Es war Jo, den ich heute erst kennengelernt hatte. Valérie liess ihn herein. Er kam zu mir herüber und streichelte mir übers Haar. «Na, Schlafmütze, willst du einen rauchen?»

Ich drehte mich unter Schmerzen auf die andere Seite, stand auf und schleppte mich aufs Sofa.

«Warum auch nicht», sagte ich gleichgültig.

Er drehte einen Joint und sagte lange kein Wort. Wahrscheinlich spürte er, dass es momentan nicht gut war, zu reden. Er hatte gesehen, dass ich geschlagen worden war, mein Gesicht und jede meiner Bewegungen verrieten es.

«Ihr solltet mit dem Gift aufhören», sagte Jo und begann, seine Geschichte zu erzählen. Aufgewachsen war er in einem Heim, hatte seinen Vater nie gekannt, seine Mutter war Alkoholikerin. «Die normale Story von Junkies», sagte er.

Eine ähnliche Story hatte ich leider nicht. Ich war überall eine der Besten gewesen, kein Kinderheim, keine geschiedenen Eltern, kein sexueller Missbrauch, nichts, und trotzdem war ich süchtig geworden. Ich hatte nichts vorzuweisen, das meine Sucht erklärt hätte, so wie viele andere Junkies, die mit ihrer Biografie ihre Drogenkarriere rechtfertigen konnten. Meine Story war völlig unattraktiv, ich hatte kein Elend erlebt und ich fragte mich, ob jemand überhaupt Verständnis dafür aufbringen konnte, dass ich zu junken begann.

Jo erzählte: «Ich war auf dem Schwulenstrich, anders konnte ich mir meine Sucht nicht mehr finanzieren. Ich war so kaputt, dass ich eines Tages zusammenbrach, ich wog nur noch 48 Kilo und wurde ins Spital eingeliefert. Einen kalten Entzug konnte ich nicht machen, ich wäre wohl krepiert. Also gaben sie mir Methadon, und ich kam mit 18 Jahren in ein Methadonprogramm. Hatte natürlich etliche Zwischenabstürze, bekam auch einen Vormund, und jetzt bin ich hier in Thun gelandet. Ich will einfach komplett weg von meiner Scheisse und neu anfangen.»

Doch die ersten Menschen, bei denen sich Jo wohl fühlte, waren die Junkies. Nach wenigen Tagen war er wieder dem Gift verfallen. «Ich weiss, ich werde verrecken», sagte er, «wenn ich nochmals so drauf komme wie damals. Mein Körper steht das nicht mehr durch.»

Es sind nicht seine Worte, welche mich erschreckten, sondern seine Augen, sein leerer Blick. Vielleicht sind so viele Gefühle in ihm zerstört, so viele Hoffnungen erstickt und sein Vertrauen so oft missbraucht worden, bis seine Seele, die so laut und lange geschrien hat, in eine Art Koma fiel, und in diesem Zustand ist sie wohl immer noch.

Ich wollte Jo umarmen, um ihn wieder zum Leben zu erwecken, doch ich blieb stumm und starrte ihn nur an. Ich unterdrückte meine Tränen, denn ich wollte nicht vor seinen Augen weinen. Seine Tränen waren eingetrocknet oder in eine unendliche, schwarze Tiefe gefallen, wo sie für immer gefangen schienen.

Jo wollte mich ins Kino einladen.

Ich nahm seine Einladung an. Ich konnte mich nicht erinnern, wann ich zum letzten Mal im Kino gewesen war.

Valérie verabschiedete sich schon bald, sie ging zu ihren Eltern.

«Kannst du für heute Abend noch was auftreiben?», fragte sie mich nervös beim Hinausgehen.

Ich versprach es ihr. Zu Jo sagte ich, dass ich vor dem Kino in Bern noch etwas auftreiben musste, von dem wir beide wussten, was es war.

Ich verabredete mich mit ihm am Bahnhof Thun.

«Sei bitte vorsichtig, Luana», sagte Jo und verliess die Wohnung. Ich dachte an den Englischlehrer, der zum Abschied dasselbe gesagt hatte.

Ich hatte nun aber anderes vor, als an meine Schulzeit zu denken. Ich zog meine Doc Martens-Schuhe an und schminkte mich, bevor ich mich zum Bahnhof begab, um den Zug nach Bern zu nehmen.

Wissen, wissen, wissen ... Wer weiss schon, was er wirklich weiss. Wissen beruht immer auf einem anderen Wissen. Wie also sollen wir herausfinden, was wir wirklich wissen, wenn das, was wir glauben zu wissen, schon auf dem Wissen eines anderen Wissens basiert?! Wissen wir wirklich, was wir wissen, oder glauben wir einfach nur zu wissen? Warum sagen wir, wir glauben an Gott, wenn die Gläubigen behaupten, dass sie wissen, dass es Gott gibt? Unser ganzes Wissen glauben wir zu wissen, von jemandem anderen, der auch glaubt zu wissen – wo aber liegt der Ursprung des Wissens? Wer hat das Wissen geboren? Jedermann eignet sich sein Wissen an, sei es durch Studieren, durch Fernsehen, Zeitungen, Bücher, Lehrer, Eltern und so weiter. Doch dieses Wissen ist immer aus zweiter Hand. Wo ist aber das erste Wissen? Später wird unser Wissen durch unsere Erfahrungen geprägt und beeinflusst. Dieses selbst erfahrene Wissen trägt dann zur Individualität jedes Einzelnen bei. Doch ist gerade dieses selbst erfahrene Wissen schwer weiterzugeben. Es wird von anderen nicht geglaubt oder akzeptiert, da es auf eigenen Erfahrungen beruht und nicht auf offiziellen Darstellungen von Professoren oder den Medien. Es ist äusserst gewagt, zu behaupten, etwas zu wissen, wenn dieses Wissen nicht von anderen Ich-Weiss-Leuten gesagt oder geschrieben wurde. Wer jedoch weiss, mit seinem Wissen äusserst sorgfältig und auch kritisch umzugehen, der weiss mehr, als er zu wissen glaubt. Jeder, der weiss, was er nicht weiss, weiss mehr, als einer, der weiss, was er weiss. Hiermit grüsse ich Sokrates.

35 Wiedersehen mit Nicolas

Im Zug nach Bern versuchte ich, all den Blicken keine Achtung zu schenken. Die Schläge von Viktor hatten Spuren in meinem Gesicht hinterlassen, und die Schmerzen waren immer noch da. Ich dachte an den nächsten Schuss und wusste, dass ich dann keine Schmerzen mehr haben würde.

Ich stellte mir Werbeplakate mit Texten für Heroin vor, die man überall aufgehängt hatte.

Nehme Heroin und winke deinen Schmerzen hinterher!

Kennst du deinen Style noch nicht
Versuche es mit Heroin, es lässt dich niemals im Stich

Dein Leben ist beschissen?
Dein Herz ist zerrissen?
Heroin gibt dir neue Lebenslust,
also weg mit deinem Alltagsfrust!

Dann kam mir Betti in den Sinn.

Warst du mal schön und voller Lebenslust? Konntest du mal
deine Mitmenschen mit deinem Lächeln verzaubern?
Hattest du mal Ziele und Träume? Heroin stiehlt dir deinen
Charakter, dein Lachen, deine Moral und frisst dich auf,
bis der Tod dich rettet.

Im Bahnhof Bern begann ich zu mischeln. Ich war nicht die Einzige und kannte die meisten Gesichter von der Szene.

Es war wie immer. Einige warfen mir böse Blicke zu, andere nickten wortlos, aber alle waren wir mit demselben Ziel unterwegs.

Auch viele Punks waren beim Bahnhof, oft in Begleitung von ihren Hunden, einige trugen Ratten auf ihren Schultern. Die meisten Punks waren nett und völlig harmlos, einzig ihre Punkfrisuren und ihre zum Teil gefährlich wirkenden Ketten, welche sie um den Hals oder um die Handgelenke trugen, versetzten einige Menschen in Angst und Schrecken. Sie waren fast immer in Gruppen, sassen in ihren Ecken und betranken sich. Nur dann, wenn sie angepöbelt wurden oder wenn einfallslose Sprüche über ihre Haare oder ihre Klamotten fielen, konnte es auch zu körperlichen Auseinandersetzungen kommen. Ich hatte mit ihnen nie ein Problem, wir liessen uns gegenseitig in Ruhe.

An diesem Abend brauchte ich nicht lange, bis ich genügend Geld für einen Knall gemischelt hatte. Die Passanten schienen grosses Mitleid mit mir zu haben. Einige ältere Leute streichelten mir sogar über die Wange, schüttelten empört den Kopf und ich hörte die üblichen Sprüche.

«Mein Kind, vermissen dich deine Eltern nicht?»

«Wissen denn deine Eltern, wo du dich herumtreibst?»

«Mein Gott, wer hat dich denn so zugerichtet?»

Ich hatte es schlussendlich doch noch Viktor und meinem zerschlagenen Gesicht zu verdanken, dass ich beim Mischeln rasch an mein Sugargeld kam.

Egal, ich hatte mein Geld und machte mich auf den Weg zum Treffpunkt der Süchtigen. Plötzlich hörte ich jemanden meinen Namen rufen. Es war Nicolas, den ich damals im Zug von Interlaken nach Thun kennengelernt hatte, als er auf Knasturlaub war und sein Leben wieder in den Griff kriegen wollte. Er hatte mir einen Feuerzeughalter geschenkt, und er hatte über die Musik von AC/DC philosophiert. Jetzt stand er vor mir, weiss im Gesicht, sah enorm mager aus, und ich erschrak bei seinem Anblick.

«Du siehst nicht gut aus», sagte ich.

«Du hast auch schon besser ausgesehen», grinste er, «bist sicher die Treppe runtergefallen.»

«So was Ähnliches.»

«Hast du mir eine Zigarette?», fragte er mich nervös.

Ich gab ihm eine Zigarette und mit zitternder Hand zündete er sie an.

«Ich war im Spital», sagte er. «Zwei dieser Wixer haben mich aufgeschlitzt, weil ich mir Geld gepumpt hatte und es nicht rechtzeitig zurückgeben konnte, ich wäre beinahe abgekratzt.»

Er zog sein Hemd hoch. Vom Unterbauch bis zur Brust war Nicolas zugenäht worden, es sah aus wie ein riesiger, fleischiger Reissverschluss.

Ich war geschockt, fühlte mich hilflos und wusste kaum, was ich sagen sollte. Brechreiz und ein Gefühl von Angst, Traurigkeit und

Wut kamen in mir hoch. Ich sah weg und konzentrierte mich auf sein Gesicht, um seinen zugenähten Körper nicht sehen zu müssen.

Er aber wollte, dass ich ihm das Gefühl gab, ein Held zu sein, nachdem er beinahe umgebracht worden war, das Spital viel zu früh verlassen hatte und seine Schmerzen ertrug.

Ich brachte es nicht übers Herz, ihm seine Illusion zu zerstören.

Ich hätte ihm sagen sollen, dass sein Zustand vielleicht eine Chance war. «Da siehst du, was die Sucht dir angetan hat. Nimm dies als Zeichen, melde dich an für eine Therapie. Verschwinde von der Szene hier, bevor du wirklich getötet wirst. Die Droge ist es nicht wert, dich so zurichten zu lassen!»

Ich sagte nichts dergleichen, als ich ihn so kaputt vor mir stehen sah. Er wollte mir beweisen, dass er kein Feigling war, sondern ein Kämpfer, der Schmerzen ertragen konnte. Diese Vorstellung half ihm wahrscheinlich, sein Schicksal zu akzeptieren. Es war das, was ihm geblieben war, um Respekt zu erlangen.

Es war das letzte Mal, dass ich Nicolas sah. Er landete wieder im Knast, wo er einige Monate später starb. Es gab verschiedene Versionen seines Todes. Einige sagten, er habe sich in seiner Zelle erhängt, andere behaupteten, er sei mit einer brennenden Zigarette eingeschlafen und seine Zelle habe Feuer gefangen.

Ein paar Tage nach der Beerdigung von Nicolas besuchte ich sein Grab. *Hallo Nicolas, hoffe, dir geht es gut. Wo immer du auch sein magst. Hier hat sich nicht viel verändert, die Nächte sind einsamer geworden, die Tage ängstlicher, die Freunde aggressiver, die Sucht teuflischer, das Leben erschöpfter. Du hast einen Platz in meinem Herzen, ich werde dich nicht vergessen. Wahrscheinlich bist du bereits mit Betti am Feiern. Bevor du mich nach einer Zigarette fragst, hier hast du eine. Carpe diem.*

Ich stellte eine Zigarette leicht schräg auf die rechte Seite des Grab-kreuzes, sodass sie nicht herunterfiel, dann sagte ich ihm, er solle nicht zu viel rauchen, dies würde der Gesundheit schaden.

Den Feuerzeughalter, den er mir damals geschenkt hatte, hielt ich in meiner Hand. «Damit du mich nicht so schnell vergessen wirst», hatte er gesagt, «eines Tages wirst du ihn in der Hand hal-ten und dich erinnern, vielleicht mit Freude, vielleicht mit Trauer, verliere ihn nicht.» Der Feuerzeughalter bekam später einen Extra-platz in meinem Zimmer, und niemandem war es erlaubt, ihn zu benutzen.

Ich holte also den notwendigen Stoff für Valérie und mich und ver-suchte, dieses erschreckende Bild von Nicolas mit seinem fleischi-gen Reissverschluss aus meinem Kopf zu verdrängen. An jenem Tag wusste ich noch nicht, dass dieses Bild mein letztes von Nicolas sein würde. Auf der Rückfahrt nach Thun schlief ich im Zugabteil ein und hatte einen Traum.

Ich befinde mich auf einer grossen, grünen Wiese, viele Leute haben es sich dort zwischen Bäumen und Blumen gemütlich gemacht. Die Sonne scheint und ich atme die frische Luft ein, die vom Geplauder der Menschen erfüllt ist. Eine wahre Idylle! Plötzlich bemerke ich, dass sich irgendetwas verändert, ich fühle, wie sich mein Körper spannt. Ich stehe vor einem überdimensio-nalen Spiegel, und die Welt besteht nur noch aus diesem Riesen-spiegel und meinem Spiegelbild. Ich sehe mein entstelltes Gesicht, meinen steifen Körper, die Hände sind arthritisch verkrümmt. Ich habe Angst. Ich renne auf einen Menschen zu und frage ihn, ob er erkennen könne, wie schrecklich ich aussehe. Er sagt mir, dass ich wieder auf die Wiese zurückgehen solle, dann würde ich es herausfinden. Ich gehe also zurück zu all den Menschen. Sobald sie mich sehen, zeigen ihre Gesichter Entsetzen und Ablehnung, aber niemand sagt ein einziges Wort. Ich gehe weiter und sehe Krüppel am Ende der Wiese sitzen. Dem einen tropft der Speichel aus dem schräg geöffneten Mund, dem anderen zuckt permanent der linke Arm, ein weiterer hat nur ein ganz kleines, verstümmeltes Bein, einer ist blind, und keiner von ihnen scheint geistig normal zu sein. Mit jenem, dem Speichel von der Lippe tropft, beginne ich zu sprechen, jedoch nicht mit Worten, ich stöhne und raune, lalle und rülpse jedes Wort aus mir heraus mit einem Ton, der mich selbst erschauern lässt. Doch der Krüppel versteht mich und gibt mir mit derselben wortlosen Sprache seine gestöhnte und gebrüllte Antwort zurück.

Als ich erwachte, hatte ich ein Gefühl von Panik und ging in die Toilette des Zuges, wo ich mich schweissgebadet im Spiegel betrachtete.

Valérie erwartete mich bereits in ihrer Wohnung, die immer noch unser Zuhause war. Wir setzten uns einen Schuss, beide nervös und gereizt. Ich fand wieder einmal keine Vene und fluchte hilflos. Da Valérie schon ihren Flash hatte, half sie mir, eine zu finden. «Deine Venen verraten», sagte sie, «dass du nicht zum Junken geboren bist und dafür nichts taugst.» Ich spritzte daneben. Mein Unterarm wurde blau und schwoll, wo der Einstich war, beängstigend an. Es sah schrecklich aus, und Valérie war besorgt.

Ich musste mich beeilen, denn Jo hatte mich ins Kino eingeladen.

«Jo ist ein guter Kerl», sagte Val, «aber leider zu kaputt. Geniesse den Abend mit ihm. Verliebe dich aber nicht, das könnte sonst gefährlich enden.»

«Wir reden darüber, wenn ich zurück bin», sagte ich. *Scheinbar ziehe ich die Gefahr an oder vielleicht ist diese letztendlich die einzige Herausforderung, die ich habe.*

36 Warten auf Jo

Ich nahm meine kleine Jeans-Handtasche und machte mich auf den Weg. Es hatte leicht zu regnen begonnen. Am Bahnhof Thun wartete ich auf Jo. Noch immer fühlte ich bei jeder Bewegung die Schmerzen, die mir Viktor mit seinen Schlägen zugefügt hatte. Er hatte erreicht, dass ich gezwungen war, an ihn zu denken, obwohl ich nichts anderes wollte, als ihn zu vergessen. *Wo zum Teufel ist eigentlich die Fairness im Leben geblieben?? Warum müssen einige Menschen jahrelang kämpfen, nur um eine Minute des Glücks fühlen zu dürfen, während anderen das Glück à discrétion zur Verfügung steht???*

Jo kam nicht. Ich wartete eine ganze Stunde und erinnerte mich, wie ich beim ersten Zusammentreffen mit Viktor auch über eine Stunde gewartet hatte. Enttäuscht ging ich in eine Telefonkabine, um ungestört zu weinen. Jo schien der Auslöser zu sein, jedoch nicht der Hauptgrund. Er war einfach der letzte Tropfen, der das Fass zum Überlaufen brachte. Ich konnte nicht aufhören zu weinen.

Da sind Tränen, die es kaum erwarten können, über meine Wangen zu fliessen, andere sind scheu und gehemmt. Einige bewegen sich leise, andere schreien, einige sind verwirrt, andere wollen die schnellsten sein. Bei einigen steht noch immer die Angst im Gesicht, denn sie glaubten zum Tode verurteilt gewesen zu sein. Die noch jungen Tränen ermutigen die alten, bis sich endlich alle ihrer Freiheit bewusst sind. Ich kann nicht aufhören zu weinen, es ist, als wäre ein Damm gebrochen.

Eine sanfte, zärtliche Hand legte sich auf meine Schulter. Ich schaute mich um und sah Betti. «Sei tapfer Lu, bitte sei tapfer», hörte ich sie flüstern. Ich zwang mich, nicht ihre verfaulten Zähne zu sehen, sondern konzentrierte mich auf ihre Augen. Sie waren wie Fenster, und dahinter befand sich eine blaue Galaxie, die ein Gefühl der ewigen Ruhe und Wärme ausströmte.

Nach einem kurzen Augenblick konnte ich durch dieses Fenster nicht mehr hindurchblicken, es hatte sich eine Steinmauer gebildet, die undurchdringlich schien. Denn jeder einzelne Stein dieser Mauer war ein Gedanke, und eine unheimliche Kraft schien von dieser Mauer auszugehen.

Ein Augenzwinkern später war Betti verschwunden.

Langsam scheine ich echt durchzudrehen, habe Halluzinationen oder vielleicht auch einen Gehirntumor. Ich habe mal gelesen, dass Gehirntumore seltsame Dinge auslösen können, darunter auch Wahrnehmungsstörungen. Ich bin mir ganz sicher, dass ich Betti gesehen und ihre Stimme gehört habe, aber ich weiss auch, dass sie tot ist. Jedenfalls konnte Betti meine Tränen zum Stoppen bringen, vielleicht hatte ich mich einfach auch ausgeweint.

Am Abend kam Jo vorbei und entschuldigte sich mit einer roten Rose, dass er mich sitzen gelassen hatte. Ich dachte an Michael, der mir eine weisse Rose geschenkt hatte, als ich damals im Spital meine Schnittwunden nähen musste. Jo erzählte von einer völlig unerwarteten Begegnung. Ein alter Freund, den er aus den Augen verloren hatte, sei ihm per Zufall über den Weg gelaufen.

Ich wusste natürlich, dass es etwas anderes war. So wie er drauf war, hatte dieser alte Freund dieselbe Wirkung wie eine Injektion Heroin. Er konnte kaum sitzen, nickte ständig unkontrolliert ein, sein Mund war halb geöffnet und seine Pupillen waren klein wie Stecknadelköpfe.

Er lallte nur wirres Zeug und sagte ständig etwas von Misstrauen und Verarschung, zwischendurch lachte er gefühllos wie eine Maschine, sein Lachen war mir unheimlich. Als ich ihn mir ansah, fragte ich mich, wie oft ich wohl schon so dagesessen hatte wie er. Er war ein Häufchen Elend, es war das Resultat des Sugars, er war willenlos und kraftlos, einsam, allein, lebensmüde und reichte dem Tod bereits die Hand.

Ein riesengrosser Ekel kam in mir auf, den ich jedoch nicht klar einordnen konnte, sein Spektrum war zu gross. Wem konnte ich eigentlich noch vertrauen? Alle meine Kollegen waren süchtig, und Grund für das Zusammensein war ausschliesslich die Droge. Wir fühlten uns nur aufgrund der Sucht einander so nahe. Ausgeschlossen und verdrängt von der Gesellschaft, gingen wir dorthin, wo wir Menschen fanden, von denen wir glaubten, verstanden zu werden, weil sie ähnlich fühlten und dasselbe durchmachten. Aber sogar Valérie und ich hatten uns schon belogen und uns misstraut. Die Zweifel gingen auch an unserer Freundschaft nicht spurlos vorbei. Die Sucht machte alle zu Einzelkämpfern, einzig das Gift musste her, der Rest wurde nebensächlich. Freunde, Familie, Lebensziele, alle einst wertvollen Prinzipien und Vorstellungen von Moral wurden von der Sucht aufgefressen, und zurück blieb eine Hülle, ein Schatten, der qualvoll durch den Tag und die Nacht hetzte.

Val teilte mir mit, dass sie am Kündigungstermin in drei Tagen ihre Sachen zusammenpacken und zu ihren Eltern zurückgehen würde, und dann wollte sie schon bald die Therapie beginnen. Ich freute mich für sie und war gleichzeitig traurig.

«Wir werden immer die allerbesten Freundinnen bleiben, Lu!»

«Das werden wir bestimmt», antwortete ich ohne jede Hoffnung.

Sowohl Valérie als auch ich trugen einen Haifischzahn um den Hals, an einem Lederband befestigt, ein gegenseitiges Geschenk. Wir schworen uns damals bei unseren Haifischzähnen ewige Freundschaft.

Ich bin noch nicht verloren, ich kann es schaffen, wenn ich es wirklich will. Will ich es denn wirklich? Von wem werde ich die Hilfe annehmen können?

37 Zwirbu und das Strafmandat

Wem konnte Luana noch vertrauen?

Eines Abends war ich am Bahnhof am Mischeln. Ein Typ, den ich vom Sehen her kannte und der in der Szene Zwirbu genannt wurde, war auch dort.

Er sagte zu mir, dass er Gras bei sich habe, das wir später gemeinsam rauchen könnten. Er zeigte mir sein selbstgezüchtetes, getrocknetes Marihuana, liess mich daran riechen und gab mir etwas davon.

«Ein kleines Versucherli als Geschenk», sagte Zwirbu wie ein erfolgreicher Geschäftsmann.

Er trug eine Ratte auf seiner Schulter und besass noch eine zweite, die gerade irgendwo auf seinem Körper spazierte. Er streckte seine Hand in den Ärmel seines viel zu weiten Pullovers und holte sie ans Tageslicht. Ich steckte sein Geschenk in meine Jeanshose, und wir mischelten weiter.

Nach etwa 20 Minuten standen plötzlich wie aus dem Nichts zwei Polizeimänner vor uns, als wir gerade gemeinsam eine Zigarettenpause machten. Zwirbu schien ihnen bekannt zu sein.

«Ich habe nichts bei mir, nichts!», wiederholte Zwirbu immer wieder.

Die beiden Polizeibeamten wandten sich an mich und betrachteten mich mit Mitleid und Kopfschütteln.

«Hast du irgendwelche Drogen in deiner Tasche?», fragte mich der Jüngere schlecht gelaunt.

«Nein, nichts.»

Ich überraschte mich selbst, wie cool ich bis jetzt geblieben war.

Sie nahmen mich mit, und zehn Minuten später war ich allein mit den zwei Polizisten in einem Raum, und sie begannen, mich unhöflich auszufragen. Zum Glück konnte ich die Adresse meines Elternhauses angeben, wo ich immer noch eingeschrieben war, auch wenn ich schon längst mit Valérie zusammenwohnte. Wäre ich obdachlos gewesen, wäre alles viel komplizierter geworden.

Sie fragten, wie lange ich schon mit Stefan herumhängen würde. Ich wusste nicht einmal, dass Zwirbu mit richtigem Namen Stefan hiess.

Sie fragten, wie lange ich ihn schon kenne, ob ich mir von ihm Drogen kaufe, ob ich für ihn anschaffen gehe und so weiter.

Ich sollte nun meine Kleider langsam nacheinander ausziehen, damit sie prüfen konnten, ob ich irgendwelche Drogen bei mir versteckt hatte.

«Vor Ihnen ziehe ich mich auf gar keinen Fall aus», sagte ich, denn ich wusste, dass mich nur eine Frau filzen durfte.

Der eine von ihnen telefonierte, und wir warteten, bis eine Frau erschien, die jedoch männlicher aussah als die beiden Polizeibeamten.

Ihre Stimme allerdings passte absolut nicht zu ihrem maskulinen Gang. Höflich bat sie die Herren, den Raum zu verlassen.

Nun musste ich meine Schuhe ausziehen, dann meine Socken, meine Jeans, sie grübelte in allen Taschen, und natürlich fand sie schliesslich mein Geschenk von Zwirbu in meiner Jeanshose.

Sie freute sich über ihren Fund.

«So, Fräulein, haben wir denn noch mehr Drogen dabei?»

Ich erklärte ihr hastig, dass dies ein Geschenk von jemandem sei und ich sonst nichts bei mir habe.

Sie verlangte den BH, untersuchte jedes Kleidungsstück erneut und tastete vor allem die Nähte ab. Bald schon stand ich splitternackt vor ihr, fühlte mich unsicher, verraten und schutzlos. Fröstelnd stand ich so da, die Arme eng um meine Brüste gelegt, um mich nicht ihren Blicken auszusetzen.

Sie zog einen Chirurgenhandschuh über ihre Hand.

«Ich habe keine Scheissdrogen!», schrie ich sie an.

Es war die Angst vor dem bevorstehenden Akt, die mich schreien liess. Ich fühlte Scham und Hilflosigkeit und sah wieder einmal Betti vor mir mit ihrem leeren Gesicht und den knallrot geschminkten Lippen

«Du kannst dich wieder anziehen», sagte die Polizistin. «Ich weiss, dass diese Situation unangenehm für dich gewesen ist, aber sie war leider nötig.»

Sie offerierte mir zu meiner Überraschung einen Kaffee, und ich nahm ihr Angebot schüchtern an.

Sie wollte nun wissen, von wem ich das Marihuana erhalten hätte.

Sie duzte mich, bemerkte dies selbst und fragte, ob das okay für mich wäre. Ich hatte keinen Einwand, im Gegenteil, das Duzen nahm der Situation ein wenig den Druck.

«Wie lange konsumierst du schon Drogen?»

«Was ist deine Beziehung zu dem Mann, der dir das Geschenk gemacht hat?»

«Alles, was du mir sagst, bleibt unter uns. Sieh es einfach als ein Gespräch von Frau zu Frau.»

Ich schlürfte meinen Kaffee, um Zeit zu gewinnen. Was sollte ich ihr sagen? Dass ich drogenabhängig war? Dass ich völlig verzweifelt war? Dass ich einen Knall brauchte? Ob sie mir vielleicht ein wenig Geld pumpen könnte?

«Den Typen kenne ich nur vom Mischeln», sagte ich, «er hat mir nie etwas getan und ich ihm auch nicht. Ich wusste nicht einmal, dass er Stefan mit richtigem Namen heisst.»

«Du darfst hier auch weinen, wenn du dich danach fühlst», sagte sie.

Meine Stimme hatte den Klang kommender Tränen, und als sie mich sogar zum Weinen einlud, musste ich all meine Kraft zusammennehmen, dass ich nicht wirklich drauflos heulte und ihr all meine Geheimnisse verriet.

Geschickt lockte sie die Worte aus mir heraus, die sie hören wollte. Sie nutzte meine Einsamkeit und meine Schuldgefühle, um mir ihre inszenierte Fürsorge glaubhaft zu machen. Ich erzählte ihr, dass ich schon seit längerer Zeit kiffen würde, aber nie selbst gedealt hätte. In der Folge unterschrieb ich vertrauensvoll meine Aussage, dass ich Haschisch konsumiere und auch auf mir getragen habe. Es lag mir auf der Zunge, ihre Worte zu berichtigen und ihr zu sagen, dass es sich bei dem, was sie bei mir gefunden hatte, um selbst gezüchtetes Marihuana handelte und nicht um Haschisch, aber meine Kraft war am Ende, ich wollte einfach nur gehen.

Einen Monat später erhielt ich vom Richteramt einen Brief.

Es war ein Strafmandat.

Luana N., Schülerin, wird angeschuldigt der Widerhandlung gegen das Betäubungsmittelgesetz, fortgesetzt in der Zeit
von einem Jahr in Thun und Bern, durch unbefugtes Kaufen,
Besitzen und Konsumieren von Haschisch und in Anwendung von
Art. 220 ff., Art.1 19a Z.1 zit. Gesetz Art. 1 v StGB 1
verurteilt
1. Zu einer Busse von 200.-
2. Zu Kosten von 40.-

Der Gerichtspräsident
Gegen dieses Strafmandat kann der Angeschuldigte Einspruch
erheben, entweder sofort oder mündlich bei der Zustellung
oder innerhalb der Frist von 10 Tagen. Dem Staatsanwalt steht
dieses Recht ebenfalls zu. Der Einspruch hat zur Folge, dass
der Richter das weitere Verfahren einleitet.

Ich weiss nicht mehr, wie viele Male ich diesen Brief gelesen hatte, aber ich weiss, dass die Wut und die Enttäuschung nicht geringer wurden. Ich ärgerte mich über mich, weil ich die geschickt vorgespielte Freundlichkeit einer Person für bare Münze genommen hatte. Ich hatte in einer Situation, in der ich mich ausgeliefert fühlte, einem Menschen vertraut und seine Heuchelei und Falschheit nicht erkannt.

Das Geld für die Busse erhielt ich von Valérie. Ich weiss nicht, was sie ihrer Mutter erzählt hat, aber es war ihr gelungen, die 240 Franken von ihr zu bekommen.

38 Auszug aus Valéries Wohnung

Die Räumung von Valéries Wohnung und ihre Abreise standen bevor. Gemeinsam und schweigend packten wir unsere Sachen. Ich hatte sowieso nur Kleider und ein paar Bücher in der Wohnung.

An den Wänden hing nur ein einziges Bild, ein Geschenk von Valéries Grossmutter. Es war eine Reproduktion des bekannten Bildes von Salvador Dalí mit den geschmolzenen Uhren aus dem Jahr 1931. Ich liebte dieses Bild, hatte es oft betrachtet und mich gefragt, wie sich der Maler wohl damals mit 27 Jahren gefühlt hatte. Ich wusste, dass Dalí zweimal aus einer Kunstakademie verwiesen worden war, was mich mit meinem Rauswurf aus zwei Gymnasien tröstete. Dalí hatte niemals einen Abschluss gemacht, und seinen endgültigen Verweis erhielt er wegen ungebührlichen Betragens. Er hatte sich geweigert, am Examen teilzunehmen, da er die Lehrer für unfähig hielt, ihn zu beurteilen. Diese Einsicht gefiel mir besonders gut. Sogar Salvador Dalí hatte keinen Abschluss.

Natürlich war mir klar, dass ich meinen Rauswurf nicht mit einem Genie wie Dalí vergleichen konnte. Trotzdem gab mir dieser Gedanke jeweils für einen kurzen Moment das Gefühl, dass noch immer etwas aus mir werden könne.

Übrigens waren die Wände voll von unseren hingeschriebenen und zum Teil gesprayten Sprüchen und Zeichnungen.

Ein Teil der Wohnzimmerwand war mit Namen versehen. Alle, die uns besucht hatten, durften ihre Unterschrift in unserer Wohnung hinterlassen, und schon bald hatte es punkig und chaotisch in der Wohnung ausgesehen. Dabei hatten vielleicht zu viele Leute ihre schlechten Schwingungen hinterlassen, dass ich der Wohnung nicht nachtrauerte. Meine Trauer galt der Trennung von Valérie und der gemeinsamen Zeit mit meiner besten Freundin.

Später kam Tim vorbei und half uns, die Wände wieder in ihren ursprünglichen Zustand zurückzuversetzen, wie es uns der Vermieter vorgeschrieben hatte.

Tim war als Einziger unserer Gruppe dem Heroin immer ferngeblieben. Er war bei seinem spirituellen Trip mit LSD und Pilzen geblieben und hatte nie eine Gefahr darin gesehen, sondern ein Erkennen. Auch wenn er nur noch selten in Valéries Wohnung anwesend war, blieb er unser verrückter, liebevoller Freund, der immer bereit war, mir und Val zu helfen.

Val und mir wäre es schwergefallen, unsere Gefühlswand, wie wir sie nannten, auszulöschen und mit weisser Farbe zu überdecken. Jeder Spruch, jede Farbe, jede Skizze blieb mit unseren Erinnerungen und mit prägenden Momenten verbunden. Die Wohnzimmerwand war für uns wie ein gemaltes, lautloses Musikstück.

Tim übernahm also die Aufgabe, unsere gemalte Musik unsichtbar zu machen. Niemand sprach ein Wort. Zwischendurch gönnten wir uns eine Pause, nicht weil es körperlich anstrengend war, es handelte sich um eine Gefühlspause. Wir brauchten Zeit, uns von all den hinter den Bildern und Namen verborgenen Geschichten zu verabschieden. Vielleicht wollten wir auch unbewusst ein wenig Zeit gewinnen, um die Angst vor einer ungewissen Zukunft zu verdrängen und noch nicht allein zu sein.

Tim verabschiedete sich mit einer Flasche Bier in der Hand.

«Lasst euch nicht unterkriegen. Ein Ende ist immer auch ein Neuanfang. Wenn ihr mich braucht, lasst es mich wissen.»

Er drückte mich fest an sich.

«Bau keinen Scheiss, Lu, ich will dich nicht verlieren.»

Es war unsere letzte gemeinsame Nacht in der Wohnung. Wir atmeten die frisch gestrichene Farbe ein. Ein Blick von Valérie genügte, um zu verstehen, dass wir jetzt Sugar brauchten. Ich hatte enorme Angst, weil ich nicht wusste, wie ich in der bevorstehenden Einsamkeit überleben konnte.

In Gedanken versunken schminkten wir uns, zogen unsere Lieblingsklamotten an, verliessen die Wohnung und machten uns auf den Weg. Diese letzten Stunden mit Val waren intensiv. Bei jedem Schritt, den wir gemeinsam taten, rang ich nach Luft, als würde mich jemand strangulieren. Wenigstens war Valérie schon bald in Sicherheit und konnte ein neues Leben beginnen. Ich war davon noch weit entfernt, aber Valéries Therapie und ihr Abschied sollte ein Ansporn für mich sein. Jetzt lag es allein an mir, auch mich selbst in Sicherheit zu bringen.

Am anderen Morgen kam der Vater von Valérie und lud den Rest der Möbel in sein Auto. Er behandelte mich herablassend und gab mir wortlos das Gefühl, an der Misere seiner Tochter und vielleicht auch seines eigenen Lebens schuld zu sein. Wahrscheinlich hatte er sich nie die Frage gestellt, ob vielleicht auch er und seine Frau ein Faktor waren, welcher Valérie stimuliert hatte, Drogen zu nehmen. Ihre Mutter hatte bereits ein Putzteam organisiert. Es sollte dem Vermieter zeigen, dass ihre Tochter fähig war, eine Wohnung ordentlich zu verlassen.

Der Abschied von Valérie fiel mir unbeschreiblich schwer. Unsere Umarmung war kurz und durch die Anwesenheit und die strenge Beobachtung ihres Vaters von einer ungewohnten Scham. Die Autotür schlug zu, Valérie winkte mir beim Abfahren ein letztes Mal, und sie war weg.

Ich schaute dem Auto nach, es bog in eine Querstrasse ein und verschwand. Ich fühlte mich verloren, war wie gelähmt und des Lebens müde. Es war mir, als sei mit Valérie meine lebensrettende Impfung davongefahren. Die vorbeigehenden Menschen nahm ich in Zeitlupe war. Ich erinnere mich nicht mehr, wie lange ich hilflos auf dem Trottoir gestanden habe. Irgendwann mal setzte ich automatisch meine Beine in Bewegung. Wo wollte ich hin? Ich hatte keinen Unterschlupf mehr und stand vor dem Nichts.

39 Allein unterwegs

Man hat mir erzählt, dass Luana bereits mit vier Jahren vom Dreimeter-Brett ins Wasser gesprungen sei.

Ich erinnere mich sogar noch daran, wie ich ins Wasser runterschaute. Ich sah meine Mutter, die am Rand des Beckens auf mich wartete, dies gab mir Sicherheit und ich sprang. Meine Mutter erzählte mir später, dass ich in der Nacht darauf einen Albtraum gehabt hätte.

Nun ging es wieder um einen beinahe unüberwindbaren Sprung. Ich wollte nach dem Abschied von Valérie und dem Verlust meiner Unterkunft der Szene endgültig fernbleiben.

Ich ging ins Haus meiner Eltern. Sie hatten unterdessen den Brief vom Rektorat des Gymnasiums Interlaken erhalten, der meinen Rauswurf bestätigte.

Was ich nun machen wolle, fragte meine Mutter, ich könne ja nicht einfach in den Strassen herumhängen. Sie war sanft in ihren Worten und versuchte, so gut es ging, sich ihre Angst nicht anmerken zu lassen.

«Ich bin nicht auf der Strasse», sagte ich. «Ich wohne mit Valérie zusammen und suche mir eine Arbeit, mach dir keine Sorgen.»

Ich brachte es nicht übers Herz, ihr zu sagen, dass Val und ich keine Wohnung mehr hatten und ich ohne jede Vorstellung war, wie mein Leben weiterging.

Meine Schwester war da und stritt sich mit ihrem Freund, es ging wieder einmal um das Essen. Ich hatte mich immer wieder gefragt, wie er es mit ihr aushielt, das musste wirklich Liebe sein. Er schien sich über mein Kommen zu freuen. Meine Schwester motzte irgendetwas.

Mein Vater war am Arbeiten, der ältere meiner Brüder noch immer im Ausland und der jüngere spielte ein neues Computergame mit einem Jungen aus der Nachbarschaft.

Meine Mutter war beruhigt, mich zu sehen, aber auch still schockiert über mein Aussehen. Ich trug einen superkurzen Minirock, Netzstrümpfe und meine Docs, alles in Schwarz.

Wir assen alle zusammen am Tisch, es schien beinahe idyllisch. Keiner wollte mit irgendeinem Problem des anderen konfrontiert sein. Meine Schwester füllte masslos alle Teller mit Spaghetti, nur ihr eigener Teller blieb natürlich leer. Mir war plötzlich kotzübel, wobei ich nicht wusste, ob der Grund dafür das Essen war, die Trennung von Valérie oder das Verlangen nach einem Schuss.

Ich verliess das Elternhaus und ging noch am selben Abend zurück in die Szene, wo Hilfe auf mich wartete, nämlich Sugar, was sonst.

Ich begann am Bahnhof zu mischeln. Heute liefen die meisten Leute gehetzt durch den Bahnhof und wichen mir genervt aus, bevor ich sie überhaupt fragen konnte.

Ich wurde ungeduldig. Ich hatte bis jetzt nur sieben Franken gemischelt, das reichte für gar nichts. Da kam ein Mann auf mich zu, so um die 50 Jahre alt und elegant gekleidet.

«Du bist sicher hungrig und durstig», sagte er.

Ich machte ihm klar, dass ich keinen Hunger hatte, jedenfalls nicht auf Nahrung. Ich brauchte Geld, denn ich brauchte einen Knall.

«Ich kann dir helfen, wenn du mir einen Gefallen tust», sagte er. «Du verstehst, was ich meine.»

Natürlich verstand ich, was er meinte. Ich war dem Weinen nahe und fühlte mich hoffnungslos verloren. Ich wollte einen Schuss, mein Gehirn hatte nur diesen einen Gedanken.

Das Verlangen nach diesem Gefühl, das mir Wärme verleiht und meine Seele für eine kurze Zeit streichelt und mir meine Angst und Hoffnungslosigkeit nimmt. Ich injiziere mir weder Liebe noch irgendwelche Hoffnung, sondern nur Angst, die ich aber erst spüre, wenn die Wirkung der Droge nachlässt. Die Hoffnungslosigkeit ist bei jedem Kick grösser geworden. Doch im Moment, wenn ich mir die Venen durchbohre und sich die Wirkung des Heroins verbreitet, gibt es kein Gefühl der Hoffnungslosigkeit, sondern nur noch das Gefühl des Glücks und des Friedens. Es ist das zeitlich begrenzte Löschen meines Durstes. Meine Sensibilität hat in diesen Momenten das Gift als Bodyguard, und ich fühle mich für einen Augenblick sicher und geborgen in meiner einsamen Welt.

Das widerwärtige, in diesem Moment aber verlockende Angebot des älteren Herrn führte mich an eine Grenze, die ich bisher noch nicht überschritten hatte. Ich dachte an Valérie und daran, wie es ihr wohl erging, und ich hörte die Worte von Tim: «Bau keinen Scheiss, ich will dich nicht verlieren.»

Michael kam mir in den Sinn und ich fragte mich, ob ich wohl auch hier gestanden hätte, wenn wir damals zusammengeblieben wären.

Ich stand am Ende einer Sackgasse. Der Herr war ein Freier und bereit, meine Sucht zu bezahlen und mir damit auch die letzte Moral und Würde zu nehmen. Das Verlangen nach einem Schuss war so intensiv und mächtig, dass mir dies gleichgültig war.

Konnte ich aber widerstehen, würde ich wahrscheinlich fähig sein, mit dem Sugar aufzuhören. Die Frage war, ob ich mich endgültig aufgegeben hatte. Wollte ich wirklich meine letzte Würde, meinen letzten Stolz verkaufen, oder hatte ich noch einmal die Kraft, weiterzukämpfen?

Der Tod geht neben mir und flüstert mir immer wieder Zärtlichkeiten ins Ohr. Komme mit mir, ich erlöse dich von jeglichen

Schmerzen. Warum willst du so weiterleiden, wenn ich dir Ruhe
und Frieden gewähren kann ... Bist du des Kampfes nicht
müde??? Du kannst nicht lächeln, du kannst nichts geniessen,
lasse mich dir helfen ... lass mich dich küssen, ein einziger
Kuss von mir – und du bist erlöst ...

Ich gehe schneller, um dem Kuss des Todes auszuweichen, doch ich
spüre seinen Atem. Und ich spüre meinen präsenten
Schmerz, der mit dem Tod soeben gewettet hat, dass er gegen
ihn gewinnen wird ...

Nicht ich selbst, sondern die Zähne des Mannes sorgten für eine
Entscheidung. Ich hatte das Glück, dass sie in einem schlechten
Zustand waren. Der Mann lächelte mich ungeduldig herausfor-
dernd an. Ich sah seine hässlichen, gelben Zähne. Ungepflegte Zähne hatten mich schon immer abgestossen, und ich ging, wortlos
und schnell.

Noch aber war ich unter Zeitdruck, gehetzt und brauchte dringend
Geld für Sugar. Unterwegs begegnete ich einer Gruppe junger
Hippies. Ohne grosse Überlegung nahm ich meinen Türkisring
vom linken Mittelfinger und den Haifischzahn vom Lederband.
Mehr hatte ich nicht, was ich hätte zu Geld machen können. Ich
war sicher, dass Valérie damit einverstanden gewesen wäre, es war
immer noch besser, den Haifischzahn zu verkaufen als den eigenen
Körper.

Ein Mädchen gab mir nach langem Diskutieren zehn Franken
für den Ring. Ein junger Mann interessierte sich für den Haifischzahn und gab mir schliesslich zwölf Franken dafür. Ich hatte ein
kurzes Gefühl der Freude, vielleicht nicht nur des Geldes wegen
sondern auch deshalb, weil ich dem Typ am Bahnhof hatte widerstehen können.

Ich hatte jetzt genau 29 Franken.

Auf dem Weg zur Szene sprachen mich mehrere Freier an. Ich fragte mich kurz, ob ich heute wie eine Nutte wirkte oder ob man mir ansah, dass ich dringend Geld für einen Schuss brauchte. Ich beruhigte mich damit, dass fast allen süchtigen Mädchen dasselbe widerfuhr.

40 Unter freiem Himmel

Ich erreichte die Szene, und der Kampf um Sugar war wieder gefährlich lebendig. Einige schrien wie gewohnt herum, andere halfen sich gegenseitig, die Venen zu durchbohren oder das, was von ihnen noch übriggeblieben war, andere lagen zugedröhnt am Boden, allein oder eng umschlungen, und genossen das zeitlich begrenzte Gefühl der einzigartigen Geborgenheit nach dem Schuss.

Da war auch ein Junge, den ich immer wieder gesehen hatte.

Er war jedes Mal alleine gewesen, jedes Mal dünner geworden. Heute erschrak ich, als ich ihn sah, er bestand beinahe nur noch aus Haut und Knochen.

Er stand fast regungslos in der Mitte von Leuten in «Skifahrerstellung», wie Viktor und Mario zu sagen pflegten. Auch andere standen nach einem Schuss und guter Dosis mit halbgeschlossenen Augen da, leicht in den Knien, so ähnlich wie ein Skifahrer, dann schwankten sie in einer Art Zeitlupe nach vorne, und bevor sie den Punkt des Hinfallens erreichten, schraken sie leicht auf und wippten wieder in Zeitlupe in die Ausgangsposition zurück. Das Ganze konnte sich unzählige Male wiederholen. Dieses traurige Schauspiel war ein Teil der Szene.

Als ich diesmal aber den Jungen sah, fühlte ich mich schrecklich hilflos. Er war völlig breit, den Mund hatte er leicht geöffnet, sein

Kopf sank ganz langsam nach vorne, und am toten Punkt ange-
kommen, schlug er ruckartig zurück, und wie erschrocken von der
Schwere seines Kopfes, den er im letzten Moment wieder unter
Kontrolle brachte, riss er seine Augen weit auf, dann begann das
Prozedere von Neuem.

Keiner beachtete ihn, denn sein Zustand war kein Einzelfall.

Viktor entdeckte mich und kam auf mich zu.

«Ich habe genau 29 Franken», sagte ich nervös. «Ich kann dir den
Rest morgen geben.»

Er grinste mich an und küsste mich auf die Wange.

«Lu», sagte er, «du weisst gar nicht, was für ein verdammtes
Glück du hast. Du bist so verdammt attraktiv. Du könntest in Kür-
ze reich sein, Kleines. Du musst nur endlich auf mich hören.»

Mein Glück war, dass ich fast immer auf seine Unterstützung
zählen konnte, wenn ich einen Schuss brauchte. Viktor zerrte
mich zur Seite und fragte mich spöttisch, ob ich meinen heiss geliebten Haifischzahn habe verkaufen müssen. Ich schwieg, konnte
den Schuss kaum erwarten. Am rechten Unterarm fand ich eine
Vene. Inzwischen hatte ich auch gelernt, mir mit der linken Hand
einen Schuss zu setzen, obwohl ich Rechtshänderin war. Die
Sucht war unerschöpflich und grenzenlos. Sie kannte keine Hin-
dernisse, was sie verlangte, wurde getan. Ich war dem Sugar hö-
rig, untertan, gefügig, ausgeliefert, verfallen. Ich war ein Sklave
meiner Sucht.

Ein intensiver Geruch von Urin weckte mich auf. Neben mir uri-
nierte ein Mann in ein Gebüsch, und ich bekam einen Teil seines
Urins auf meiner Haut zu spüren, einige Tropfen spritzten sogar in
mein Gesicht. Ich setzte meine betäubten Gliedmassen in Bewegung, fluchend, angeekelt und verwirrt versuchte ich aufzustehen.
Die Worte des süchtigen Mannes im Rollstuhl gingen mir durch

den Kopf. «Willst du in deiner eigenen Kotze aufwachen und dir von irgendwelchen Arschlöchern ins Gesicht pissen lassen?»

«Wer hier die Nacht verbringt», sagte der Mann, nachdem ich ihn beschimpft hatte, «muss damit rechnen, angepisst zu werden. Geh nach Hause, Mädchen.»

Zuerst einmal musste ich mich orientieren. Meine letzte Erinnerung war, dass ich mir einen Schuss gesetzt hatte, und zwar auf der Wiese, wo sich die Szene befand, irgendwo zwischen Bäumen und Büschen, aber nicht im Zelt.

Ich suchte nach einer Zigarette. Zu meiner Verwunderung hing meine kleine Jeanstasche noch immer an meinem Arm, es war ja ausser einer Zahnbürste, einem kleinen Löffel, meiner Identitätskarte und dem für mich unendlich wertvollen Feuerzeughalter von Nicolas nichts Kostbares darin.

Was die Zahnbürste betrifft, so wurde ich deswegen stets ausgelacht. Welcher Süchtige trug schon eine Zahnbürste mit sich herum. Meine Zahnparanoia hatte ich schon als kleines Kind. Die Angst, dass nachts kleine Zahnteufel kommen und mir Löcher in meine Zähne hacken würden, war so gross, dass ich ständig meine Zähne putzte. Ausserdem hatte mein Vater sehr schlechte Zähne, und ich wollte immer dazu fähig sein, kräftig in einen Apfel zu beissen.

Die kaputten Zähne der Süchtigen hatten meine Paranoia zusätzlich gefördert. Ich wollte sie nie aufgrund der Droge ruinieren und nahm es in Kauf, dass mich die Junkies wegen meiner Zahnbürste belächelten. «Wenn du voll drauf bist, wirst du dich nicht mehr um Banalitäten wie deine Zähne kümmern», hatte mir Betti einmal gesagt. Solange ich mich also noch um meine Zähne kümmerte, war ich noch nicht hoffnungslos verloren.

Nachdem ich mich aufgerappelt hatte, kam Viktor auf mich zu, eng umschlungen mit einer dunkelhaarigen, extrem bleichen Frau.

Er wollte bis zum heutigen Abend den Rest des Geldes sehen, weil er mir eine Super Qualität verabreicht habe.

«Es ist dein Problem», sagte er, «wenn dich das so flach legt, dass man dich zu nichts mehr gebrauchen kann. Ein Wunder, dass dich die Bullen nicht gefunden haben.» – «Das ist übrigens Karin», stellte er mir seine Begleiterin vor und steckte ihr seine Zunge in den Hals.

Mir wurde übel, und ich ging mit unsicheren Schritten Richtung Bahnhof. Eine ältere Frau schien so sehr Mitleid mit mir zu haben, dass sie mir das Zugticket bezahlte. Als sie mir das Ticket in die Hand drückte, begann ich zu weinen. Sie nahm mich mütterlich in ihre Arme und versuchte, mich ein wenig zu beruhigen.

In den Armen dieser fremden Frau, die ich noch nie zuvor gesehen hatte, fühlte ich mich für ein paar Sekunden geliebt und geborgen. Sie hatte einen so schön frischen, sauberen Duft.

41 Das Contact Thun

Im Zug von Bern nach Thun musste ich mich mehrmals übergeben und verliess den Zug im wahrsten Sinne des Wortes ausgekotzt nach 20 Minuten. Mir war schwindlig und noch immer übel. Ich schleppte mich in Richtung *Contact*, der Thuner Anlaufstelle für Suchthilfe. Ich musste mich ständig irgendwo festhalten, um nicht umzukippen, musste erbrechen, jetzt, hier, sofort, da gab es kein Verschieben auf später. Ich übergab mich über dem Brückengeländer lehnend in den Fluss. Einige Passanten warfen mir verächtliche Blicke zu, andere schüttelten empört und wortlos den Kopf. Ich hatte keine Zeit, mich weder auf die stillen noch auf die lauten Bemerkungen einzulassen, mein Ziel war einzig das Contact.

Ich erinnere mich an einen Schulfreund, er hiess Martin und war durch einen schweren Autounfall querschnittgelähmt. Auf seinem Rollstuhl waren die Worte aufgeklebt *Hilf dir selbst, sonst hilft dir keiner*. Er sagte mir einmal, man muss nicht behindert sein, um anders zu sein, es ist sowieso jeder anders. Ich traf ihn später einmal beim Bahnhof, ich war nervös und auf Sugarsuche, er sass in seinem Rollstuhl, trug einen Vollbart und sprach mich an, denn ich selbst hätte ihn gar nicht erkannt.

Ich schämte mich, dass ich damit beschäftigt war, dem Gift nachzurennen, während er für den Rest seines Lebens an den Rollstuhl gefesselt war.

Die Begegnung brachte mich damals zum Weinen. Ich weinte vor einem jungen Mann, der im Rollstuhl sass und mehr Lebenswille und Kraft besass als ich selbst mit meinen gesunden Beinen, die hüpfen und rennen konnten, so viel ich wollte. Während ich mein Leben und meine Gesundheit ruinierte, hatte er sich bei allem, was er erlitten hatte, für das Leben entschieden, und ich bewunderte seine Stärke, seinen Mut und vor allem seinen Willen, niemals aufzugeben.

Er hatte sein Schicksal akzeptiert, aber nicht auf eine resignierende Art, sondern mit Mut und Interesse für die Zukunft und für sein ganz besonderes Leben. Wir umarmten uns damals, als würde ein jeder den Schmerz des andern fühlen.

Als ich endlich die ersehnte Türe des Contact Thun vor mir sah, fühlte ich mich wie ein Marathonläufer, der als Sieger ins Ziel einläuft.

Ich war schon oft ins Contact gegangen, da konnte ich mir gratis sterile Spritzen holen. Sie lagen in einem Gestell neben Broschüren, Tupfern und Kondomen.

Manchmal war ich auch dort gewesen, um Kerzen zu ziehen und hatte fast den ganzen Tag mit anderen Süchtigen verbracht, die alle viel älter waren als ich. Darunter war auch ein 42-jähriger Mann, der aber aussah wie 70, er war seit über 20 Jahren süchtig. Dreimal in der Woche ging er ins Contact, um zu backen oder Kerzen zu ziehen. Er hatte diesen abschätzigen Blick mir gegenüber, den ich eigentlich von Süchtigen so nicht kannte. Meistens waren es die Blicke der Gesellschaft, die herablassend waren, nicht aber derjenigen, die sich im gleichen Schlamassel befanden. Wortlos liess er mich fühlen, dass ich hier nichts verloren hatte.

Aber eine Frau, die ständig in seiner Nähe war, begann eines Tages zu reden und schien für ihn zu sprechen.

«Kleines, du solltest wissen, dass sich hier nur Menschen befinden, die absolut am Arsch sind», sagte sie. «So wie du aussiehst, geht's dir ja verdammt gut! Ich und mein Freund sind beide positiv, verstehst du. Du bist immer noch jung und schön und voller Leben, das macht uns traurig und wütend. Du hast hier nichts verloren, du bist am Anfang deiner Sucht, nicht am Ende wie wir. Du kannst noch immer abspringen. Ich habe einst ausgesehen wie du, vielleicht nicht ganz so hübsch, aber schau mich an, was das Gift aus mir gemacht hat. Willst du so werden wie ich oder wie er? Du bringst uns zum Weinen, und deine Dummheit macht uns wütend! Kleines, hör auf mit dem Scheiss, solange du noch irgendwie kannst. Lass dir helfen, bevor du wie wir zum Tod verurteilt bist.»

Ich hatte verstanden, dass der Grund ihrer Ablehnung fürsorglich war, fühlte mich dadurch aber noch einsamer. Wenn ich mich in der Gruppe umsah, wurde mir klar, was sie meinte. Ich kam mir unter diesen verlorenen, schwerstabhängigen Seelen vor wie ein Clochard, der in einem Schloss wohnt.

Jeder bekam im Contact am Ende eines Arbeitstages 35 Franken. Mir fehlten dann immer noch 15 Franken, bis ich das Geld für ein *Briefli* beisammen hatte.

Die meisten, die sich im Contact tagsüber beschäftigten, waren allerdings schon seit Langem im Methadonprogramm und versuchten, einer sinnvollen Beschäftigung nachzugehen. Es war eine kleine, verschworene Gruppe, und wenn jemand über seine Erlebnisse zu reden begann, war ich meistens schockiert. Die Gespräche im Kreis der Süchtigen lösten oft eine Dominoreaktion an Emotionen aller Beteiligten aus. Die Gefühle verstärkten sich durch die Anteilnahme der andern.

Auch die Stillgebliebenen verbreiteten Schmerz und Trauer, und ich versprach mir jedesmal, mir nie mehr einen Schuss zu setzen. Doch leider löste sich dieser Vorsatz in Luft auf, sobald ich mich wieder draussen auf der Strasse befand.

42 Hene, der Sozialarbeiter

Bevor ich mich damals für das Kerzenziehen im Contact anmeldete, hatte ich ein Gespräch mit einem Sozialarbeiter, alle nannten ihn Hene. Er sagte mir, ich müsse wohl noch ganz grob auf die Schnauze fallen, bis ich endlich bereit sei, eine Therapie zu machen.

Er wollte mir sofort einen Therapieplatz suchen, aber ich wollte nur zum Kerzenziehen, und zwar ausschliesslich des Geldes wegen.

Ich versicherte ihm, dass ich das alleine schaffen konnte.

Er sagte mir, ein junges Mädchen wie ich, das in seiner Sucht noch so stur sei und daran glaube, es könne den Absprung ohne jede Hilfe schaffen, mache ihn besonders traurig. Er wolle nicht, sagte er, dass man mich in ein paar Wochen oder vielleicht schon morgen irgendwo auf einer Toilette mit einer Überdosis finden würde.

Ich solle endlich von jemandem Hilfe annehmen.

Ich solle endlich versuchen, jemandem zu vertrauen.

Er gab mir sein Wort, dass er mich nicht im Stich lasse, aber ich müsse seine Hilfe annehmen.

Obwohl ich ihm beinahe glaubte, wollte ich mich auf keinen Fall in eine Therapie begeben. Dies wäre mein Eingeständnis gewesen, dass ich unwiderruflich abhängig war und zusammen mit anderen Suchtkranken eine Behandlung mit psychologischer und medizinischer Betreuung benötige. Doch genau diese Suchtkranken wollte ich meiden und mich nicht auch noch in einer Therapie mit ihnen abgeben.

Hene erklärte mir, dass aber gerade diese Gespräche in der Gruppe oft sehr hilfreich seien. Ich würde so herausfinden, dass andere die gleichen Probleme, die gleichen Gedanken, Ängste und Träume hätten wie ich.

«Ich werde dabei nur noch mehr Lust auf Sugar bekommen», sagte ich, «und was ich erlebt habe, geht niemanden etwas an.»

Er schlug mir vor, dass ich unter diesen Umständen auch Einzelgespräche haben könne und stellte mir mögliche Therapien detaillierter vor.

Ich sagte, dass ich von Psychologen und Psychiatern nichts halte. Meiner Meinung nach waren die Psychis alle unfähig, den wirklichen Schmerz zu lokalisieren. Sie konzentrierten sich einzig auf irgendwelche unwichtigen Symptome, die vielleicht sogar von physiologischer Natur waren. Daraus zogen sie aber Schlüsse zu einem unverarbeiteten Erlebnis, und man sprach schliesslich über rot, obwohl man über blau reden sollte, oder schlimmer noch, rot wurde auf einmal zu einem psychischen Problem. Ich würde, so glaubte ich, die Gespräche mit den Psychis mit mehr Problemen verlassen, als ich sie vorher hatte, denn es waren neue Probleme dazu gekommen, deren Wurzeln man in einem gemeinsamen Gespräch herausfinden wollte. «Auf diese Psychologie kann ich definitiv verzichten», hatte ich damals zu Hene gesagt.

An jenem Tag, nachdem ich das Contact also endlich erreicht und die Türe geöffnet hatte, fragte ich zuerst nach Hene. Da war eine Frau, die hier arbeitete. Mir war schwindlig, ich hatte immer noch das Gefühl, kotzen zu müssen und ohnmächtig zu werden.

Die Frau kam mir entgegen und half mir auf einen Ledersessel.

«Hene kommt sofort, Luana», sagte sie.

Ich war überrascht, dass sie meinen Namen wusste, es gab mir ein Gefühl von Sicherheit. Hier war jemand, der mich kannte, also würden sie mir helfen.

Als Hene, der Sozialarbeiter, kurze Zeit später bei mir war, konnte ich kaum sprechen. Ich zitterte am ganzen Körper und hatte das Gefühl, Schaum im Mund zu haben.

Hene dachte zuerst, ich wäre extrem auf Entzug.

Als ihm klar wurde, dass die Symptome von einer Überdosis Heroin herkamen, packte er mich in sein Auto und fuhr zu einem Notfallarzt, denn ich wollte auf keinen Fall ins Spital.

Auf der Fahrt zum Arzt musste ich mich immer wieder übergeben, und Henes Jeep blieb davon nicht verschont.

Ich konnte nicht mehr gehen.

Hene trug mich in die Arztpraxis.

Ich nahm alles nur noch aus weiter Entfernung wahr.

Ich hörte mich mehrmals sagen: «Ich habe kalt, ich habe kalt.»

Der Arzt schien ein Freund von Hene zu sein, ich hörte aus weiter Ferne, wie sie sich duzten.

Ich hörte den Arzt sagen: «Es ist gut, wenn sie dieses Zeug erbricht.»

Mir wurde Blut abgenommen, oder erhielt ich eine Spritze? Ich wurde liebevoll zugedeckt. Ich fühlte, wie die Liege, auf der ich lag, von meinem Zittern vibrierte. Ich hörte, wie Hene und der Arzt zusammen redeten, kann mich aber an die Worte nicht mehr erinnern. Ihr Gespräch gab mir das Gefühl, dass ich nicht allein war, und weil ich nicht allein war, sagte ich mir, würde ich auch noch nicht sterben.

Ich weiss nicht, wie lange ich dort lag.

Jedenfalls schlief ich zwischendurch ein.

Hene war noch immer da oder wieder da.

Er sagte mir, dass er meine Eltern benachrichtigen wolle, er würde mich später nach Hause fahren.

Nun wurde ich hellwach. Ich wollte auf keinen Fall, dass meine Eltern etwas erfuhren, ich hatte sie schon genug enttäuscht, und sie wussten noch immer nicht, dass ich am Junken war. Vielleicht hatten sie eine Vermutung, die sie aber möglichst schnell wieder verdrängt hatten, wer wollte schon wahrhaben, dass sein Kind drogensüchtig geworden war.

Ausserdem hatte ich absolut keine Lust, nach Hause zu gehen. Ich hätte mich nur für meinen Zustand rechtfertigen müssen.

Ich redete also intensiv auf Hene ein, und meine Panik brachte ihn von seinem Vorhaben ab. Er fragte mich, wohin ich denn gehen wolle. Ich brauche ein paar Tage Ruhe und jemanden, der sich um mich kümmerte. Ich dachte mit Verachtung an Viktor und Mario.

Als hätte Hene meine Gedanken gelesen, sagte er, jemanden aus der Szene könne ich mir aus dem Kopf schlagen.

«Ich möchte zu Valérie», sagte ich, «vielleicht nur ein paar Tage, bis es mir wieder besser geht, dann werde ich auch sofort wieder verschwinden.»

Hene liess mich eine Zeit lang allein, um Valéries Eltern anzurufen, er kannte sie flüchtig. Was er ihnen alles erzählte, weiss ich natürlich nicht, aber er schaffte es, mich bei ihnen unterzubringen.

43 In Valéries Elternhaus

In Begleitung von Hene stand ich vor der Eingangstür von Valéries Elternhaus, und Valéries Eltern standen da und begrüssten uns. Val nahm mich bei der Hand und ging mit mir in das für mich schon vorbereitete Gästezimmer.

Ein riesengrosses, warmes, frisch riechendes Bett mit himmelblauen Anzügen erwartete mich. Ich legte mich erschöpft und dankbar in dieses göttliche Bett.

Valérie deckte mich zu. «Es wird alles gut werden, Lu», sagte sie.

Ich weiss bis heute nicht, wie Hene es nur mit Worten geschafft hatte, dass ich mich ein paar Tage bei Valéries Eltern erholen durfte. Valérie wollte in ein paar Tagen mit ihrer Therapie anfangen. Vielleicht war dies ein Motiv für ihre Eltern gewesen. Mir fehlte es an nichts. Valérie war ständig bei mir, oft hörten wir zusammen Musik oder schauten Fernsehen. Mit warmen Mahlzeiten, Tee und Fruchtsäften wurden wir umsorgt. Die meiste Zeit jedoch war ich am Schlafen, sicherlich auch bedingt durch die vom Arzt verschriebenen Medikamente. Es kam mir so vor, als hätte ich Schlaf von unzähligen Wochen oder vielleicht sogar Jahren nachzuholen. *Ich habe das Gefühl, dass meine riesige Erschöpfung diese herrlich frisch duftende Bettwäsche dürstend in sich aufsaugt, gerade so, als wolle sie sich einen Vorrat dieses sauberen Duftes tief in ihrer Seele anlegen.*

Es waren Tage wie im Paradies.

Am Morgen des dritten Tages stürzte Valéries Mutter in mein Zimmer und fragte mich aufgeregt, wo ihre Tochter sei.

Ich ahnte es nur, sagte aber nicht, dass sie wahrscheinlich auf der Suche nach Sugar war.

Ich fühlte mich in höchstem Grade schuldig.

Valérie hatte den kalten Entzug hinter sich gebracht und sollte am nächsten Tag ihre Therapie in den Bergen beginnen.

Ich zog mich an, und beim Zuknöpfen meiner Jeanshosen bemerkte ich, dass sie zu gross für mich geworden waren. Ich packte einen Apfel in meine Jeanstasche, kontrollierte, ob der Feuerzeughalter von Nicolas anwesend war, bedankte mich mehrmals bei Valéries Mutter und erklärte ihr, dass ich Valérie suchen wolle, sie solle sich bitte keine Sorgen machen, ich würde sie wieder nach Hause bringen.

Ich fand Valérie dort, wo ich sie vermutet hatte, am Treffpunkt der Junkies im Zelt, sie stand neben Mario, und als ich ihre Augen sah, wusste ich sofort, dass sie Sugar genommen hatte.

Sie kam auf mich zu und erklärte mir, dass sie sich entschlossen hatte, die Therapie nicht anzutreten. Sie werde wahrscheinlich zu Viktor und Mario ziehen, dann werde sie weitersehen, Mario würde ihr helfen, und es gäbe noch andere Möglichkeiten.

Ich redete auf sie ein. «Val, was erzählst du da für eine Scheisse. Du wirst jetzt mit mir zurück zu deinen Eltern kommen. Morgen trittst du die Therapie an. Willst du so wie Betti oder Nicolas enden? Du hast die Chance, dein Leben neu zu beginnen, und deine Eltern unterstützen dich dabei.»

«Sie haben sich nie um mich gekümmert», sagte Val.

«Aber jetzt tun sie es. Du hättest deine Mutter heute Morgen sehen sollen. Sie ist verzweifelt.»

«Sie macht sich nur Sorgen um ihren Ruf.»

«Du machst die Therapie für dich und nicht für deine Mutter. Versuche es. Du kannst ja noch immer abhauen, wenn es wirklich so beschissen wird. Ich werde dich besuchen, und du kannst mir dann das Ziegenmelken beibringen.»

Wir schauten uns an und grinsten hilflos.

«Du hast mir noch immer nicht gesagt, wo unser Haifischzahn geblieben ist.»

«In meinen Venen», sagte ich, aber das hatte sie natürlich geahnt.

Luana schaffte es, Valérie von der Szene zurück nach Hause zu bringen. Valéries Mutter war erleichtert und dankte es ihr mit einem roten Schokoladenherz und mit einem kleinen Kärtchen. Als ich die Karte öffnete, fand ich darin 50 Franken als Lohn für meine Bemühungen. Ich konnte es kaum glauben. Sie hatte mir in voller Unschuld das Geld für einen Schuss zugesteckt nach allem, was in den letzten paar Tagen geschehen war. Sprachlos schaute ich zu Valérie.

«Glaubst du mir jetzt, dass meine Mutter nichts schnallt?», sagte sie.

Ich war aufgewühlt und verwirrt, verabschiedete mich rasch und drückte Valérie.

Wir wussten beide, dass wir für ein Leben ohne Drogen kämpften.

Dann verliess ich dieses seltsame Haus, in dem ich Unterschlupf gefunden hatte, wo ich mit Essen und Trinken verwöhnt worden war, mich für kurze Zeit wie in einem kleinen Paradies gefühlt hatte und mir dann zum Abschied ein Knall geschenkt wurde.

44 Gott, bitte hilf mir

Ein paar Stunden später hatte ich das Geschenk von Valéries Mutter eingelöst und sass wieder auf der Wiese mitten unter den Süchtigen.

Gut, dass ich Valérie von der Therapie überzeugt hatte. Es war schon seltsam, wie ich andere zur Vernunft bringen konnte, mich selbst aber nicht. In Gedanken versunken betrachtete ich einen kahlen, vom Wetter gezeichneten Baum, der ganz allein auf einer Wiese stand. Seine spärlichen Äste waren zart und fein, und sie erschienen mir kraftlos. Sein Stamm jedoch thronte voller Überzeugung, was die Stärke seiner Wurzeln verriet. Ich stellte mir vor, er habe sich schon unendliche Male gewünscht, wegzulaufen, doch auch er war mit seinem Schicksal verwurzelt.

Ich sah mich um, beobachtete die Süchtigen und begriff einmal mehr oder fühlte, was das Wort Sucht wirklich bedeutet.

Ich kann einfach nicht mehr länger unter diesen Leuten sein. Die Szene macht mich kaputt! Ich möchte wieder so sein wie früher, als ich noch nicht drogenabhängig war. Kann ich es schaffen, die Kälte der Menschen ohne Drogen zu ertragen? Kann ich dem Druck des Systems standhalten? Kann meine Sehnsucht nach Geborgenheit und Liebe erfüllt werden? Werden meine stillen Schreie endlich gehört? Wer wird mir das Gefühl von Sicherheit geben, wer eine ehrliche Umarmung? Wer wird meine Zerbrechlichkeit erkennen und fähig sein, mir wieder Energie und Mut zu verleihen?

Ich spürte einen Kloss im Hals und schluckte meine Tränen hinunter. Ich wollte raus aus meiner Haut! Dies kam mir bekannt vor. Bei meiner letzten Häutung war ich drogensüchtig geworden.

Gott, wenn es dich wirklich gibt, bitte hilf mir! Zeige dich endlich. Lasse mich deine Kraft und Güte fühlen! Warum zum Teufel hilfst du mir nicht? Wo ist meine Energie geblieben, die einst in mir steckte? Wo ist mein Leben geblieben? Wo sind meine Emotionen, wo meine Wutausbrüche, wo meine Lachanfälle? Wo ist mein ICH geblieben? Ich habe mich verirrt in mir selbst. In meinem eigenen Labyrinth. Wie lange werde ich wohl noch in diesem Labyrinth herumirren? Wann endlich werde ich einen Ausweg finden?

45 Im Labyrinth

Die nächsten sieben oder acht Monate, ich kann mich nicht mehr daran erinnern, wie viele es letztendlich genau waren, verbrachte ich trotz all meiner Vorsätze fast nur in der Szene. Das fortwährende Zusammentreffen mit den Süchtigen färbte ab.

Mein Wille zu kämpfen, Widerstand zu leisten und aufhören zu wollen, war müde geworden, und ich spürte ihn kaum noch. *Obwohl der Wille bis jetzt immer wieder überlebt hat, so kann ich fühlen, dass er der nächste ist, der stirbt.*

Ich schlief und erwachte ständig an anderen Orten.

Viele Male kriegte ich in Marios und Viktors Wohnung Unterschlupf. Dort befanden sich immer ein paar Süchtige und Dealer, einige kannte ich vom Sehen, andere Gesichter waren neu für mich.

Jedes Mal, wenn ich dort auftauchte, war ich dem kranken Gerede von Viktor und Mario ausgesetzt. Sie versuchten bei jeder Gelegenheit, mit ihren abstossenden Händen meinen Körper zu berühren.

Wenn Viktor in seinem aggressiven Zustand war und ich ihm zu verstehen gab, dass er und sein Körper mich anekelten, kriegte ich von ihm eine knallende Ohrfeige.

Manchmal beobachtete ich ihn, wie er sein Glasbong zärtlich und behutsam behandelte. Es war seine Wasserpfeife aus Glas, in welcher er sein Cannabis rauchte. Wäre ich sein Glasbong, dachte ich, würde ich wie eine Königin behandelt werden und wäre nicht mehr der Angst und den Erniedrigungen ausgesetzt. Ich beneidete in diesen Augenblicken sein Glasbong und stellte mir vor, wie ich mit einem Psychiater darüber redete.

«Warum sind Sie zu mir gekommen, was haben Sie für ein Problem?»

«Ich bin eifersüchtig auf ein Glasbong.»

«Wie sieht diese Eifersucht genau aus?»

«Ich beneide den Respekt und die Fürsorge, die es erhält.»

«Warum denken Sie, dass Sie selbst weder Respekt noch Fürsorge erhalten?»

«Weil ich nicht in 1000 Stücke zerbreche, wenn man mich fallen lässt … Egal, wie man mich behandelt, ich zerbreche nicht sichtbar, bei dem Glasbong jedoch sieht man die Resultate einer schlechten Behandlung sofort!»

«Haben Sie in Erwägung gezogen, Ihr Umfeld zu wechseln?»

«Ja.»

«Und was hindert Sie daran?»

«Angst.»

«Angst wovor?»

«Angst, im System nicht zu bestehen, Angst die Vergangenheit nicht vergessen zu können, Angst, durchzudrehen, Angst alleine zu sein, Angst, keine Liebe zu finden, Angst dem Leben zu begegnen, Angst auf einmal selbst dieses Glasbong zu sein.»

«Und wo sähen Sie das Problem, wenn Sie selbst so wie das Glasbong behandelt würden? Sie sagten doch, Sie beneiden dieses Glasbong?»

«Ich beneide es, aber ich weiss nicht, ob ich das Glücklichsein ertragen könnte.»

«Warum nicht?»

«Ich möchte den geschluckten Honig nicht wieder kotzen müssen.»

«Die Zeit ist jetzt leider um, wir haben noch viel Arbeit vor uns, wahrscheinlich für den Rest ihres Lebens.»

Ich war jedenfalls immer froh, wenn sonst noch ein Mädchen in der Wohnung anwesend war.

Manchmal begann Viktor vor meinen Augen mit irgendeinem dieser Mädchen wild herumzuknutschen in der Absicht, meine Eifersucht zu wecken. Er konnte nicht verstehen, dass mich solche Aktionen unberührt und sogar aufatmen liessen. Ich wollte jeweils nur schlafen und die Wärme der Wohnung in mir aufnehmen.

Einmal betrat in der Nacht ein Pärchen die Wohnung, und ich wurde sofort durch ihre lauten und lallenden Stimmen wach. Wenig später stand der Mann auf einem Holztisch mitten im Raum und liess sich von einer jungen Frau oral befriedigen. Er stöhnte unüberhörbar, und sie feuerte seine Geilheit noch mit Worten an. Sie waren beide auf Koks. Ich lag einige Meter von ihnen entfernt am Boden und hielt mir die Ohren zu. Offenbar war ich die Einzige, die sich über dieses Schauspiel entsetzte. Andere gaben lautstark ihre Kommentare dazu ab, waren vergnügt und grölten.

Nach solchen Ereignissen sehnte ich mich nach Reinheit, nach Geborgenheit und wahrer Liebe. Ich wollte wieder wie ein kleines Kind sein, dessen Augen und Ohren noch unschuldig waren. Ich dachte dann an meine Eltern und Geschwister, die gefühlsmässig Jahrhunderte weit entfernt von mir lebten. Ob sie genau in diesem Moment auch an mich dachten?

Als ich das letzte Mal bei ihnen gewesen war, hatten mir meine Eltern gesagt, dass sie eine Ausbildung für mich suchen wollten.

Was mich denn interessieren würde.

«Nichts», hatte ich gleichgültig geantwortet.

«Es kann so einfach nicht mehr mit dir weitergehen», sagten sie. «Wir wissen nichts mehr über dich. Wir wissen nicht einmal, wo und mit wem du dich ständig herumtreibst.»

Es seien ihnen schon Leute begegnet, die sich nach mir sehr sorgenvoll erkundigten, als sei die Familie von einem schweren Schicksalsschlag getroffen.

Natürlich hätten sie sich auf Gespräche mit diesen oberflächlichen Bekanntschaften nie eingelassen, sagten meine Eltern, als wollten sie mir damit ihre Solidarität beweisen.

Dann hörte ich wieder dasselbe, das altbekannte Tape, nämlich, dass es jammerschade um mich sei, wie sehr ich mich zum Negativen verändert hätte, dass mich meine Clique schlecht beeinflusst habe, und ausserdem sei ich doch intelligent genug, um selbst zu wissen, was richtig und was falsch sei. Mein Zimmer sei immer noch für mich da, ich solle doch wieder am Familienleben teilnehmen und endlich mit dem Kiffen aufhören.

Sie redeten vom Kiffen! Gerne hätte ich in diesem Moment rausgeschrien: «Was heisst denn hier Kiffen, ich spritze Heroin!!!»

Meine Schwester sagte, sie wolle jetzt endlich die Trennwand von ihrem zu meinem Zimmer durchschlagen, damit sie mehr Platz für sich und ihren Freund habe. Ich sei ja sowieso nie zu Hause.

Eine unangenehme, hilflose Stille trat ein, und bevor jemand etwas sagte, verabschiedete ich mich sofort, um keiner verletzenden Antwort ausgesetzt zu sein. Meine Eltern hatten in mir mit ihren fürsorglichen Ratschlägen ein wenig Hoffnung geweckt, doch diese Hoffnung hatte sich im Bruchteil einer Sekunde zerschlagen.

Ich trieb mich wieder ständig in der Szene herum, wo ich Dinge hörte und sah, die mich bis tief in die Nacht hinein verfolgten. *Der widerwärtige, grässliche Gestank nach Erbrochenem, Urin und Fäulnis hat sich so tief in meiner Seele eingenistet, dass ich die Szene bis zum heutigen Tag riechen kann.* Immer war ich auf der Hut, dass nicht plötzlich irgendeiner über mich herfiel, mich sexuell belästigte, mir meine geliebte Jeanshandtasche mit meiner Zahnbürste und dem Feuerzeughalter von Nicolas klaute oder mich einfach aus Langeweile schlug.

Ich wurde zu meinem eigenen Wachhund.

Niemand zwang mich, in der Junkie-Wohnung von Viktor und Mario zu übernachten. Sie fragten mich einfach, und ich lehnte meistens nicht ab, denn so musste ich mir keine Gedanken machen, wo und wie ich die Nacht verbrachte. Ich verachtete mich dafür, dass ich es Viktor und Mario erlaubte, mir Unterschlupf zu geben.

Ich hätte ja auch in mein Zimmer zu meinen Eltern und Geschwistern gehen können, aber ich wusste, dass ich mich dabei wie ein grosses Viereck gefühlt hätte, das man in ein kleines Dreieck pressen will. Sie hätten weder meine Emotionen noch meine Sucht verstanden, und ich hätte sie in ihrer Lebensweise nur gestört. *Sie hätten mir alle das Gefühl gegeben, als wäre ich wie ein ständig spürbarer Splitter in ihren Füssen.* Meine Schwester hätte ihre Anfälle gehabt, und man hätte mir, die ich einst der Stolz der Familie gewesen war, dafür die Schuld zugeschoben.

So schwer es mir fiel, meinen Gefühlen Glauben zu schenken, ich musste wahrhaben, dass ich mich in der Szene und in einer Wohnung mit arroganten, aggressiven, gefährlichen, aber auch kaputten, destruktiven, süchtigen Menschen wohler fühlte als zu Hause in meinem Zimmer.

Obwohl ich mich auch unter den Süchtigen als schwarzes Schaf fühle, bin ich wenigstens unter Schafen. «Um ein tadelloses

Mitglied einer Schafherde sein zu können, muss man vor allem ein Schaf sein», meinte Albert Einstein.

46 Sokrates, meine Ratte

Nicht jede Nacht verbrachte Luana in der Wohnung von Viktor und Mario.

Manchmal fror ich in einer Gruppe im Freien durch die Nacht, und wir philosophierten, halfen uns gegenseitig, und jeder wollte einen triftigeren Grund für seine Misere haben. Bei diesen Geschichten blieb ich ein Aussenseiter, denn meine Vergangenheit enthielt nichts Spektakuläres, jedenfalls war für niemand ein Grund zu erkennen, warum ich mit Drogen angefangen hatte.

Nur eine Frau, die dem Alkohol verfallen war, äusserte sich einmal anders. «Für mich hat Luana viele Gründe gehabt», sagte sie.

«Ein Stich direkt ins Herz bedeutet den Tod», fuhr sie fort, «mit zehn Stichen überall verteilt auf deinem Körper kannst du aber überleben. Die stillen Schreie», sagte die betrunkene Frau, «sind oft verzweifelter und schmerzlicher als die lauten.»

Alle schwiegen nach ihren Worten.

Es war die Weisheit einer Frau, die normalerweise nur betrunken herumlallte.

Mir kamen mehrmals die Worte von Hene in den Sinn. «Dir geht es immer noch zu gut, du musst noch tiefer auf die Schnauze fallen.»

Manchmal hoffte ich insgeheim, dass ich endlich diesen tiefsten Punkt erreicht habe. Dies hätte vielleicht die Kraft herbeigeführt, die ich brauchte, um mein Leben zu ändern.

Zu dieser Zeit hatte ich eine Ratte, die meine Einsamkeit erträglicher machte und die ich Sokrates nannte. Ich hatte sie von einem Punk erhalten und freute mich über meine neue Begleitung.

Sokrates verweilte meist auf meiner rechten Schulter oder unter meinen Haaren. Manchmal streckte er neugierig seine Nase raus, stand auf zwei Beinchen und schnüffelte den Wind ein.

Je grösser Sokrates wurde, umso mehr spürte ich die Krallen seiner Füsschen, die sich manchmal unabsichtlich in meine Haut bohrten. Er wurde während Wochen zu meinem vertrauten Gesprächspartner, ihm konnte ich alles sagen, und immer hörte er mir zu. Manchmal hatte ich sogar das Gefühl, dass er sich mit nervösen Bewegungen auf meiner Schulter bemerkbar machte, wenn er nicht mit mir einverstanden war. Dann rannte er unruhig über meinen Nacken zur Schulter und wieder zurück.

Die Gegenwart von Sokrates gab mir Sicherheit und erinnerte mich mit seinen Krallen und Bewegungen an das Leben. Oft nahm ich ihn in meine Hände und streichelte ihn, manchmal liess er sich dabei so gehen, dass seine Äuglein fast zufielen und er in einer Art Trance war. Dass er mir so sehr vertraute, machte mich in diesen Momenten glücklich und gab mir das Gefühl, ein fürsorglicher, guter Mensch zu sein. War er bei jemand anderem auf den Armen gewesen, kam er nach kurzer Zeit zu mir zurück, ich war eben sein Zuhause.

Für die meisten Menschen ausserhalb der Szene war es allerdings unverständlich und abstossend, dass man mit einer Ratte zusammenleben konnte. Sie verstanden weder die damit verbundenen Gefühle noch die Fähigkeit von Ratten, die Emotionen von verzweifelten und einsamen Menschen zu berühren.

Als ich eines Tages in Viktors und Marios Wohnung erwachte, war Sokrates zu meinem Entsetzen verschwunden. Ich verfluchte alle, die sich in der Wohnung befanden, schrie und weinte und suchte überall nach meiner Ratte. So oft hatte Sokrates mit mir die

Nächte verbracht, war immer mit mir eingeschlafen und mit mir aufgewacht. Mario schrie mich an und drohte mir, mich sofort aus der Wohnung zu werfen, wenn ich nicht endlich wieder zur Vernunft käme. Einige halfen mit beim Suchen, doch es war erfolglos.

Bis heute weiss ich nicht, wohin Sokrates verschwunden ist. Vielleicht hat er mir mit seinem Verschwinden klarmachen wollen, dass ich auch weglaufen soll, und zwar von der Szene, von dem Gift. Sokrates war nie erfreut, wenn ich mir einen Schuss setzte. Er hatte den täglichen Kampf um das Sugar schon lange satt. Hat er mich aufgegeben? Vielleicht will er mich zum Nachdenken bringen. Vielleicht hat er die Hoffnung, dass mich sein Verschwinden aufweckt.

47 Ein Waldspaziergang

In diesen Tagen stellte mir Mario einen Freund vor. Er wolle mit mir spazieren gehen und mit mir etwas besprechen. Wir schlenderten am Ufer der Aare entlang, vorbei am öffentlichen Schwimmbad. Er war sehr freundlich, offerierte mir eine Zigarette und schlug mir vor, auf einem Waldspaziergang die frische Luft gemeinsam zu geniessen.

Ich kannte diese Gegend nicht besonders gut. Er erzählte mir begeistert von seinen Reisen und seinen Zukunftsplänen. Er war sehr unterhaltsam, und sein Humor brachte mich zum Lachen. Er schien die Natur zu lieben, und ich war gespannt, was genau er mit mir besprechen wollte.

Plötzlich blieb er stehen. Aus heiterem Himmel riss er mich unsanft an sich und begann, mich wild zu küssen. Ich stiess ihn weg und schrie ihn an. Er drückte mich gegen einen Baum, griff mir an die Brust und versuchte, meine Jeans zu öffnen.

Dabei erwies er sich aber zu meinem Glück als völlig unbeholfen. Ich hatte nur noch Angst.

Der gut gelaunte, humorvolle Mann, welcher mich noch vor einer Minute zum Lachen gebracht hatte, veränderte sich von einer Sekunde auf die andere. Er schien ein anderer Mensch geworden zu sein. Er hatte plötzlich grösste Mühe zu reden und stotterte. Seine Bewegungen waren ruckartig, und sein Blick verriet mir, dass ich ihn nicht mehr mit Worten erreichen konnte. Ich fühlte seinen Wahnsinn und sah ihn in seinen Augen.

Mir war klar, dass er mir körperlich überlegen war. Er presste mich gegen den Baum, ich hatte seinen faul riechenden Atem im Gesicht, und er fragte mich nach meinen Sexphantasien. Kein Mensch war in der Nähe, und die Bäume konnten nur tatenlos zusehen. Ich redete mit ihm und fragte ihn nach seinen eigenen Phantasien. Dann liess ich mich von ihm küssen, ohne mich dabei zu wehren. Ich war in Todesangst und küsste ihn voller Ekel, um ihn zu beruhigen.

Er grinste mich merkwürdig und angsteinflössend an, liess mich endlich los, und ich konnte für einen kurzen Moment aufatmen. Ich schlug ihm vor, gemeinsam eine Zigarette zu rauchen und über alles zu reden. Vielleicht gab es später in einem Hotel die Möglichkeit, uns zu lieben, dies sei doch romantischer als hier, wo Spaziergänger kommen konnten und es unangenehm kalt war. Ich versuchte ruhig und gefasst zu reden, obwohl ich fühlte, wie ich am ganzen Körper zitterte.

Er nahm nervös zwei Zigaretten aus einer Schachtel und offerierte mir eine davon. Wir gingen langsam nebeneinander her, und permanent starrte er mich an. Ich fühlte, wie mein Herz pochte, versuchte aber, mir nicht anmerken zu lassen, dass ich riesengrosse Angst hatte.

Da sah ich von Weitem eine Person, die sich uns näherte. Es war eine junge Frau, die am Joggen war. Ich wollte sie anhalten und anflehen, mir doch bitte zu helfen, doch ich hatte den Mut nicht. Wäre es ein Mann gewesen, hätte ich mich vielleicht getraut, ich weiss es nicht. Ich hatte Angst, dass er mich und die Frau zu scheusslichen Dingen zwingen und uns beide in seinem Wahnsinn vielleicht sogar umbringen würde. Ich ging also allein mit ihm weiter und stellte ihm ganz gezielt Fragen, damit er über seine kranken Phantasien sprechen konnte. Dadurch gab ich ihm das Gefühl, dass ich ihn respektierte und das war meine einzige Chance, um ihn körperlich von mir fernzuhalten.

Er begann zu reden, sein Stottern hatte nachgelassen. In meiner Furcht und Panik hätte ich schreien und weinen mögen, hatte aber Angst, dadurch nur gefährliche Reaktionen bei ihm auszulösen.

Sobald wir den Waldrand erreicht hatten, rannte ich los, so schnell ich konnte. Ich weiss nicht, ob er überhaupt versuchte, mir zu folgen, vielleicht war er zu überrascht.

Am Abend war ich in höchstem Masse schreckhaft und paranoid.

Mein Zusammenbruch kam erst, als ich mit einem Mädchen der Szene reden konnte. Ich wurde von einem minutenlangen Weinkrampf geschüttelt, und sie nahm mich in ihre Arme.

48 Versteckspiel

Es war zur Normalität geworden, dass Luana bei ihren Eltern plötzlich unangemeldet auftauchte, um ein paar Stunden später wieder abzuhauen. Sie genoss die Wärme und eine Art Nostalgie in der Wohnung.

Während meinen kurzen Aufenthalten stopfte ich jeweils hastig alles, was sich an Nahrung anbot, in mich hinein, als wollte ich mir einen kleinen Vorrat in meinem Magen ansammeln. Ich duschte mich, zog mich für kurze Zeit in mein Zimmer zurück, genoss meine Erinnerungen und wünschte mir die Probleme zurück, die ich hatte, als ich noch nicht süchtig gewesen war.

Meine Anwesenheit war immer von stillem Unverständnis begleitet und machte meine Eltern traurig, vor allem meine Mutter, denn meinen Vater sah ich fast nie, da er bei den meisten meiner sporadischen Besuche am Arbeiten war. Mein Anblick liess viele Fragen in meiner Mutter aufkommen. Ich war zwar noch immer hübsch, aber die Droge hatte ihre Spuren hinterlassen. Meine Mutter war hilflos, was mich betraf, aber vielleicht tröstete sie sich ja damit, dass meine Schwester endlich auf dem Weg zur Genesung war. Dass jemand wie Luana, die wirklich alles im Leben gehabt hatte und einst voller Energie und Lebensmut gewesen war, sich so negativ verändern konnte, blieb ihr damals vermutlich ein Rätsel.

«Wenigstens hast du deine Haare nicht mehr so nuttig rot», bemerkte meine Schwester einmal in diesen Tagen. Auch sie hatte wahrgenommen, dass ich nicht mehr auf der Sonnenseite des Lebens stand. Vor etwa einem Monat hatte ich mir die Haare mit einem Schaumspray rot gefärbt. Ich hatte den Spray von einem Mädchen in der Szene erhalten, ich wollte einmal weg vom ewigen Blondsein. Zum Entsetzen meiner Familie trug ich plötzlich rotorange Haare. Eigentlich sollte sich die Farbe wieder auswaschen lassen, sie erwies sich aber als äusserst hartnäckig. Ich hatte diesen neuen Look genossen und fühlte mich dabei wohl, weil er mich nur noch weiter von der sogenannten Gesellschaft entfernte.

Oft war es so, dass ich mir bei meinen Besuchen einen Schuss in meinem Zimmer setzte. Ich wurde darauf meistens äusserst sentimental und versuchte, mit meiner Mutter zu reden und mich für mein Verhalten zu entschuldigen. Dies waren für meine Mutter und mich schöne Momente voller Hoffnung. Ich konnte ihre Fürsorge und Liebe wahrnehmen. Mit einem Schuss in meinem Blut war ich bereit, allen zu verzeihen und grosszügig anderen Menschen gegenüber zu sein. Mich selbst machte ich für alles verantwortlich und hatte Schuldgefühle.

Dann kam die Phase des Selbstmitleides, bis ich mich selbst verfluchte, um mich aufzuwecken. Ich redete mir immer wieder ein, dass ich stark genug sei, um aufzuhören. Ich konnte es schaffen, und zwar ganz allein und schrieb *veni, vidi, vici* in grossen Buchstaben in mein Tagebuch.

Meine Schwester sagt mir erneut, dass sie und ihr Freund die Wand zu meinem Zimmer durchbrechen wollen, damit sie endlich ein grosses Zimmer haben. Der Gedanke, dass mein Zimmer im Haus meiner Eltern nicht mehr da sein wird, macht mich nervös und traurig. Alle, so scheint es, wollen mich vergessen. Ich kann den Atem der Einsamkeit und Verlorenheit spüren.

Zu diesem Zeitpunkt wussten meine Eltern noch immer nicht, jedenfalls nicht von mir, dass ich am Junken war. Das Unverständnis und die Enttäuschung, dass ich nicht studiert und alle meine Talente versaut hatte, steckten tief in ihrer Seele. Sie glaubten, ich würde sehr viel kiffen, Alkohol trinken und mich mit den falschen Leuten abgeben. Mein trotziges und aggressives Verhalten hinderte sie daran, an mich heranzukommen.

Ich hatte mich ständig als fünftes Rad am Wagen gefühlt und wollte mich mit meinem abweisenden und manchmal verletzenden Verhalten für den Mangel an Fürsorge, Aufmerksamkeit und Liebe vielleicht rächen. Ich war fest davon überzeugt, dass sie ihre ganze Energie in meine Schwester gesteckt hatten. So empfand ich das jedenfalls. Mit ihren gut gemeinten Erklärungsversuchen bissen sie bei mir auf Granit.

In unseren Streitgesprächen machte ich ihnen Vorwürfe, die mir dann aber später, wenn ich von der Wärme des Heroins umarmt war, sehr leid taten. Ich war fest davon überzeugt, dass ich in unserer Familie als zweitgeborenes Mädchen sowieso die Arschkarte gezogen hatte.

Manchmal wollte ich laut schreien und ihnen unter Tränen mitteilen, ob sie eigentlich noch immer nicht geschnallt hätten, dass ich am Heroinspritzen war, dass ich schon mehrere Freunde durch das Sugar verloren hatte, dass ich von nächtlichen Albträumen heimgesucht wurde, dass ich bald kein Vertrauen in die Menschen mehr hatte, und dass ich bald keine Kraft mehr zum Weiterkämpfen haben würde.

Doch diese Geständnisse blieben unausgesprochen, meinen Eltern offenbarte ich mich nur in meinen Gedanken. Mein Bruder war noch immer im Ausland. Das eine oder andere Mal hatte ich das Glück, ihn am Telefon zu hören. *Jedes Wort von ihm ist wie ein Tropfen Honig, und ich versuche den Geschmack dieses akustischen Honigs so langsam wie möglich auf meiner Zunge zergehen zu lassen.*

49 Aushilfe bei der Migros

In diesen grauen, endlosen Tagen, die einzig durch die Sucht geprägt waren, erhielt Luana die Möglichkeit, in einer kleinen Filiale der Migros als Aushilfe zu arbeiten, und zwar nachmittags von zwei bis sechs Uhr und dies während einer Zeit von sieben Wochen.

Der Filialleiter war ein Bekannter meiner Eltern, er hatte ihnen diesen Aushilfsjob für mich vorgeschlagen. Bei einem meiner sporadischen Besuche, die sonst in der Regel in gegenseitigem, hilflosem Anschreien endeten, teilten sie mir dieses Angebot mit. Hätte ich ihnen früher mitgeteilt, bei der Migros als Aushilfe arbeiten zu wollen, wäre dies bei all den Erwartungen, die ich geweckt hatte, wahrscheinlich auf Entsetzen gestossen. Zu diesem Zeitpunkt aber war ein Aushilfsjob bei der Migros in ihren Augen eine Chance für mich, um wenigstens wieder ein bisschen Struktur in mein chaotisches, fragwürdiges Leben bringen zu können.

Ich war wie immer in Geldnöten und hatte unterdessen sowohl meine heiss geliebten Musikplatten als auch meinen ganzen Schmuck und viele Klamotten, darunter meine hochgeschätzte, unvergessliche Lederjacke, auf der Gasse verkauft. Ausserdem hatte ich keinen Bock mehr, mich ein weiteres Mal auf Viktor und Mario einzulassen und für sie zu vermitteln oder mich sonst auf irgendeinen Deal mit ihnen einzulassen. Also nahm ich den Aushilfsjob in der Migros an.

So kam es, dass ich bereits eine Woche später in einer Filiale der Migros stand und unzählige Büchsen in die dafür vorgesehenen Gestelle einräumen musste. Ohne Sugar ging das natürlich nicht. Ich musste mir vorher immer einen Schuss setzen, damit ich fähig war, dies ruhig und ohne Zittern zu tun.

Irgendwie verspürte ich eine bizarre Freude beim Gedanken, dass ich mit meinem Job verschiedene Leute enttäuschte. Wer hätte damals wohl von Luana gedacht, dass sie eines Tages in einem kleinen Migros die Gestelle auffüllen würde. «Nein, Luana ist nicht Ärztin geworden», hörte ich Stimmen in meiner Vorstellung sagen, «sie füllt jetzt die Gestelle bei der Migros mit Katzenfutter auf.»

Eines Nachmittags war eine Frau, die normalerweise an der Kasse arbeitete, verhindert. Der Chef bat mich, ihre Kasse zu übernehmen. Ehrlich gesagt, ich freute mich darüber. Er erklärte mir, wie ich alles einzutippen hatte, dann stand er bei den ersten zwei Kunden neben mir, nickte mir anerkennend zu und verliess mich. Ich genoss die Abwechslung und versuchte, das Getuschel der Mitarbeiter zu überhören, die eifersüchtig waren, weil ich jetzt an der Kasse Nummer 2 bedienen durfte.

Ich konnte nun öfters an der Kasse arbeiten, und diese Arbeit zog ich dem Auffüllen der Gestelle vor. Ausserdem gab sie mir das Gefühl, dass ich ganz klar die Kontrolle über eine Situation hatte. Zu dieser Zeit trug ich Rastazöpfe, doch die Kunden reagierten darauf nicht negativ, im Gegenteil, ich hatte das Gefühl, dass sie dieses neue Gesicht an der Kasse interessierte.

Die Rastazöpfe waren mir von einer Frau geflochten worden, und zwar in einer dieser Nächte, die ich mit Obdachlosen verbrachte. Die Frau begann eigentlich aus Langeweile, mir ein einziges, feines Zöpfchen zu flechten. Aus dem Zöpfchen wurden zwei, dann drei, dann vier, bis schliesslich all meine Haare aus Zöpfchen bestanden. Es war eine Frisur, die entstanden war, um Zeit totzuschlagen. Sie stand mir gut, die Frau war stolz auf das Ergebnis, und ihre ehrliche Freude berührte auch mein Herz. Ich weiss nicht warum, aber in jener Nacht, als meine Rastazöpfchen entstanden, hatte ich auf eine seltsame Art und Weise weihnachtliche Gefühle.

Als die Leute aus der Drogenszene von meiner Anstellung bei der Migros erfuhren, wollten sie mir unbedingt einen Besuch abstatten. So kam es, dass auch Mario und Viktor eines Nachmittags vor mir standen.

Ich sass an meiner Kasse Nummer 2.

«Wir haben 20 Franken bei uns», sagte Viktor, «lass uns nicht im Stich. Wir haben dir oft genug geholfen.»

Die Drohung in seiner Stimme war nicht zu überhören.

Sie hatten ihren Einkaufswagen fast voll mit Nahrungsmitteln und Getränken. Ein Artikel nach dem andern wurde aufs Fliessband gelegt. Viktor zeigte mir seine Zwanzigernote, und Mario übernahm Viktors drohenden Blick.

Ich sah eine alte Frau, die hinter Mario und Viktor wartete. An der Kasse Nummer 3 sass eine dicke, eifersüchtige Frau, die mich dafür hasste, dass ich so schnell an die Kasse befördert worden war. Sie schien mich zu meinem Glück im Moment nicht zu beachten.

Ich begann, die Nahrungsmittel von Mario und Viktor einzutippen. Ich hatte die spontane Idee, alles einzutippen, aber mit extrem verbilligten Preisen. So würde es für die Leute, die mir zusahen, aussehen, als würde ich korrekt meine Arbeit tun. Ich tippte immer wieder 95 Rappen, 20 Rappen oder 50 Rappen ein.

Am Schluss kamen 18 Franken 65 Rappen zusammen.

Viktor gab mir die 20-Franken-Note, ich tippte den Betrag ein und gab ihm 1 Franken 35 Rappen heraus. Offenbar hatte niemand bemerkt, wie wenig Viktor und Mario für all ihre eingekauften Sachen bezahlen mussten.

Schnell wurde in der Szene verbreitet, dass in der Migros bei Luana an der Kasse 2 viele Waren für wenig Geld eingekauft werden konnten.

In den nächsten Tagen standen bei mir Leute von der Szene Schlange, was natürlich extrem auffällig war. Sie weigerten sich sogar, an einer anderen Kasse zu bezahlen.

Der Filialleiter wurde von der Dame von der Kasse 3 herbeigerufen.

Die Junkies wurden schliesslich unter Polizeiandrohung wegge-
wiesen.

Mir wurde eindringlich gesagt, dass ich solches Gesindel nicht
mehr bedienen dürfe, wenn ich meinen Job weiterhin behalten wolle. Dass ich selbst zu diesem Gesindel gehörte, wussten sie nicht.

Mario und Viktor brachten es trotzdem immer wieder fertig, ihre
Billigeinkäufe bei mir ohne grösseres Aufsehen zu tätigen. Un-
glücklicherweise hatte mich die Frau von der Kasse Nr. 3 immer im
Visier. Als ich mich eines Tages nach dem Einkassieren von Mario
und Viktor verabschiedete, stand sie plötzlich da.

Den Kassenzettel hatten Viktor und Mario achtlos liegen gelassen. Sie nahm ihn, als hätte sie soeben einen Schatz gefunden, und
verschwand damit im Büro des Filialleiters.

15 Minuten später wurde mir in Gegenwart der Frau von der
Kasse 3 vom Filialleiter fristlos gekündigt.

Er gab mir meinen Lohn für die ehrlich gearbeiteten Tage.

Für die letzten vier Tage, an denen er vermutete, dass ich ge-
schummelt hatte, erhielt ich nichts.

Er war ausgesprochen gütig, denn er zeigte mich nicht bei der
Polizei an, aber dies nur, weil er meine Eltern kannte und er ihnen
diese Schande ersparen wollte.

So war also meine Arbeit bei der Migros nach 13 Tagen beendet.
Sie hatte mich trotz allem weitergebracht. Ich hatte wieder einmal
so etwas wie einen Willen verspürt. Ich war fähig gewesen, zu arbeiten, aber noch wichtiger, ich konnte unter Menschen sein, die
nicht auf Drogen waren, andere Gespräche führten und andere
Ansichten hatten. Da war nicht mehr dieses permanent hoff-
nungslose, monotone Gerede. Egal, wie langweilig die Gespräche
und wie eifersüchtig und neidisch hier die Leute manchmal wa-

ren, es ging wenigstens nie um Drogen, sondern einfach um das ganz normale Leben. Ich hatte zwar auch diese Chance vertan, aber wenigstens atmete ich während 13 Tagen wieder einmal die Atmosphäre der Gesellschaft ein, und ich hatte diesen Atem sehr genossen.

50 Ekel und Mitleid

Nach meinem Rauswurf war ich wieder dort, wo ich gewesen war. Immer wieder war ich nahe daran, meinen Körper zu verkaufen. Jedes Mal, wenn die Versuchung gross war, kam mir die Erfahrung mit Betti zu Hilfe, die immer gegenwärtig und tief in meiner Seele verankert war, wie eine Art Zeitbombe, die mich jedoch nicht umbrachte, sondern aus einer Situation rettete.

Ich hatte bisher noch immer andere Möglichkeiten gefunden, an einen Schuss zu kommen, wobei Viktor fast immer die Hände im Spiel hatte. Auch wenn ich ihn verabscheute, brauchte ich ihn. Er blieb mein quälender Retter, und manchmal genoss ich es wirklich, in seinen Armen zu liegen, die mich schon so oft geschlagen hatten.

Aber immer dann, wenn ich mich vor ihm am meisten ekelte, brauchte ich ihn so sehr! Es war ein Teufelskreis, aber die Verzweiflung verwandelte letztendlich den Ekel sogar in Dankbarkeit.

Mein Ekel galt aber nicht nur Viktor.

Mich ekelten all die herumlechzenden Freier in der Szene endlos an. Zum Kotzen empfand ich insbesondere auch diejenigen, die mit ihren luxuriösen Autos haargenau wussten, wo sie anhalten mussten, um ein süchtiges Mädchen oder einen süchtigen Jungen einsteigen zu lassen. Natürlich hatte die vornehme, gut situierte Kundschaft immer irgendeine lächerliche, schon fast jämmerliche

Ausrede bereit, um ihr triebhaftes, unsittliches Verhalten irgendwie rechtfertigen zu können.

Ich empfand Wut, Ekel und Mitleid.

Wut dafür, dass sie die Hilflosigkeit der Süchtigen schamlos ausnutzten, um auf billigste Art und Weise zu ihrer sexuellen Befriedigung zu gelangen. Sie wussten genau, dass es süchtige Mädchen oder Jungen gab, die sich ihrer kranken, perversen Lust für ein paar lächerliche Franken hingaben.

Wut galt der Sucht, die das Vorhaben dieser Männer zuliess.

Wut galt dem Ausnutzen und Benutzen der Süchtigen, die resigniert ihren Stolz und ihre letzte Moral verloren hatten und dadurch nicht mehr fähig waren, dem Ekel zu entfliehen.

Ekel galt den Gesichtern und Körpern aller Freier.

Ekel galt ihren niveaulosen, perversen Worten, ihren Vorstellungen, ihrem dominanten Auftreten und ihrer Sicherheit, das zu bekommen, was sie wollten, egal wie widerlich sie aussahen, wie abartig ihre Vorstellungen waren, wie abstossend ihr Geruch.

Ekel galt ihrem Durst nach schneller Befriedigung.

Ekel galt ihren gesamten Absichten.

Ich empfand aber auch Mitleid.

Mitlied dafür, dass die Szene für diese Männer die einzige und offenbar letzte Möglichkeit zu ihrer sexuellen Befriedigung war.

Mitleid für jedes Mädchen und für jeden Jungen, die durch die Sucht wehrlos geworden waren und zu den hässlichsten Dingen getrieben wurden.

Mitleid für das unwürdige, sexuell gesteuerte Verhalten dieser Männer, die durch ihren Trieb zu hilflosen und erbärmlichen Gestalten wurden. Mitleid für alle verlorenen Seelen.

Dass ich selbst meinen Körper noch nicht verkauft habe und damit noch eine kleine Würde besitze, verstärkt meinen Glauben, was die Fähigkeit des Aufhörens betrifft. Betti sagte mal zu mir, ein jeder Süchtige werde früher oder später seinen Körper verkaufen. Das Glück ist also noch immer bei mir und beschützt mich.

51 Andere Geldquellen

Um an Geld zu kommen, stahl ich Parfums für ein Pärchen, das mich sozusagen dafür engagierte. Das Mädchen kannte ich noch von der Schulzeit her, wir waren niemals Freundinnen gewesen und hatten ganz und gar nicht dieselbe Wellenlänge. Sie sah mich eines Tages per Zufall auf der Strasse und sprach mich an.

Sie brauchte was und ich brauchte was.

Sie wollte ein Parfum von Christian Dior, das ihr zu teuer war, sein Name war Poison. Ihr Freund versprach mir 25 Franken, wenn ich dieses Parfum für seine Freundin stehlen würde. Ich nahm den Namen des Parfums als Zeichen, dass ich es tun sollte. Ich sollte Gift stehlen, um Gift zu erhalten. Das erschien mir logisch.

Die zwei warteten, während ich in die Parfümerie ging.

Nachdem ich das Parfum gefunden hatte, begann ich interessiert an einigen Proben von Parfums herumzuschnüffeln. Beiläufig steckte ich die Box mit dem Parfum Poison in meine Leggins, und ein Minijupe bedeckte elegant die hervorstehende Stelle.

Eine junge Dame kam auf mich zu. Sie war ein wenig nervös geworden durch meine Anwesenheit und fragte mich, ob sie mir bei der Wahl eines Parfums helfen könne. Sie machte mich darauf aufmerksam, dass es nicht erlaubt sei, sämtliche Parfums unüberlegt aufzusprühen, ich solle ihr einfach sagen, was ich suche, dann würden wir gemeinsam etwas finden. Ich dachte dabei unwillkürlich an meinen verachteten und verhassten Biologielehrer und sein endoplasmatisches Retikulum. Entschuldigend verliess ich die Parfümerie, schliesslich hatte ich ja, was ich brauchte, und eine Alarmanlage oder Überwachungskameras waren zu dieser Zeit zum Glück noch nicht Standard.

Das junge Pärchen nickte anerkennend und übergab mir meinen Lohn. Da es so gut gelaufen war, stahl ich für sie noch weitere Parfums in anderen Läden.

Es ist für mich traurig und verwirrend zu erkennen, dass es immer wieder Menschen gibt, die sich die Not von Süchtigen zunutze machen, um auf irgendeine Weise von ihrer Abhängigkeit zu profitieren.

Einmal, als ich am Mischeln war, kam ein älterer Mann mit drei kleinen Pudeln auf mich zu. Er sagte mir, dass er mich schon seit längerer Zeit beobachtet habe. Er versprach mir 800 Franken, wenn er Fotos von mir in seiner Wohnung machen dürfe.

Ich hatte diesen seltsamen Mann schon mehrere Male gesehen, er drehte oft mit seinen Hunden in der Szene seine Runden. Er war sehr klein gewachsen, trug immer ein graues Hemd mit Manschettenknöpfen, und an seinem kleinen Finger steckte ein auffälliger, viel zu grosser goldener Ring, auf dem der Buchstabe Z eingeritzt war.

Fotos! Es konnten keine normalen Fotos sein, aber 800 Franken, das war der absolute Wahnsinn. Ich dachte an einen Schuss und war einverstanden. Er hatte seinen Wagen um die Ecke parkiert und sagte, seine Wohnung sei nur zehn Minuten von hier entfernt.

Als ich neben ihm in seinem Wagen sass und seine Hunde ihren gewohnten Platz eingenommen hatten, fragte ich ihn, was dieses Z bedeute. Das Z stehe für Zeus, dies sei der Name seines Lieblingshundes gewesen, sagte der Mann, leider sei der Hund verstorben.

Ich bekam ein mulmiges Gefühl, nicht nur, weil er den Anfangsbuchstaben seines Lieblingshundes auf seinem Ring trug. Es war seltsam, wie er mit mir sprach. Seine Stimme war monoton, und es gingen eigenartige Schwingungen von dem Mann aus, die man spürt, ohne eine Erklärung dafür zu haben.

Ich gurtete mich nicht an, dies hatten mich meine Erfahrungen beim Autostopp gelehrt. Die Gurten konnten ein fluchtartiges Verlassen des Autos gewaltig behindern.

Der Mann schwieg und sprach kein einziges Wort mehr. In regelmässigen Intervallen warf er mir Blicke zu, die meine unguten Gefühle verstärkten. Einer der Pudel bellte. Ich erschrak und drehte mich zu den Hunden auf dem Rücksitz um. Da entdeckte ich auf dem Boden des Autos merkwürdige Instrumente, es waren Knüppel und Handschellen und Geräte sexueller Art, die ich noch niemals gesehen hatte.

Ich versuchte, so zu tun, als hätte ich nichts gesehen und verhielt mich ruhig.

Das Auto fuhr zu schnell, um rauszuspringen.

Mein Herz pochte so sehr, dass ich sogar Angst hatte, er würde meine Herzschläge hören, und ich schaltete das Autoradio ein. Ich musste raus hier! Ich sagte ihm nicht, was ich gesehen hatte. Das hätte ihn sicher in Wut versetzt und seine Stimme wäre lebendig geworden, vielleicht hätte er aber auch nur gelächelt, und meine Angst hätte ihn sogar noch angeturnt.

Ich schwieg und bereitete mich auf ein blitzschnelles Verlassen des Autos vor, sobald es das Tempo erlauben würde. Ich hasste mich dafür, dass ich mich immer wieder so unüberlegt und naiv in gefährliche Situationen begab.

Er musste bei einer roten Ampel stehen bleiben, und die Autos vor und hinter mir verliehen mir Sicherheit. Ich wusste, jetzt oder nie.

Ich öffnete die Autotür und rannte, so schnell ich konnte. Ich kam zu einer Bushaltestelle, wo sich eine Gruppe junger Leute aufhielt. Keuchend und erleichtert setzte ich mich neben ein junges Mädchen, welches auf den Bus wartete.

Ich bedankte mich still bei dem Pudel, der mich mit seinem Gebell diese Dinge im Auto hatte sehen lassen und bei der Ampel, die rot gewesen war. Und ich schwor mir, von heute an jede rote Ampel auf der Strasse zu schätzen.

52 Winternächte im Bahnhof

Der Winter kam, und mit ihm die Kälte. Luana fror oft und hatte Hunger. Die Nacht verbrachte sie manchmal mit anderen Junkies im Bahnhof.

Ich dachte dabei oft an Valérie. Ich fragte mich, ob sie wohl ihr Leben wieder in den Griff gekriegt habe. Leider konnte und durfte ich keinen Kontakt mit ihr haben, dies war die Bedingung ihrer Therapie, jedenfalls für die erste Zeit. Sie musste sich von allem trennen, von ihren Klamotten, die sie als Süchtige trug, von ihrer Musik, welche sie an die Zeit des Sugars erinnerte, und natürlich von ihren Freunden. Ich musste diese Bedingungen akzeptieren, was blieb mir anderes übrig.

Ich fragte mich trotzdem, ob eine radikale Trennung vor allem für Valérie auch wirklich sinnvoll war.

Was geschah, wenn sie einen Song, der sie an ein Erlebnis aus ihrer Drogenzeit erinnerte, unverhofft im Radio hörte? Würde dann ihre von den Psychologen und Sozialarbeitern gereinigte Welt zusammenbrechen?

Würde sie sich nicht verloren und gefühlsmässig nackt fühlen ohne ihre geliebten Kleider? Oder war es Zweck der Therapie, dass man seine Persönlichkeit verlor und dann ohne Identität dastand?

Oder konnte vielleicht dadurch die Anfangsphase der Therapie erleichtert werden?

Der Einfluss der Therapeuten auf die Süchtigen war dank diesen Methoden sicher grösser. Aber warum durften sie nicht einmal mit den besten Freunden in Kontakt bleiben? Ob Val unseren Haifischzahn auch abgeben musste? Vielleicht stellte ich dies alles infrage, weil ich es nicht ertragen konnte, dass man mir Valérie durch die Therapie weggenommen hatte.

Einmal, in einer dieser Bahnhofsnächte, wurde ich vom Gebrüll eines Mannes geweckt, der schon über 30 Jahre alt war. Ich hatte immer grosse Angst vor ihm gehabt, schon damals, als ich ihm das erste Mal in der Szene begegnete. Ich war das neue, frische Gesicht im Fixerzelt gewesen, und er war eines der ältesten und leersten. Einmal sah ich ihn, wie er genervt eine Vene am Hals suchte, ich erschrak bei diesem Anblick und wandte mich sofort ab.

In seinem Gesicht kann man den Tod beim Spazierengehen beobachten. Trotz dieser Leere trägt es noch eine unbeschreibliche Gehetztheit, die über seine Kanten und Ecken rennt. Diese Gehetztheit hat sich in sein Gesicht eingepflanzt. Sie verschwindet nicht einmal mehr, wenn er sich einen Schuss gesetzt hat. Er ist sehr grossgewachsen, seine lange, ausgehungerte Gestalt lässt ihn wie ein vom Wind schwankender Grashalm erscheinen. Die Jahre seiner Sucht sind in jeder einzelnen Körperzelle zu erkennen.

Ich dachte mir immer, dass ich niemals so enden wollte wie dieser Typ mit seiner Leblosigkeit, er schien damals schon im Zenith des Verfalls angekommen zu sein, und ich war immer wieder überrascht, wenn ich ihn erneut sah und feststellen musste, dass er noch lebte und seine Erscheinung nochmals erschreckender geworden war. Niemals hätte ich gedacht, dass ich eines Tages durch ein Geschrei von diesem wandelnden Tod aus meinem Schlaf geweckt würde. Nun aber hatte ich die Nacht am selben Ort wie er verbracht.

Frühmorgens kam oft der Aufmarsch der Polizei, die uns regelmässig ihre Besuche abstattete und uns vom Bahnhof verscheuchte. Sie waren hilflos, was unsere Sucht anging. Sie konnten uns immer wieder ermahnen, den einen oder andern über Nacht einsperren, uns Bussgelder verordnen, doch am darauffolgenden Tag waren die Süchtigen wieder an ihren Plätzen in der Stadt und störten das friedliche Bild der Gesellschaft. Die Rettungssanitäter sah man immer dann wieder, wenn jemand in der Szene zusammengebrochen war, und das kam leider zu oft vor.

Auf der Wiese war die Polizei selten zu sehen, schliesslich wurde das Fixerzelt ja für die Süchtigen aufgestellt, damit sie an einem Ort konzentriert und somit einigermassen kontrollierbar waren. Mir waren die Gründe egal, Hauptsache, ich wusste, wo sich die Szene befand. Man hörte aber Gerüchte, dass die gesamte Wiese geräumt werden solle.

53 Im Supermarkt

Am Morgen nach diesen kalten Tagen wartete Luana jeweils, bis die Läden rund um den Bahnhof aufmachten. Dann ging sie in die EPA, um die Wärme zu geniessen, später in den Loeb und dann in die Stadtfiliale der Migros. Sie hatte Hunger, und der Geruch der frischgebackenen Gipfeli und Brote steigerte ihre Lust aufs Essen.

Einmal ging ich wie ferngesteuert zu den Backwaren und sah die frischen, warmen Zöpfe. Ich brach ein Stück von einem Zopf ab und legte ihn wieder in das Gestell zurück, allerdings umgekehrt, sodass man die abgebrochene Stelle nicht sofort erkennen konnte.

Den Zopf genüsslich essend, ging ich zu den Getränken, nahm einen Orangensaft, öffnete ihn, trank daraus und schmiss ihn dann in einen Plastikkübel, der zum Verkauf dastand. Dasselbe tat ich mit einer Schokolade.

Dann kam ich, inzwischen in stiller Fröhlichkeit, zu den Handschuhen und Schals. Ich legte mir einen Schal um meinen Hals und genoss seine Wärme und Zartheit. Ich beschloss, diesen zu behalten, riss das Preisschild von ihm weg, schmiss dieses auf den Boden, schob es mit dem Fuss unter ein Gestell und fühlte, dass dieser Schal auf mein Kommen gewartet hatte, denn irgendwie schien er mich innig zu umarmen.

Ich kaufte mir schliesslich einen einzigen Apfel. Ich glaubte, wenn ich dafür schön brav an der Kasse bezahlte, würden meine Taten nicht auffliegen. Ich bezahlte also mit einer aufgesetzten Unschuldsmiene 65 Rappen für diesen Apfel und begab mich Richtung Ausgang.

Kurz vor der Drehtüre hielten mich zwei Männer an.

«Fräulein, könnten Sie uns bitte Ihren Kassenzettel zeigen?»

Mir wurde heiss und kalt, mein Herz pochte.

«Ich habe nur diesen Apfel gekauft», sagte ich, «sie können die Frau an der Kasse fragen.»

«Kommen Sie bitte mit», sagte einer der beiden Männer.

Ich folgte ihnen gehorsam, der eine war auf meiner rechten Seite, der andere auf meiner linken, ich konnte nicht davonrennen, das hätte die ganze Lage nur noch verschlimmert. Sie gingen mit mir zum Gestell, wo sich die Brote befanden, und ich wurde bei jedem Schritt in diese Richtung ängstlicher.

«Sehen Sie sich das mal an», sagte der Grössere jetzt ziemlich genervt und beschlagnahmte den angefressenen Zopf.

Ich blieb stumm. Sie gingen nun stolzen Hauptes in die Richtung, wo sich die Getränke befanden. Mein Orangensäftchen wurde aus dem Plastikkübel befreit, und beide, sowohl der Saft als auch der Kübel, wurden mitgenommen. Natürlich war ihnen auch die Schokolade nicht entgangen. Ich drückte meinen Schal ängstlich an mich und folgte den Männern ins Büro des Chefs. Dieser schien mich bereits erwartet zu haben. Ein junger Mann sass ihm gegenüber, der sich als Journalist vorstellte. Er war dabei, einen Bericht über die heutige Jugend und das Stehlen zu machen und hatte sich dabei den richtigen Tag ausgesucht.

Der Chef begann mich sofort zu beschimpfen. Ich sei eine unerzogene, freche Göre, und solch eine abartige Tat habe er in seiner ganzen Karriere noch nicht erlebt. Er werde jetzt die Polizei rufen, und ich müsse all die abgegessenen und angetrunkenen Waren bezahlen, zudem eine Strafe von 150 Franken.

Er nahm einen Taschenrechner aus einer Schublade und begann die Preise der von mir zerstörten Waren zu addieren. Dann forderte er mich auf, meinen Schal schleunigst auszuziehen. Er kostete 29 Franken. Ich erklärte ihm ruhig, dass ich diesen Schal nicht geklaut, sondern von einer Freundin als Geschenk erhalten hatte.

Er suchte erfolglos nach dem Preiszettel und in Gedanken betete ich, dass dieser nicht gefunden wird, jedenfalls nicht hier und jetzt.

«Ich habe nur Hunger und Durst», sagte ich unverfroren, warum also sollte ich einen Schal stehlen, ich habe etliche Schals zu Hause, und dieser hier ist nicht einmal mein Stil.» Ich schien ihn überzeugt zu haben und bat ihn, nicht die Polizei zu rufen, ich würde enorme Probleme dadurch kriegen!

Der Journalist redete auf den Chef ein, um mir zu helfen. Er sagte ihm, dass die Polizei und Strafanzeigen die Jugendlichen nur noch mehr ins Verderben und in einen Teufelskreis treiben konnten.

«Ich habe auch eine Tochter», sagte der Chef auf einmal ganz mild. «Ich möchte sie niemals in solch einer Situation antreffen. Was hast du dir nur dabei gedacht, Mädchen?»

Ich blieb still.

Der Journalist und der Chef einigten sich, dass er im Interesse meiner Zukunft eine Anzeige fallen lassen wolle. Er hoffe, sagte der Chef zu mir, dass ich aus dem Vorfall gelernt habe, dies dürfe sich nie wieder ereignen.

Die Busse von 150 Franken musste ich aber bezahlen, dies sollte mir eine zusätzliche Lehre sein. Als weitere erzieherische Massnahme musste ich den Plastikkübel, der ein paar Tropfen Orangensaft abgekriegt hatte, im Keller der Migros auswaschen. Der freundliche Journalist begleitete mich. Da ich kein Geld bei mir hatte, bezahlte er die paar Franken für die gegessenen Waren. Während des Kübelputzens bot er mir ausserdem an, die 150-Franken-Busse für mich zu übernehmen. Ich wurde sofort misstrauisch und fragte, was ich denn dafür tun müsse. Meine Frage entsetzte ihn und machte ihn wütend und traurig. Schliesslich ging ich mit ihm zum Chef hoch, er bezahlte für mich die 150-Franken-Busse, die mich sonst definitiv in Schwierigkeiten gebracht hätten. Dann verliess ich die Migros mit einem zwölfmonatigen Verbot, sie wieder zu betreten, aber mit einem neuen, warmen, geschmeidigen Schal und einem heldenhaften, hilfsbereiten Journalisten, dessen Name ich nicht einmal kannte und dessen Grosszügigkeit und Liebenswürdigkeit ich niemals vergessen werde.

54 Lukrativer Nebenverdienst

Während meine Eltern alles Mögliche unternahmen, um für mich eine vernünftige Ausbildung zu finden, versuchte ich so einiges, um an Geld ranzukommen. Am Bahnhofkiosk blätterte ich Zeitungen und Magazine durch und fand eine Anzeige, die einen lukrativen Nebenverdienst versprach.

Ich ging zur nächsten Telefonzelle und rief die Nummer an. Eine Frau erklärte mir, es handle sich um Massagen, ich solle doch mal vorbeikommen, dann könne sie mir alles in Ruhe erklären. Kurze Zeit später stand ich in einem Wellnessclub der besonderen Art.

Die junge Frau, eine bildhübsche Afrikanerin, weihte mich in alle Arten der Erotikmassagen ein. «Je nach Massage wirst du bis zu 400 Franken verdienen», sagte sie mir euphorisch.

Sie sprach von Kunden, die ausschliesslich eine Körpermassage wollten, mit Federn begleitet, ohne Intimmassage.

Das sei jedoch selten, erklärte sie. «Die meisten Männer fordern eine Intimmassage. Alle Massagen müssen in einem Stringtanga durchgeführt werden. Wenn der Kunde verlangt, dass er vom Mädchen nackt massiert werden will, musst du ihn nackt massieren. Wenn er dann ejakuliert, ist es meistens so, dass der Kunde an den Busen oder auch zwischen die Beine fasst. Es ist wirklich schnell verdientes Geld, und man gewöhnt sich bald daran.»

Sie erzählte mir alles so, als würde sie mit mir besprechen, welche Zutaten man für dieses und jenes Gericht benötigt. Es läutete an der Tür, sie stand auf, und ein Mann schien sie als Masseurin haben zu wollen. Mir war inzwischen sehr unwohl, und der Gedanke, dass die Welt ausserhalb der Szene genauso kaputt schien, machte mich hoffnungslos und traurig.

Sie kam zurück, und ich sagte ihr, dass ich zwar das Geld sehr nötig habe, aber dass ich mir mal geschworen hatte, mir selbst treu zu bleiben. Sie verabschiedete mich verständnisvoll. Ich sei wohl noch etwas zu jung, bemerkte sie, aber vielleicht auf später einmal. Sie zwinkerte mir zu, half ihrem Kunden aus dem Mantel und bot ihm ein Glas Champagner an. Ich kehrte in die Szene zurück.

Hier in der Szene ist es wenigstens klar, dass die Herzen kaputt und die Seelen verloren sind. Man braucht allerdings dafür keine blank geputzten Böden oder den Duft von ätherischen Ölen und keine geheuchelte Höflichkeit, um denselben Ekel zu tarnen.

In der folgenden Nacht schlug Luana zusammen mit Viktor und einem anderen Mädchen zwei Schaufenster der Innenstadt ein. Ein kleines Ausstellfenster neben einem Laden war die Generalprobe. Viktor gab die Anweisungen. Das Wichtigste war, nicht zu zögern, sondern entschlossen und voller Energie zu werfen.

Ich warf einen staubigen Pflasterstein ins Fenster. Es war ganz einfach. Ich konnte meine angestauten Gefühle mit dem kraftvollen Wurf des Pflastersteins entladen, und es kam mir vor, als würden meine Emotionen in die Freiheit rennen. In der Stille erschien der Klang des zerbrechenden Glases bedrohlich laut. Eine Flasche Wein, zwei edle Gläser und ein paar Chips waren unsere Beute.

Wir zogen weiter und standen vor einem Elektronik-Laden. Auf Kommando warfen wir synchron unsere Steine mit aller Kraft ins Schaufenster. Ein gefährlicher, ohrenbetäubender Lärm war zu hören.

Viktor warf nochmals zwei Steine nach, ein Teil der Vitrine zerbrach, ich streckte meine Hand nach einem Radio und nach einem doppelten CD-Player aus. Da fiel ein Teil der zerschmetterten Glasscheibe unerwartet herunter, und in letzter Sekunde konnte ich meine Arme zurückziehen. Ich hatte keine Zeit, mir auszudenken, was hätte passieren können, wenn die abgebrochene Scheibe tatsächlich auf meine Arme gefallen wäre.

Jemand schien unser nächtliches Treiben der Polizei gemeldet zu haben, denn auf einmal hörten wir die Polizeisirene. Wir rannten mit unseren HiFi-Geräten und den Dekorationen los. Auf Nebenwegen erreichten wir den Wald, und in der Sicherheit des Waldes atemlos angekommen, versteckten wir alles. Wir beschlossen, erst am nächsten Tag unsere Beute abzuholen, und zwar nicht gemeinsam, jeder war für seine geklauten Dinge selber zuständig.

Alle waren mit dieser Idee einverstanden.

Wir tranken feierlich den Wein. Ich konnte mich nach dieser verrückten Aktion etwas beruhigen und zitterte nicht mehr. Viktor grinste mich unverschämt an. Ich hasste ihn, aber ich brauchte ihn, ich verfluchte ihn, ich wollte ihm fernbleiben, suchte aber immer wieder seine Nähe.

Am nächsten Tag ging ich mit einer grossen Sporttasche zu unserem Versteck in den Wald und packte das Radio und den CD-Player ein. Ich hatte ein extrem mulmiges Gefühl, als ich mit dieser harmlosen Tasche in Richtung Bahnhof ging, und mein schlechtes Gewissen machte sich sofort bemerkbar.

Ich war völlig auf Paranoia, hatte das Gefühl, dass mich alle Leute seltsam ansahen und jeder wusste, was ich getan hatte. Ich schaute immer wieder auf die Tasche, um mich zu überzeugen, dass man da nicht hindurchsehen konnte. Ich glaubte, dass jeder, der mich mit dieser grossen Tasche sah, ganz sicherlich dachte, dass ich geklaute Ware darin versteckt hatte.

Im Zug ging ich auf die Toilette, begutachtete mein Diebesgut in aller Ruhe und freute mich über meine Eroberungen.

In der Wohnung von Viktor und Mario wurde ich schon erwartet. Auch das an der Tat beteiligte Mädchen war dort. Ich stellte die Tasche auf den Boden, und Mario untersuchte fachkundig die Geräte.

«Du gibst mir das Radio und den CD-Player, und ich gebe dir Stoff», sagte Viktor. Er war schlechter Laune, und ich brauchte einen Schuss.

Als ich später durch das Stadtzentrum ging, war vor dem Elektronik-Laden alles abgesperrt. Ein rotes, dickes Klebeband blockierte den Durchgang, und die zerschlagene Vitrine war mit einem gelben Streifen x-förmig zugeklebt. Ich hatte ein seltsames, aber dennoch nicht unangenehmes Gefühl. Ich war wie gespalten in der Wahrnehmung meiner Gefühle. Einerseits hatten sich Schuldgefühle so tief in meinen Magen gefressen, dass ich Angst hatte, die Menschen würden mich sofort als Täterin erkennen. Andererseits kitzelte mich der Stolz des kriminellen Erfolges.

55 Wiedersehen mit Michael

Wenige Tage später traf ich zufällig auf Michael in der Innenstadt.

«Hallo Lu», sagte er. Ich schaute mich um und sah in sein frisches, makelloses Gesicht. Seine grünen Augen schienen ruhig und klar.

«Hallo Michael.»

«Wie geht es dir?»

«Mir geht es gut», sagte ich und lächelte.

Warum bin ich nicht fähig, die Wahrheit zu sagen. Warum will ich immer so tun, als wäre alles in Ordnung, auch wenn ich innerlich schreie. Vielleicht habe ich Angst, ehrlich zu antworten. Wer will

sich schon um die Misere der anderen kümmern? Hilf dir selbst,
sonst hilft dir keiner. Ich sehe Martin im Rollstuhl vor mir, er hat
gewusst, wovon er sprach.

«Hast du Zeit?», fragte Michael.

Natürlich hatte ich Zeit. Wir gingen los, und ich fühlte mich wie in einem wunderschönen Traum. Michael war feinfühlig in seinen Worten, aufmerksam im Zuhören, liebenswürdig in seiner ganzen Art.

Er verlieh mir ein Gefühl der Sicherheit.

In seiner Gegenwart fühlte ich mich wie auf einem anderen Planeten. Seine Energie war unglaublich erfrischend und gab mir Hoffnung. Er schien eine narbenlose Seele zu haben. Seine Fröhlichkeit war rein und auch seine Art von Melancholie war unschuldig. Und für einmal diskutierte ich über ganz normale, alltägliche Dinge und nicht, wie und wo ich zum nächsten Schuss gelangte, wer wem etwas geklaut hatte oder mit wem ich die Nächte verbringen würde. Zudem musste ich mich keine Sekunde vor irgendwelchen Aggressionen in Acht nehmen.

Gemeinsame Erinnerungen an unser erstes Verliebtsein in jenen Tagen an der Schule wurden wieder wach.

Wir lachten viel, und er wollte mich wiedersehen.

Ich erklärte ihm, dass ich nie regelmässig zu Hause sei. Er sagte mir, dass er das bemerkt habe, denn er habe seit unserem letzten Treffen mehrmals versucht, mich anzurufen.

Dann hinterliess er mir seine Nummer. Ich musste ihm versprechen, dass ich mich melden würde. Als wir uns verabschiedeten, umarmte er mich.

Ich fühle Tränen, die sich auf eine Rutschbahn begeben wollen und
versuche, sie zurückzuhalten. Ich bin sprachlos und von unzähligen
Emotionen überwältigt. Ich bin traurig, aber auch hoffnungsvoll.

Michael ist jemand mit Mut und Lebensfreude und lässt mich durch seine Person die Schönheit des Lebens wieder erkennen. Es ist, als habe er mir ein Schuss Leben injiziert.

56 Fatale Begegnung

Ich ging über eine kleine, schmale Holzbrücke. Mario und Viktor hatten für mich einen Grasdeal eingefädelt, obwohl ich zuerst ablehnte, zwang mich die Geldnot dann doch zu einer Zusage.

Als ich etwa in der Mitte der Holzbrücke war, kam mir ein korpulenter Mann mit zwei grossen Aktenkoffern entgegen. Beim Vorbeigehen streifte mein rechter Arm unabsichtlich einen seiner Aktenkoffer. «Noch nie was von Ausweichen gehört», sagte er unfreundlich. «Das können Sie sich selbst sagen», erwiderte ich. Wie aus dem Nichts kriegte ich darauf eine so heftige Ohrfeige, dass ich sofort mein Gleichgewicht verlor und auf den Boden knallte. Völlig schockiert versuchte ich, etwas zu sagen, doch ich brachte im ersten Moment keinen Ton raus. Der Mann ging schnellen Schrittes weiter, als wäre ihm gerade klar geworden, was er da getan hatte, so, als ob sein schlechtes Gewissen ihn zur Flucht antriebe. Vollkommen verwirrt stand ich auf und verfolgte diesen unbekannten Herrn. Mein ganzer Kopf tat mir weh. Als ich ihn fast eingeholt hatte, warf ich ihm etliche Fluchwörter, die mir spontan in den Sinn kamen, an den Kopf. Er tat so, als würde er mich weder sehen noch hören. Hastig verliess er die Brücke, bog immer schnelleren Schrittes in eine Seitenstrasse ein, stieg in ein sehr nobles Auto ein und verschwand. Ich merkte mir seine Autonummer und beschloss, dieses perfide Agieren eines mir völlig unbekannten Mannes der Polizei zu melden. Nur weil für mich erfahrene

Aggression keine Unbekannte war, durfte das nicht bedeuten, dass ein jeder seinen Frust an mir auslassen durfte! Sah ich etwa aus wie ein Punchingball? Ich ärgerte mich, dass mich diese gewaltige Ohrfeige dermassen traurig und hilflos stimmte. Sie erniedrigte mich mehr als die schmerzhaftesten Schläge, die ich bis jetzt von Viktor abgekriegt hatte. Die Menschen ausserhalb der Szene waren genau so unberechenbar und verletzend, nur dass sie besser gekleidet und einwandfrei in die Gesellschaft integriert waren. Ich fühlte mich heimatlos.

Auf dem Polizeiposten angekommen, schenkte mir der diensthabende Polizist sofort seine Aufmerksamkeit. Ich schilderte ihm, was soeben passiert war. Mein Kopf hämmerte noch immer und er konnte auf meiner geröteten Wange den Händeabdruck des heftigen Schlages erkennen. Der Polizist suchte nach dem Besitzer jener Autonummer. «Verfluchte Scheisse», sagte er plötzlich kopfschüttelnd, «Mädchen, bist du dir auch hundertprozentig sicher mit dieser Autonummer?» Ich versicherte ihm, dass ich ein sehr gutes Zahlengedächtnis habe. Darauf sagte er: «Das auf diese Nummer zugelassene Fahrzeug gehört dem Stadtpräsidenten, und in einem Monat sind Wahlen! Wird das öffentlich, ist das ein riesiger Skandal!» Er stand auf, holte einen Zeitungsartikel aus einer Schublade und kam wieder zu mir. Ich erkannte darauf sofort den Mann, der mich so heftig geohrfeigt hatte. Neugierig begann ich den Artikel zu lesen: Der neue Stadtpräsident sei ruhig und einfühlend, besonnen und realistisch, ausdauernd und klarsichtig. Geduldig und motiviert fasse er seine Aufgaben an. So einen Präsidenten brauche unsere Stadt.

«So einen Präsidenten will diese Stadt niemals», sagte ich aufgebracht.

Der Polizist lächelte mich verständnisvoll an. Es war mir nicht verborgen geblieben, dass gerade Menschen in äusserst hohen Rängen und mit Titeln ein sehr hohes Potenzial an Aggression und Frustration besassen. Sie pflegten ihr gutes Image in Gegenwart anderer gern gesehener, bekannter Leute, aber bereits das kleinste, banalste Ereignis konnte ihren permanenten Druck zum Entladen bringen.

Der Polizist wollte mich dazu bewegen, dass ich als Privatklägerin Anzeige wegen Tätlichkeiten erstatte. Als ihm meine finanzielle Lage klar wurde, bot er mir an, die dazu nötigen 100 Franken für mich zu bezahlen.

Ich weiss bis heute nicht, warum dieser Polizist so nett zu mir gewesen ist. Vielleicht hatte er selbst eine Tochter oder einen Sohn, vielleicht wurde er einst selbst ungerecht behandelt oder vielleicht hatte er ganz einfach ein liebenswürdiges Herz.

Einige Wochen später stand ich also um 14.15 Uhr als Privatklägerin vor Gericht.

Leider musste ich feststellen, dass der Gerichtspräsident und der Anwalt des Stadtpräsidenten per Du waren. Sie führten ein kleines, witziges Gespräch, bevor die Verhandlung begann, derweil ich wie ein Baum, der gerade von einem Hund angepisst wurde, daneben stand. Nach der Personalienaufnahme musste ich den Vorfall genauestes schildern. So wurde ich gefragt, welche Fluchwörter ich denn dem Herrn nachgeschrien habe. Der Angeschuldigte habe sich darüber erschrocken, wie masslos vulgär meine Ausdrucksweise gewesen sei. Er versuchte das ganze Geschehen auf meine erniedrigenden Ausdrücke zurückzuführen, obwohl ich immer wieder zu erklären versuchte, dass dieser Mann mich völlig grundlos so stark geohrfeigt hatte, dass ich auf den Boden fiel. Der Herr habe einen schlechten Tag gehabt, und als ich ihm dann noch den Durchgang versperrt habe, sei er zu seinem grossen Bedauern durchgedreht und habe mich geohrfeigt. Der Stadtpräsident sass lautlos auf seinem Stuhl und erinnerte mich irgendwie an eine Erdkröte in einem Biotop.

191

Luana hatte Rastazöpfe, trug zerlöcherte, bemalte Jeans und besprayte Doc Martens-Schuhe und war auf der Suche nach Gerechtigkeit.

Als einer kurzen Verhandlungsunterbrechung stattgegeben wurde, kam der Anwalt des Angeschuldigten auf mich zu und erklärte mir, dass ich mich einverstanden geben solle, die Anklage fallen zu lassen. Das Ganze wäre zwecklos für mich, und würde ich einen weiteren Verhandlungstag beantragen, hätte ich schlussendlich nur Kosten zu tragen. Der Stadtpräsident würde die Sache wirklich sehr bedauern. «Auch ein Stadtpräsident ist nur ein Mensch», meinte er, «und gerade solche Ausrutscher zeigen, dass auch dieser dem täglichen Stress nicht immer gewachsen sein kann. Wir alle sind keine Maschinen, so auch der Angeschuldigte nicht, er ist sich seiner Tat bewusst und bedauert sehr, dass er an diesem düsteren Tag die Kontrolle verloren hat.»

Danach erhielt ich folgendes Dokument:

Vereinbarung

Der Angeschuldigte entschuldigt sich in aller Form bei Luana N.
für den Vorfall.
Luana N. zieht den Strafantrag wegen Tätlichkeiten
vollumfänglich zurück.
Ebenso zieht Luana N. sich als Privatklägerin aus dem
Verfahren zurück.
Die Parteikosten werden wettgeschlagen.
Die Gerichtskosten von 50 Franken werden in vollem
Umfange von dem Angeschuldigten getragen.

Ich konnte es nicht glauben, er musste weniger bezahlen, als ich für die Anklage!

Als ich das Papier später dem netten Polizisten zeigte, ihm die Gerichtsverhandlung schilderte und mich nochmals für alles bedankte, sagte er mir aufmunternd: «Nicht jeder trägt eine schriftliche Entschuldigung des Stadtpräsidenten bei sich. Verliere dieses Papier nicht, jede Zeitung würde eine Sensationsstory damit machen!»

In dieser Sensationsstory wollte ich jedoch nicht mitwirken.

Nach solchen Ereignissen bevorzugte ich dann wieder die Aggressivität der Strasse und Gasse, die wenigstens nicht darauf bedacht war, in den Zeitungen als feinfühlig und besonnen dargestellt zu werden.

57 Nachricht von Valérie

Am Tag nach der fatalen Begegnung mit dem Stadtpräsidenten kehrte ich nachdenklich und viel später als geplant zurück in die Wohnung von Mario und Viktor. Ihre Laune war sehr schlecht. Der Deal mit dem Gras schien jedoch gut gelaufen zu sein. Ein Mädchen war auch da und fragte schüchtern, ob ich es denn schon wisse.

Ich wusste nichts.

Alle schauten mich an, und keiner redete. Ich wurde ungeduldig und nervös. Irgendetwas musste vorgefallen sein. Vielleicht waren Viktor und Mario ja auch deshalb schlechter Laune. Das Mädchen war nervös und beinahe ängstlich.

«Ich will auf der Stelle wissen, was passiert ist», sagte ich.

Niemand wollte reden. Ich fühlte mich wie im Zirkus als Zuschauerin bei einer dieser gefährlichen Nummern, bei welchen sich die Akrobaten ohne Auffangnetz in beängstigender Höhe befinden und man angespannt auf ein erleichtertes Aufatmen hofft.

«Okay, Lu», sagte Viktor. «Du willst also wissen, was los ist? Ich werde es dir sagen. Valérie ist tot.»

Er erzählte mir die Einzelheiten. Sie war gestern Nacht tot aufgefunden worden, und zwar in der Herrentoilette des Bahnhofrestaurants. «Das ist einfach nicht möglich, das ist einfach nicht möglich», flüsterte ich immer wieder.

Ich war fassungslos und weigerte mich, daran zu glauben, mein Körper jedoch reagierte sofort. Ich begann zu zittern und bekam Weinkrämpfe. Mein Atem war kurz und schnell, mir wurde schwindlig. Ich hatte das Gefühl, dass mir jemand ein Messer ins Herz gesteckt hatte. Mein Zittern nahm eine beängstigende Stärke an, mir war kotzübel, und ich hatte das Gefühl, als würden mich meine Tränen zum Ersticken bringen.

Das Mädchen kam zu mir und versuchte, mich zu beruhigen. Ich konnte aber weder seine Nähe noch die gut gemeinten Worte ertragen.

Von Viktor erfuhr Luana, dass Val von der Therapie abgehauen war und sich noch am Tag ihrer Flucht den goldenen Schuss gesetzt hatte. Mario hatte sie noch kurz vorher gesehen, sie jedoch zuerst kaum wiedererkannt, da Val in der Therapie einige Kilos zugenommen hatte.

Sie hatte nach mir gefragt und wollte mich unbedingt treffen. Es gab für ihren Tod eine banale Erklärung. Jemand, der körperlich während einiger Zeit clean war und dann wieder abstürzte, starb leider leicht an einer Überdosis. Viktor hatte inzwischen einen Schuss vorbereitet, und beinahe liebevoll injizierte er Luana wortlos den Stoff. Sie fühlte sich leblos und liess einfach alles geschehen. Es schien so, als hätte er ihr eine Medizin gespritzt, die sie Valéries Tod vergessen lassen sollte. Dann verliess er mit Mario die Wohnung.

Ich versuche, den Schmerz mithilfe des Sugars abzutöten. Ich sehe Valérie vor mir, wie wir gemeinsam in ihrer Wohnung sitzen und uns unsere Zukunft ausmalen. Ich erinnere mich, wie wir uns gegenseitig versprachen, dass wir endlich mit dem Junken aufhören wollten. Ein anderes Bild zeigt mir Val, wie sie sich zu mir legt und mich sanft umarmt, nachdem Viktor einen seiner Anfälle an mir ausgetobt hatte. Ich sehe sie, wie sie mit Mario im Zimmer verschwand, wie sie lächelte und wie sie weinte, wie sie in der Wohnung tanzte und wie sie genervt rumschreien konnte, wenn sie auf Entzug war. Ich spüre unsere kurze Umarmung, die unter Beobachtung ihres Vaters stattfand. Unzählige Bilder schiessen mir kreuz und quer durch den Kopf, so schnell und wirr durcheinander, dass mir schlecht davon wird. Ob sie ihren Haifischzahn noch immer um den Hals getragen hat? Warum nur ist sie von der Therapie abgehauen? Und warum erst nach all diesen bereits bewältigten Monaten??? Was ist passiert? Irgendetwas musste vorgefallen sein, aber was??? Nicht einmal eine Therapie mit professioneller Betreuung war also imstande, die Macht des Sugars zu stoppen … Warum hat sie mit dem goldenen Schuss nicht wenigstens auf mich gewartet?

Ich brach erneut in ein unkontrolliertes Weinen aus. Ich fühlte mich elend und definitiv verloren. Wie lange ich dalag, weiss ich nicht mehr. Das Mädchen kam nochmals zu mir, setzte sich neben mich und gab mir wortlos eine Zigarette. Wie oft hatte ich mit Valérie still dagesessen und geraucht.

Es war ein merkwürdiger Umstand, dass Val auf einer Herrentoilette aufgefunden worden war. Sie hatte jedoch ihre Neurose, was Toiletten anging. Sich auf einer Herrentoilette einen Schuss zu setzen, hatte den Vorteil, dass sie fast immer frei waren, weil die Männer meistens die Pissoirs und nicht die Kabinen benutzen. Ausserdem bereitete es Valérie immer irgendwie Freude, die erstaunten Gesichter der Männer zu sehen, wenn sie aus der Herrentoilette kam.

Wer ist der nächste, der irgendwo tot aufgefunden wird? Wie erstaunt und erschrocken werden meine Eltern sein, wenn ich tot aufgefunden werde? Weiss mein Bruder noch, dass er die Songs of Freedom von Bob Marley bei meinem Tod abspielen soll? Was habe ich nur für ein Leben gewählt. Tagtäglich dem Sugar nachrennen, jede Erniedrigung annehmen, um auf irgendeine Weise die Sucht zu befriedigen, hoffnungslos, ziellos, immer mit demselben Gedanken... Ich verachte mich und meine Unfähigkeit, mit der Sucht aufzuhören. Ich suche im tiefsten Innern nach meinem Ehrgeiz, nach meinen Stärken, doch ich finde nur Resignation, Angst und Hilflosigkeit. Vielleicht kommt jetzt mein tiefster Fall, von welchem Hene damals gesprochen hat.

Ich telefonierte mit meiner Mutter und erzählte ihr, dass meine Freundin tödlich verunglückt sei. Sie war völlig perplex und bat mich, nach Hause zu kommen. Sie machte sich fühlbar grosse Sorgen um mich.

Dann rief ich Valéries Mutter an. Sie weinte und sagte, dass sie Valium einnehmen müsse, um alles zu verkraften. Sie konnte nicht verstehen, dass sich Val aus der Therapie weggeschlichen hatte. Sie war voller Vertrauen gewesen und konnte die Kraft dieser Droge nicht begreifen.

Sie sagte mir, ich solle bitte nicht so enden wie Valérie. Es muss furchtbar für sie gewesen sein. Sie hatte ihr einziges Kind verloren und war überzeugt, Valérie ein Leben ermöglicht zu haben, in dem ihr nie etwas gefehlt hatte. Ich schrieb in mein Tagebuch: *Manchmal sind es die unsichtbaren, lautlosen Dinge, die uns fehlen und uns verzweifeln lassen.*

Am Tag der Beerdigung von Valérie, es war ein Freitag, rief ich Michael an. Ich schämte mich, dass ich erst jetzt den Mut dazu hatte. Es war, als brauchte es dazu den Tod meiner besten Freundin. Jetzt war ich mir sicher, nicht noch mehr verletzt werden zu können. Auch wenn Michael ein Treffen abgesagt hätte, wäre dieser Schmerz nicht viel mehr gewesen als ein Regentropfen auf bereits völlig durchnässten Klamotten.

Michael sagte mir, dass er nach der Beerdigung auf mich warten würde. Er sprach sein Mitleid aus, und ich fühlte an seiner warmen Stimme, dass er besorgt um mich war.

Bevor ich mich auf den Weg zu Valéries Beerdigung machte, stritt ich mich mit Viktor. Er wollte unbedingt, dass ich als seine Freundin auf der Beerdigung erschien.

Ich protestierte und erklärte ihm, dass er weder mein Freund noch ich seine Freundin sei. Unsere sogenannte Beziehung war einzig von der Droge bestimmt, und es gab zwischen ihm und mir weder irgendeine Art von Liebe noch Respekt. «Ausserdem», sagte ich ihm, «werde ich von dir sowieso meistens wie ein Stück Scheisse behandelt. Der einzige Grund, dass ich überhaupt noch in deiner Nähe bin, ist einzig und allein die Sucht.» Ich schrie ihn an: «Vielleicht hast du ja Valérie den Stoff für ihren tödlichen Schuss verkauft oder sogar als kleines Willkommensgeschenk gratis abgegeben!»

Diese Anschuldigung ertrug Viktor nicht. Er schrie zurück und warf mir Beleidigungen an den Kopf. Als ich mich bereits zum Gehen abgewandt hatte, erhielt ich einen Schlag in den Rücken. Die Kraft des Stosses war so heftig, dass ich kopfüber in das Wandgestell flog.

Ich stellte mich vor den Spiegel und betrachtete mein Gesicht. Der Sturz hatte Spuren hinterlassen, und am Tag von Valéries Beerdigung sah ich schrecklich aus. Ich wollte nicht, dass mich Valérie so verbeult sehen musste, obwohl sie ganz sicher die Einzige war, die das heute kommentarlos hingenommen hätte. Ich versuchte mit Schminke das

Schlimmste zu überdecken, dann machte ich mich auf den Weg.
Haltet die Welt an, ich will aussteigen!
Wenn mein Schmerz visualisiert werden könnte, so würde der
Himmel für Monate bluten. Wenn mein Schmerz den Regen blutig
machen würde und all die schön sauber gewaschenen Autos von
meinem Schmerz mit Blut zugedeckt wären, könnten sich dann die
Menschen endlich wieder an die wahren Werte und Gefühle erin-
nern??? Würde mein Blutregen etwas in dieser kalten, grausamen
Welt verändern können???

58 Valéries Beerdigung

Ich sass in der zweitvordersten Reihe. Die Mutter von Valérie begrüsste mich mit tränenerfüllten Augen. Ihr Vater nickte mir nur
kurz zu, wahrscheinlich konnte er meinen Anblick nicht ertragen,
zu sehr erinnerte ich ihn an seine Tochter. Die Trauer stand in seinem Gesicht, und auch er versuchte mit aller Kraft, die Tränen zurückzuhalten.

Ich erinnere mich an meine allererste Beerdigung, als der Bruder
einer Kinderfreundin mit acht Jahren verstarb. Ich war damals vier
Jahre alt. Thomas war auf seiner Schulreise von einem Felsen über
100 Meter in die Tiefe gestürzt. Als seine Eltern die tragische Nachricht hörten, spielte ich mit seiner Schwester im Kinderzimmer.
Wir wurden aufgefordert, sofort mit dem Spielen aufzuhören. Ich
verstand damals das Wort *Tod* nicht, aber die Gefühlsausbrüche
der Erwachsenen liessen mich spüren, dass der Tod etwas ganz
Schlimmes sein musste und dass dessen Schmerz viel stärker war als
etwa mein aufgeschürftes Knie. Die Schwester von Thomas erhielt

am Begräbnis ihres Bruders damals unzählige Geschenke. «Das ist ja wie Weihnachten», sagte sie erfreut. Nur die traurigen und wässrigen Augen der Erwachsenen verbreiteten keine Freude.

Thomas sei jetzt an einem anderen Ort, wurde mir damals erklärt. Warum er aber von diesem anderen Ort niemals wieder heimkehren würde, verstand ich nicht. Ich sagte mir, dass seine Eltern sicher seine neue Adresse kannten und wussten, wo sie ihn immer besuchen konnten.

An jener Beerdigung war Thomas in einem Raum aufgebahrt, damit man sich von ihm verabschieden konnte. Ich fragte ihn, warum er denn einen Verband um den Kopf habe und so viele Heftpflaster. Bevor ich eine Antwort erhielt, kam meine Mutter, nahm mich in ihre Arme und brachte mich von Thomas weg.

Dieses letzte Bild von Thomas, der völlig ruhig und schmerzlos dalag, obwohl er überall zugepflastert war, blieb tief in meiner Seele verankert. Der Tod, dachte ich damals, bringt die Menschen zum Weinen, aber Thomas hat nicht geweint, weil ihm der Tod die Schmerzen genommen hat. Warum also waren alle traurig?

Ob Valérie Schmerzen hatte? Oder ob sie Erleichterung empfand? Ich wollte sie so in Erinnerung behalten, wie ich sie zuletzt gesehen hatte. Ich hätte es nicht geschafft, ihren toten Körper zu sehen. Vor und hinter mir hörte ich Menschen weinen, einige hatten Taschentücher in der Hand. Ich weinte nicht.

Ich hörte die Worte des Pfarrers.

Er las aus der Bibel. «Und wenn ich prophetisch reden könnte und wüsste alle Geheimnisse und hätte alle Erkenntnis und allen Glauben, sodass ich Berge versetzen könnte, und hätte die Liebe nicht, so wäre ich nichts. Und wenn ich alle meine Habe den Armen gäbe und liesse meinen Leib verbrennen, und hätte die Liebe nicht, so wäre es mir nichts nütze.»

Die Worte gingen mir unter die Haut, und ich sehnte mich nach Tränen. Der Pfarrer fuhr fort. «Die Liebe ist langmütig und freundlich, die Liebe eifert nicht, die Liebe treibt nicht Mutwillen, sie bläht sich nicht auf, sie verhält sich nicht ungehörig, sie erträgt alles, sie glaubt alles, sie hofft alles, sie duldet alles.»

Da geschah etwas Merkwürdiges. Obwohl ich hätte weinen mögen, fühlte ich, wie ein hysterisches Lachen in mir hochkam. Meine Mundwinkel begannen zu zucken. Ich versuchte alles, um mich zu beherrschen, doch es gelang mir nicht. Mein Körper zuckte, vom unterdrückten Lachen geschüttelt. Ich verfluchte mich innerlich, aber es half nichts.

Ich bekam tatsächlich an der Beerdigung meiner besten Freundin einen Lachanfall. Links und rechts wurde geweint, aber Luana schüttelte es beinahe vor Lachen. Ich konnte absolut nichts dagegen tun. Es war, als habe man den ersten Dominostein einer langen Kette umgestossen und müsse jetzt das Ende abwarten. Die Menschen sahen sich nach mir um und tuschelten.

Der Pfarrer fuhr fort. «Nun aber bleiben Glaube, Hoffnung, Liebe, diese drei, aber die Liebe ist die grösste unter ihnen. Denn wer gestorben ist, der ist frei geworden von der Sünde.»

Ich bückte mich und tat, als würde ich meine Schuhe neu schnüren. Ich hoffte, mit dieser Aktion mein Lachen zu dämpfen. Noch immer zuckend und lachend sass ich da.

Ich schäme mich so sehr, dass ich nicht fähig gewesen bin, so wie alle anderen zu weinen. Ich schäme mich, dass ich meine Traurigkeit nicht auf normale Art und Weise zeigen konnte, ich schäme mich, dass ich so wirkte, als würde ich meiner besten Freundin keine letzte Ehre erweisen. Ich glaube aber, dass Valérie mich fühlen konnte und verstand, dass ihr Tod meine Tränen in diesem Augenblick der kirchlichen Trauer

auslöschte und mir dieses unheimliche Lachen schenkte. Ich bitte
Gott um Verzeihung.

Normalerweise betete Luana nicht und ging auch nie in die Kirche.
Doch heute, an der Beerdigung von Val, umgeben von dieser tiefen
Trauer, umgeben von vielen Fragen und dieser Atmosphäre, die in
der Kirche herrscht, eingehüllt von den Worten des Pfarrers, betrof-
fen vom tiefsten Schmerz, den man sich vorstellen kann, war sie
irgendwie erleichtert, dass es einen Schöpfer des Lebens und einen
Schöpfer des Todes, einen Barmherzigen, einen Allwissenden und
Allgegenwärtigen gab.

Als ich die Kirche verliess, erwartete mich Michael. Er nahm mich
wortlos in den Arm. Endlich konnte ich weinen. Über mein zerschla-
genes Gesicht verlor er kein Wort. Wir gingen einige Schritte.
   Viktor lief uns hinterher. «Wir haben einiges zu besprechen»,
sagte er, «lass uns zusammen zurückfahren.»
   Er warf Michael einen hasserfüllten Blick zu.
   «Es gibt zwischen uns nichts zu besprechen», sagte ich, «lass mich
endlich in Ruhe!»
   Wäre Michael nicht da gewesen, hätte ich mich nicht getraut, in
diesem Tonfall mit Viktor zu reden.
   Er reagierte wie erwartet. Er sagte mir, dass ich meinen Scheiss
aus seiner Wohnung holen solle. Er würde einer Schlampe wie mir
definitiv keinen Unterschlupf mehr geben. Dann ging er, verärgert,
eifersüchtig und beleidigt.
   Mario befand sich auch irgendwo auf dieser Beerdigung, ich
fühlte mich nicht stark genug, auch ihm zu begegnen, also drängte
ich Michael, so schnell wie möglich zu gehen.

59 Bei Michael

Michael fuhr mit mir zum Haus seiner Eltern, das ich noch von früher her kannte. Aber jetzt hatte er im Keller des Hauses sein Zimmer mit separatem Eingang, und sogar eine Dusche war im Wäscheraum eingebaut worden.

Er erzählte mir, wie er das ganze Zimmer selber ausgebaut und gestrichen hatte. Er hatte hier seine Privatsphäre und musste dennoch nicht auf die Kochkünste seiner Mutter verzichten. Die Muster an den Wänden waren geometrische Figuren, sie faszinierten und beruhigten mich zugleich. Ein kleiner Kühlschrank stand draussen vor seinem Zimmer, dort hatte er auch sein Schlagzeug untergebracht. Ich fühlte mich sofort wohl in dieser warmen Umgebung.

Ich erzählte Michael von Valérie. Jedes Mal, wenn ich ihren Namen nannte, hatte ich das Gefühl, dass mich eine riesige, unsichtbare Hand würgte.

Ich lasse mich so sehr in die gemeinsam erlebten Ereignisse abdriften, dass ich mich weigere, zu glauben, dass Valérie wirklich tot ist. Ich habe jedes Zeitgefühl verloren. Doch dies dauert nur so lange, bis ich den Geschmack einer salzigen Träne verspüre, die versucht hat, unauffällig über meine Lippen zu hüpfen, jedoch auf meiner Zungenspitze landet und mich in die Realität zurückholt. Michael hat diese Frische, eine positive Energie und kraftvolle Unschuld, die auch in traurigen Momenten zum Leben anspornt. Ich geniesse seine Gedanken, seine Gesten und seine Seele, die ohne Schatten sind.

Michael nahm mich bei der Hand, und wir gingen nach draussen. Es tat gut, die frische Luft einzuatmen, der Wind spielte mit meinen Haaren, und ich hatte das Gefühl, als würde meine Traurig-

keit fortgeweht. Wir standen uns gegenüber und sahen uns wortlos an.

*Michael näherte sich vorsichtig. Ich stand da wie angewurzelt, wir
schwiegen, und Michael gab mir einen Kuss. Als er mich küsste,
floss mein Adrenalin in Formel-1-Geschwindigkeit durch meine
Venen. Ich bekam plötzlich Angst vor diesen ungewohnten,
schönen Gefühlen. Michael scheint meine Sensibilität zu spüren.
Er umarmte mich zärtlich, um mich zu beruhigen. Dies hat mein
Schweigen gebrochen und wiederbelebt, und ich konnte mit ihm
über mich selbst sprechen.*

Luana erzählte Michael an jenem Nachmittag, dass sie drogensüchtig war. Sie erzählte ihm auch, dass sich alle ihre Freunde in der
Szene befanden und dass man sie aus dem Gymnasium geworfen
hatte, sogar zweimal. Sie erzählte Michael von Viktor und Mario,
die sie zwar verabscheute, auf die sie aber angewiesen war. Sie hatten den Stoff, gaben ihr Unterschlupf und schenkten ihr eine abartige Geborgenheit. Luana vertraute Michael diverse drastische und
einschneidende Erlebnisse ihrer bisherigen Sucht an.

Ich redete sehr schnell und nervös, als hätte ich nur ein paar Minuten Zeit, bevor ich wieder zurück in meine Zelle musste.

Michael unterbrach mich nie und hörte mir aufmerksam zu. Obwohl ihn das, was ich ihm wild durcheinander erzählte, nachdenklich und traurig stimmte, blieb er auffällig ruhig.

*Wie es in diesem Moment in seinem Innern aussah, weiss ich nicht,
aber sicherlich wurde sein Herz unsanft berührt. Hatte er bisher nur
die Sonne und den Regen auf seiner Haut gespürt, so wurde er in*

diesen Minuten mit schmerzenden Hagelkörnern beworfen. Seine un-
bekümmerte Lebensweise wurde von meiner Gegenwart überschattet.

Er bot mir spontan an, mich zur Wohnung dieser Typen zu fahren, bei denen ich wohnte. Ich könne dort meine Sachen holen und vorerst bei ihm im Keller seines Elternhauses bleiben. Seine einzige Bedingung war: kein Heroin. Wenn ich nicht wie Valérie enden wolle, müsse ich die Drogenszene komplett verlassen. Dies habe er, sagte er zuversichtlich, schon einmal in einer Dokumentation im Fernsehen gesehen, und dort hatte es jedenfalls geklappt. Er liess mir keine Zeit für eine Antwort, er nahm mich mit, und wir fuhren los.

60 Der vorläufig letzte Schuss

Auf der Fahrt zu Viktors Wohnung schwiegen wir und wussten beide nicht, auf was wir uns einliessen. Ausserdem schrie mein Körper bereits nach einem Schuss.

Wahrscheinlich hätte Michael anders gehandelt, wenn wir damals nicht schon einmal zusammen gewesen wären. Unsere Jugendliebe gab uns ein Gefühl von Vertrautheit, obwohl ich mich in diesen Jahren verändert hatte.

Aber die Fragen blieben.

Wie werde ich zum nächsten Schuss gelangen?

Wie werden Michaels Eltern auf meine Anwesenheit reagieren?

Werde ich meine Drogenfreunde vermissen?

Werde ich die Isolation überstehen?

Weiss Michael, was er da tut?

Ist diese Begegnung die Antwort auf meine Hilferufe, und kann Michael mich auf einen neuen Lebensweg führen? Ich werde total allein sein, keine Leute von der Szene, nur mit Michael, wie werde ich die Tage überstehen, wie die Nächte?

Wie werde ich zum nächsten Schuss gelangen?

Warum tut Michael all das für mich?

Hat er sich wirklich wieder in mich verliebt?

Was werden Viktor und Mario sagen, wenn ich mit ihm auftauche?

Wer wird mir nun einen Schuss offerieren?

Wer wird für mich Deals organisieren?

Ich hatte Angst und begann zu zittern. Es war leider so, dass Viktor eine wichtige Anlaufstelle in meinem Leben war. Obwohl er mich immer wieder erniedrigt und geschlagen und mich unzählige Male in Angst versetzt hatte und ich seiner Kontrolle und Dominanz hilflos ausgesetzt war, hatte ich auf einmal Schiss, diesen Typen nicht mehr auf meiner Seite zu haben. Wie oft hatte ich mir gewünscht, ihn nie mehr sehen zu müssen. Jetzt, wo ich diese Chance definitiv erhielt, hatte ich Angst davor, den Weg mit Michael zu gehen. Ich verstand mich selbst nicht und verabscheute meine Emotionen. Als ob Michael all meine Gedanken hätte lesen können, sagte er zuversichtlich: «Du wirst es schaffen, ich verspreche es dir.»

Wir waren am Ziel. Ich bat Michael, auf mich im Auto zu warten, ich musste das alleine durchziehen. Kurze Zeit später sah mir Viktor zu, wie ich meine wenigen Sachen zusammenpackte. Er machte mir klar, dass er mir nie mehr Unterschlupf geben würde und schimpfte über Michael, diesen Schönling. Ich war froh, dass Michael draussen wartete und sich dies alles nicht anhören musste.

Als ich die Wohnung verlassen wollte, roch ich verbranntes Metall, diesen einzigartigen Geruch. Mein Körper begann zu zittern und setzte mich in Alarmbereitschaft.

Ich brauchte Sugar, hier und jetzt, nur noch diesen einen, den allerletzten Schuss. Viktor spendierte mir ihn sozusagen als Abschiedsgeschenk. Wahrscheinlich glaubte er, ich würde dann meinen Entschluss rückgängig machen.

Michael hatte im Auto Musik gehört und geduldig auf mich gewartet. Als er mich forschend ansah, sagte ich ihm, bevor er etwas sagen konnte, dass ich noch ein allerletztes Mal Heroin genommen hatte.

Er startete das Auto, traurig und enttäuscht, und seine ehrliche Sorge um mich tat weh. Es war mir fremd, dass jemand meinetwegen solche Gefühle hatte. Ich spürte seine Sorge und Liebe und bereute es, ihn enttäuscht zu haben.

Auf der Rückfahrt waren wir mit unseren eigenen Gedanken beschäftigt.

Ich fühlte mich trotz meines injizierten Abschiedsgeschenkes mies. Michaels Emotionen füllten das Auto. Ich dachte an Valérie und wünschte mir, sie könnte diesen Mann sehen, dem es wirklich ernst war, mir zu helfen. Er war meine Hoffnung, meine Liebe, und er war der Grund für meine Absicht, endlich aufzuhören. Ich lud ihm eine riesige Last auf seine Schultern.

Ich sah ihn an, und er lächelte wieder.

«Es tut mir leid», sagte ich.

Es war das erste Mal, dass ich mich für einen Schuss entschuldigte.

61 Kalter Entzug

Der kalte Entzug, die totale Abstinenz, war unbeschreiblich hart und von unkontrollierten Gefühlsausbrüchen begleitet. Eine extreme Unruhe, permanente Gereiztheit, Aggressionen, aber auch Schlaflosigkeit kamen dazu. Nebst starken Magenkrämpfen, Erbrechen, Durchfall, Schwitzen und Schüttelfrost hatte Luana auch mit starken Muskelschmerzen in Rücken, Beinen und Gelenken zu kämpfen. Das pausenlose Verlangen nach Sugar war absolut unerträglich! Das Ganze war ein sehr stressiger und schmerzhafter Prozess. Michael tat alles, um Luana zu helfen, obwohl sie ihn anschrie und beleidigte. Er versuchte alles Mögliche, um sie irgendwie zu beruhigen, und sei es auch nur für ein paar Minuten. Wenn Luana völlig ausser Kontrolle geriet und den Kopf gegen die Wand schlug, um dieses unerträgliche Gefühl aus ihrem Körper und Gehirn zu vertreiben, nahm Michael sie in seine Arme. Obwohl sie ihn verfluchte, wild zappelte und herumschrie, hielt er sie so lange fest, bis ihre Aggressionen erschöpft waren. Auch die Muskelkrämpfe in den Beinen waren jeweils äusserst unangenehm, da sie unwillkürliche Trittbewegungen verursachten. Als die höchste Intensität der Entzugserscheinungen vorüber war, plagten sie massive Schuld- und Schamgefühle. Diese waren zeitweise so intensiv, dass sie glaubte, ihr Körper habe ein neues, zusätzliches Organ namens Schmerz gebildet. In diesen Momenten versuchte Michael jeweils, mit einer Massage die Körpersymptome und vor allem auch die Gefühlsschwankungen zu behandeln. Luanas Körper wehrte sich anfangs intensiv dagegen, versteifte sich bedrohlich.

Doch mit der Zeit gelang es dank den Berührungen von Michaels Händen immer besser, die Gefühlsausbrüche zu besänftigen und sukzessive zu beseitigen.

An einem anderen Tag stand an der Badezimmertür gross und fett geschrieben ÜBERRASCHUNG. Im Badezimmer selbst hingen überall kleine, weisse, runde Zettel, auf welchen I LOVE U stand. Es sah aus, als hätten Schneeflocken das ganze Badezimmer bedeckt, und ich brach in Tränen aus. Und eines Abends fand ich unter dem Kopfkissen folgende Zeilen von Michael:

«Hallo Luana, wenn du die Schranktüre aufmachst, wirst du sehen, wer dich braucht. Ich liebe dich, lass uns die Vergangenheit begraben und uns so sehen, wie wir wirklich sind, hier und jetzt! Für mich gehören die letzten paar Wochen zur Vergangenheit und gleichzeitig zu einer Erfahrung, die wir beide noch erleben mussten. Lass uns endlich die Vollkommenheit fühlen. Michael.»

Als ich die Schranktüre öffnete, schaute mich ein süsses Stoff-Löwenbaby mit grossen, Hilfe suchenden Augen an. Ich schloss es fest in meine Arme und taufte es Sokrates, zur Ehre und in Erinnerung an meine einst geliebte Ratte.

Ich frage mich immer wieder, woher Michael diese Kraft hat und woraus er diese intensive Liebe schöpft, während ich ihm doch täglich mit meinen Ausbrüchen Wunden in sein weisses Herz pflanze. Er glaubt an mich und an meinen Willen und lässt mich seine Überzeugung täglich spüren. Dies macht mir Mut. Seine Liebe ist wie ein hautenges, speziell für mich massgeschneidertes, beschützendes Kleid.

62 Das Geständnis

Es war an einem Freitagabend, als Michael mit mir zu meinen Eltern fuhr. Er wollte, dass ich ihnen endlich sage, dass ich drogensüchtig war. Körperlich war ich jetzt clean, aber in meinem Gehirn schrie es noch immer nach Sugar. Michael versprühte jedoch täglich Leben und liess mich durch seinen Optimismus und seine Leichtigkeit, mit welcher er den Tag genoss, immer wieder anstecken. Ich entdeckte durch ihn ganz neue Gefühle und war jedes Mal erstaunt, dass ich ganz ohne Sugar die Tage meisterte.

Meine Eltern freuten sich sehr, mich mit Michael zu sehen. Ich hatte ihnen bereits telefonisch mitgeteilt, dass wir uns wieder nähergekommen waren und dass ich bei ihm wohnte.

Der Freund meiner Schwester begrüsste mich in einem Malerkleid. Er war gerade dabei, mein Zimmer neu zu streichen.

All meine lautlos schreienden Gefühle, welche ich an den Wänden mit Sprüchen und Zeichnungen ausgedrückt hatte, wurden mit weisser Farbe überstrichen. Eine Wand und die Decke sowie das Fenster enthielten noch Spuren meines früheren Lebens.

Mein Zimmer hatte so viel von mir gesehen und gehört und mich immer in seine schützenden Wände aufgenommen, wenn ich verzweifelt war. Jetzt wurden die Spuren einfach gelöscht.

Ich starrte die bereits weiss gefärbten Wände an. Dieses Zimmer ist meine visuell erkennbare Seele gewesen, dachte ich niedergeschlagen. Michael holte mich in die Gegenwart zurück. Er sagte, dass ihn der Anblick meines Zimmers in eine düstere Stimmung versetzt habe. Es wäre ihm unmöglich gewesen, darin zu übernachten. Dann sagte er, dass es wohl am besten für mich sei, wenn ich von meiner Vergangenheit Abschied nehme, also auch von meinem Zimmer und all den Spuren, die ich hinterlassen hatte.

Bevor Michael ging, versprach ich ihm, dass ich noch heute Abend mit meinen Eltern reden wolle, aber erst dann, wenn ich das richtige Gefühl dafür hatte.

Anschliessend würde ich ihn anrufen.

Ich wartete also auf den richtigen Moment, lange vergebens. Es war unterdessen schon fast Mitternacht. Meine Eltern hatten sich bereits ins Schlafzimmer zurückgezogen.

Ich sass alleine auf dem Sofa und wartete noch immer.

Endlich fasste ich mir ein Herz.

Jetzt oder nie. Ich atmete tief durch, stand auf und ging zum Schlafzimmer meiner Eltern. Ich bemerkte, dass die Schlafzimmertür nicht ganz geschlossen war, gerade so, als hätten sie auf mein Eintreten gewartet. Vorsichtig stiess ich die Türe auf. Stille und Dunkelheit.

Meine Eltern schienen zu schlafen. Ihr Atem war tief und regelmässig. Einen Augenblick hielt ich inne und zögerte. Ich berührte den Arm meiner Mutter und flüsterte ihren Namen.

«Ist etwas passiert?», fragte sie schläfrig und knipste ihr Nachttischlämpchen an.

Nun wurde auch mein Vater wach und schaute mich verwundert an.

Ich sah in die müden und erstaunten Gesichter meiner Eltern. Mein mitternächtliches Auftreten sorgte für Verwirrung.

Erst jetzt, nach all dieser Zeit, hatte ich den Mut, meinen Eltern zu sagen, was ich Michael versprochen hatte. «Ich war drogensüchtig», sagte ich.

«Ich habe Heroin gespritzt.»

«Ich war ein Junkie.»

«Jetzt habe ich aber aufgehört.»

«Ich versuche, clean zu bleiben.»

«Ich will einfach, dass ihr es wisst.»

Meine Eltern reagierten erstaunlich ruhig. Ich bemerkte aber, wie sich die Nasenflügel meiner Mutter heftig bewegten. Mein Vater fragte in Gedanken versunken nochmals nach, ob ich tatsächlich Heroin gespritzt habe, wahrscheinlich hoffte er, dass er meine Worte nur geträumt hatte.

Warum ich denn damit angefangen habe, fragten sie mich.

Ich sagte ihnen, dass mehrere Dinge zusammengekommen seien und dass dann alles sehr schnell seinen Lauf genommen habe. Jetzt sei ich dabei, mein Leben wieder aufzubauen.

Ich sagte ihnen noch, dass Valérie an einer Überdosis gestorben sei. Sie waren sehr betroffen.

Dann versuchten sie, sich zu beruhigen und redeten davon, dass ich zum Glück jetzt nicht mehr abhängig sei und wie froh und erleichtert sie seien, mich unversehrt und mit neuem Lebensmut zu sehen.

Gleichzeitig war es so, dass ihnen mein Geständnis im Nachhinein so einiges erklärte. Sie sagten auch, wie dankbar sie Michael für seine Hilfe waren.

Dann war das Drogengespräch auch schon zu Ende.

Es kam mir vor, als hätte ich über ein neues, aber viel zu kompliziertes Kochrezept gesprochen, das gefährliche Magenbeschwerden hervorrufen konnte und schwer verdaulich war. Es wurde mir erst viel später klar, dass mein unerwarteter, mitternächtlicher Auftritt definitiv nicht der geeignete Zeitpunkt für ein derart heftiges Geständnis war.

Es war das einzige Mal, dass ich mit meinen Eltern über meine Abhängigkeit sprach. Sie fragten mich später nie, ob ich die gesellschaftliche Integration geschafft hatte, ob ich einen Rückfall hatte, ob ich nun doch eine Therapie benötige oder einfach nur, wie es mir ohne Heroin erging oder wie es mir früher mit der Sucht ergangen war. Es wurde so getan, als wäre nie etwas geschehen. Wahrscheinlich glaubten sie, dass ich durch ihre Fragen mit negativen Erinnerungen konfrontiert werden würde und dadurch wieder Lust auf Sugar bekommen hätte und das wollten sie natürlich unter allen Umständen vermeiden. Vielleicht sass der Schock einfach zu tief und sie wollten nicht mehr im Vergangenen grübeln und sich stattdessen an der schmerzfreien Gegenwart erfreuen. Vielleicht vertrauten sie auch einfach darauf, dass Michael meine Stütze war und er sich gut um mich kümmerte, was er ja auch zweifellos tat.

Ich habe das Gefühl, dass ich die raffiniert maskierte Angst, welche scheinbar lange in ihnen gewohnt hatte, endlich befreit habe. Ich spüre auch ihren stillen Stolz, dass ich meine Kraft und meinen Willen wiedergefunden habe. Nichtsdestotrotz bin ich erstaunt, dass das Thema seit meinem Geständnis in eine Schublade abgelegt und abgeschlossen wurde. Der Schlüssel wurde so weit weggeworfen, dass allein der Weg, diesen zu finden, zu mühselig erscheint. Vielleicht ist es aber auch die Angst vor einer emotionell auftauchenden Lawine, die sie daran hindert, diesen Schlüssel finden zu wollen. Ich bin dennoch sehr erleichtert, dass ich endlich mit ihnen gesprochen und diese Last von meinen Schultern geworfen habe. Und meine Eltern sind spürbar erleichtert und glücklich, dass sie ihre schon fast verloren geglaubte Tochter endlich wieder haben.

63 Auf Messers Schneide

An einem sonnigen, aber kühlen Tag ging ich für Michael zum Bahnhof, um Zigaretten zu kaufen. Ich versprach ihm, dass ich sofort zurückkehren werde, spazierte gut gelaunt los und sog die Energie der Sonnenstrahlen auf.

Am Bahnhof traf ich jemanden, dessen Gesicht mir irgendwie bekannt vorkam.

«Hallo Lu, kennst du mich noch?»

Es war Jo.

Gedanken rasten wie ein wild gewordener Bach durch meinen Kopf.

Als ich ihn das letzte Mal gesehen hatte, war er auf Sugar gewesen. Es wurde erzählt, dass er sich einen Therapieplatz suchte, das war das Letzte, was ich über Jo gehört hatte.

Jetzt stand er auf einmal vor mir. Sein Anblick schockierte mich und machte mich traurig. Andererseits wurde ich total nervös. Ich driftete wieder einmal unwillkürlich in meine Vergangenheit ab, vermisste das einzigartige Gefühl eines Schusses, und gleichzeitig hasste ich all diese Erinnerungen.

Aber was war nur los mit Jo?

Er erzählte mir, dass er noch immer in einer Therapie stecke. Er nehme starke Medikamente, um nicht völlig durchzudrehen. Er war völlig kaputt und leer. Es war, als würde er keine Erinnerungen mehr in seinen Gesichtszügen tragen. Seine Persönlichkeit war nicht mehr zu erkennen, er wirkte wie jemand, dem man ein neues Programm eingespeichert hatte, damit alles, was ihn einmal geprägt hatte, nicht mehr zum Ausdruck kommen konnte. Mir kamen die Worte von Bettis Mutter in den Sinn, die mir damals am Telefon, als wir über Bettis Tod sprachen, sagte, sie hätte Betti noch nie so kaputt gesehen wie in jener Zeit, als sie begann, Tabletten zu schlucken.

Als ich damals erfahren hatte, dass Jo einen Entzug machen wollte, hatte ich mich für ihn gefreut, doch so, wie ich ihn heute sah, gab er ein jämmerliches, zerstörtes Bild ab, er sah aus wie ein Irrer, war ein völlig anderer Mensch. Sogar damals auf Sugar hatte sein Gesicht im Vergleich zu heute lebendiger gewirkt. Es war nicht der alte Jo, den ich kannte, und ich fragte mich, was sie mit ihm gemacht hatten.

Auf dem Weg nach Hause war ich traurig und aufgewühlt. Als ich ins Kellerzimmer von Michael zurückkehrte, war ich nervös und in einer unausstehlichen Gemütsverfassung. Grundlos fluchte ich ihn an. Ich suchte in alten Kleidersäcken nach meinem früheren Strassenoutfit und dachte ununterbrochen an einen Schuss. Das Treffen mit Jo hatte weder meinen Gedanken noch meinen Emotionen gutgetan. In Sekundenschnelle nahm ich sowohl die Gassensprache als auch den Gassenlook an, und ich versuchte alle möglichen Wege, Michael zu provozieren.

Es war nicht das erste Mal, dass ich solche Ausbrüche hatte. Da ich äusserst gerissen in meinen Formulierungen sein konnte, brachte ich Michael beinahe dazu, dass er mir einen Schuss finanzierte. Ausserdem wollte ich seine Liebe testen. Ich war so raffiniert, dass ich ihn Dinge sagen lassen konnte, die er eigentlich gar nicht hätte sagen wollen. Und tat er es trotzdem, verfluchte ich ihn dafür. Er erklärte mir dann überfordert und hilflos, dass er sich von mir gezwungen gefühlt habe, dies oder jenes zu sagen. Ich erwiderte, wenn er mich wirklich liebe, könne ihn nichts zwingen, dies oder jenes zu sagen.

Um meine destruktive Wut körperlich rauszulassen, forderte mich Michael schliesslich auf, mich an sein Schlagzeug zu setzen. Hier könne ich mal so richtig drauflos schlagen. Ich weigerte mich zuerst, aber dann drückte er mir die Sticks in die Hand.

Ich setzte mich ans Schlagzeug und begann wie wild auf die Kessel zu schlagen. Ich weiss nicht mehr, wie lange ich all meine Wut, Frust, Trauer und Verzweiflung an diesen Kesseln rausgelassen habe. Aber meine Aggressionen wurden von den Trommeln aufgesogen und zum Verschwinden gebracht. Müdigkeit übermannte mich plötzlich, und ich wollte nur noch in Michaels Armen sein. Danach umkreisten mich Schuldgefühle. Ich hasse und schäme mich dafür, dass ich alle Wut an Michael auslasse, der doch der Einzige ist, der mir immer zur Seite steht. Ich wünsche mir, mit Michael körperlich zusammengewachsen zu sein, denn ich will auf keinen Fall, dass das Gefühl des Alleinseins auch nur die kleinste Chance bekommt. Ich will für den Rest meines Lebens mit Michael zusammenbleiben, auf ewig die Geborgenheit und Liebe seiner Umarmungen geniessen.

Allein die Vorstellung, dass sie von Michael plötzlich verlassen werden konnte, liess Luana weinen. Sie hatte grosse Angst davor. Sie versprach ihm und sich selbst bei jedem Emotionsausbruch, dass dies der allerletzte gewesen sei. Dieses Versprechen hielt sie so lange, bis der nächste Gefühlsvulkan ausbrach.

Ich frage mich oft, wie Michael all die verschiedenen, von der Vergangenheit geprägten Gesichter Luanas aushalten konnte. Ich liebte ihn abgöttisch, war aber kaum fähig, ihm das zu sagen. Manchmal erwischte ich mich dabei, wie ich übte, ihm zu sagen, dass ich ihn liebe. Doch weil ich auf keinen Fall von ihm verletzt werden wollte, traute ich mich nicht, ihm diese drei magischen Worte zu sagen. Das Gefühl, dass er mein Vertrauen und meine Liebe einmal missbrauchen könnte, machte mir zu viel Angst. Obwohl er mir immer wieder sagte, dass er mich niemals verletzen könne, blieben meine Zweifel. Trotz seiner Liebenswürdigkeit und seinem Optimismus blieb ich skeptisch. Manchmal hatte ich das Gefühl, als hätte ich mir neben dem Heroin auch einen Cocktail injiziert, der aus Zweifel, Misstrauen und Angst bestand.

Diese Folgen meiner Vergangenheit dominierten den Alltag. Wenn ich mit Michael ausging und wir mit seinen Freunden (ich hatte ja keine mehr) unterwegs waren, war ich nervös und meist schlecht gelaunt, noch bevor wir uns auf den Weg machten. Meine grösste Angst bestand darin, dass mich jemand verletzte. Vielleicht war das Gesagte für diese Person etwas völlig Banales, das alle zum Lachen brachte, nur ich würde ein schreckliches Gefühl im Herzen davontragen. So musste ich immer auf der Hut sein, dass ich diesen verbalen Gefahren geschickt ausweichen konnte.

Ich erinnere mich an die Zeit, als ich in Viktors und Marios Wohnung übernachtete. Meine Ängste und die permanente Ungewissheit, was mitten in der Nacht passieren konnte, liessen mich damals zu einem aufmerksamen Wachhund werden. Noch immer gab es diesen Wachhund. Er hatte eine Art Notfalldienst, um Schmerzen, die mir in der Gesellschaft zugefügt werden konnten, zu vermeiden.

Für Michael waren meine Zweifel und Ängste vor Verletzungen mühsam. Es gab Momente, wo ich glaubte, ich hätte vielleicht einen Freund gebraucht, der nicht wie Michael im Schlaraffenland aufgewachsen war, damit er meine Sehnsüchte und Ängste wirklich verstehen und fühlen konnte. Es fehlten ihm dazu zu seinem Glück die entsprechenden Erfahrungen. In mein Tagebuch schrieb ich ein Zitat von Arthur Schopenhauer: *«Wir denken selten an das, was wir haben, aber immer an das, was uns fehlt.»*

Michaels Eltern ahnten, dass ich meine Schwierigkeiten hatte, aber was genau in meinem Leben geschehen war, wussten sie nicht. Ich war Michael dankbar, dass er ihnen nicht alles über meine Vergangenheit erzählt hatte. Sie waren in der Gesellschaft gut situiert und pflegten einen anspruchsvollen Lebensstil. Ich hatte immer das Gefühl, wenn ich mit ihnen am Tisch sass, dass sie mich permanent beobachteten, analysierten und vielleicht sogar meine Tischmanieren missbilligten. In solchen Momenten sehnte ich mich jeweils wie-

der nach einem Schuss, der mir Mut und Gleichgültigkeit verschafft
hätte. An einem dieser Tage schrieb ich folgendes Gedicht:

(Sehn)sucht

So sage mir nun, wie sieht es aus,
mit diesem ermüdeten Lebensschmaus?
Werde ich es ohne dich überleben?
So spüre ich doch schon mein Herz erbeben

Ich sehne mich so sehr nach deiner Geborgenheit
durch dich fühle ich mich von allem befreit
Ich weiss, du bist äusserst gefährlich
doch ich riskier's, meine Angst ist spärlich

Obwohl ich versuchte, dich zu vergessen
blieben meine Gedanken von dir besessen
Ich kämpfte ohne dich unter schwersten Bedingungen
schlängelte mich durch die gesellschaftlichen Verwirrungen
Ich wollte leben, unabhängig und frei
der Schmerz jedoch blieb schwer wie Blei

Diese Sehnsucht nach dir ist unerträglich!
Ich werde wohl versagen und zwar kläglich!
Der injizierte Mut ist gefälscht, die Wärme bloss gespielt
Auf einmal war sie da; die Stimme Gottes, die mir riet:

«Bleibe klug und lasse dich nicht von diesen Illusionen einhüllen.»
Teufel (motivierend):
«Diese Gefühle sind echt, spürst du denn nicht, wie sie dich mit
Energie und Liebe erfüllen?»

Gott:
«Diese Liebe hält nur einige Stunden,
was danach bleibt, sind offene Wunden.»
Teufel:
«Carpe diem! Erfülle dir deine Sehnsucht
du weisst, ich helfe dir, ich nehme dir jegliche Furcht!»
Gott:
«Du musst dem Teufel widersteh'n
oder bald schon werden wir uns im Himmel seh'n.»
Teufel (grinsend):
«Ich werde dir immer beiseite steh'n
willst du nicht leiden, solltest du mit MIR geh'n.»

Welche Handlung ist nun böse, welche gut
Habe ich doch schon geleckt des Teufels Blut
Dennoch blieb Gott unsichtbar und lautlos,
dadurch versetzte auch Gott mir einen Stoss!

Wer ist nun schmerzlicher, der Teufel oder Gott?
Oder handelt es sich um ein perfektes Komplott?
Gebe ich mich dem Teufel hin
sind die Schmerzen wenigstens akut gering

Sollte ich den Rat Gottes wählen
Würden mich denn die Menschen nicht so sehr quälen
dass ich ohne des Teufels Illusion
gar nicht ertragen könnte des Menschen Hohn???
Weder Gott noch der Teufel scheint die richtige Wahl zu sein
Ich muss nachdenken, bitte lasst mich allein…

64 Tutenchamun

An einem Nachmittag, als ich mit Michael verliebt in der Stadt herumschlenderte, trafen wir plötzlich auf Mario. Er kam auf uns zu, begrüsste uns freundlich und fragte mit neugierigem Blick, wie es mir gehen würde. Er lud uns ein, zusammen etwas zu trinken. Michael gab mir durch seinen Händedruck zu verstehen, dass er das nicht wollte, aber ich bettelte so lange, bis Michael einverstanden war.

Ich weiss auch nicht, warum ich das wollte, schliesslich habe ich unzählige Albträume von diesem Typen gehabt, aber ich hatte so ein Gefühl, das mein Gehirn ausser Gefecht setzte. Es war, als könnte ich alleine durch den Anblick Marios den Metallgeschmack eines Löffels riechen, die Spritze in meinen Venen fühlen. Der Teufel schien mich herauszufordern und ich nahm seine Herausforderung an. Eine halbe Stunde später sass ich auf der Toilette des Restaurants und versuchte, mir einen Schuss zu setzen.

Michael ahnte, dass da irgendeine dunkle Sache am Laufen war, nachdem ich mich beinahe gleichzeitig mit Mario auf die Toilette verzogen hatte.

Ich hörte Michaels Stimme vor der Toilettentür.

«Lu, alles in Ordnung? Lass uns nach Hause gehen.»

Ich suchte mir zitternd eine Vene und antwortete nicht.

Er wiederholte seine Worte. Dann versuchte er, die Türe zu öffnen.

Schliesslich brach er die Türe ein.

Er sah, wie ich gerade dabei war, mir eine Vene zu durchbohren.

In diesem Moment dominierte mich meine Vergangenheit komplett. Alles um mich herum war unwichtig. Ich fühlte nicht einmal Scham oder irgendein Gefühl von Reue, als Michael völlig entsetzt und fassungslos vor mir stand.

Erst später realisierte Luana, was für ein Schock dies für Michael gewesen war. Am Abend sah sie zum ersten Mal Tränen der Hilflosigkeit in seinen Augen. Er versuchte zwar, seine Enttäuschung zu überspielen, er umarmte mich und machte mir Mut, aber es blieb ein bitterer Nachgeschmack. Ich fühlte mich elend. Panikartig fragte ich ihn, ob er mich nun verlassen würde und ob er mich jetzt hasse. Er streichelte mir übers Haar, dann nahm er mich in seine Arme, und als ich diese Geborgenheit, diese Sicherheit und Liebe fühlte, flossen meine Tränen.

Sie benetzten mein Gesicht und auch dasjenige von Michael. Ich weiss nicht, ob er lautlos mit mir geweint hat oder ob tatsächlich meine Tränen allein für diesen salzigen See verantwortlich waren. Darin schwammen Traurigkeit, Enttäuschung, Schmerz und Schuldgefühle. Einige Tränen der Liebe sind schon fast am Ertrinken.

Die Vergangenheit ist wie ein grosser, eitriger Pickel im Gesicht der Gegenwart. Michael versucht erneut, mich in dieser schwierigen Zeit durch Fröhlichkeit und Unbekümmertheit zu unterstützen.

Als Luana aufwachte, fand sie neben ihrem Bett einen Brief. Sie öffnete ihn neugierig, aber auch ein wenig nervös. *Geh in das Stadtzentrum zur Telefonkabine, die sich neben der Migros befindet, öffne das Telefonbuch und finde deinen Namen, dort erhältst Du dann weitere Anweisungen.*

Ich machte mich auf den Weg. Mit der Stadtmigros ganz in der Nähe verbanden mich einige unangenehme Erinnerungen, doch dies konnte Michael nicht wissen. Wahrscheinlich hatte er sich nur deshalb für eine Kabine fern vom Bahnhof entschieden, damit ich auf keine Bekannten aus meiner Vergangenheit treffen konnte. Im Telefonbuch fand ich tatsächlich einen kleinen Zettel.

Gehe in den Laden gegenüber und sage der Dame an der Information, dass du Tutenchamun abholen kommst. Er erwartet dich schon.

Michael wusste von meiner Faszination für Ägypten und auch, dass es mein Wunsch war, eines Tages die Wüste und das Tal der Könige zu besichtigen. Ich hatte ihm ausführlich erzählt, was ich von den Pharaonen und über das Mumifizieren gelesen hatte.

Ich rannte vor Freude in das Stofftiergeschäft, um Tutenchamun abzuholen. Die Dame vom Verkauf konnte sich ein Lachen nicht verkneifen, sie entschuldigte sich für einen Augenblick, und kurze Zeit später kam sie mit einem riesigen Paket zurück. Tutenchamun stellte sich als ein riesiges, weiches Gorillababy heraus. Ich drückte Tutenchamun fest an mich, machte mich auf den Weg nach Hause und streckte der Migros beim Vorbeigehen die Zunge heraus. Ich liebe dich, Michael.

65 Die Angst, Michael zu verlieren

Luana hatte immer noch ihre Probleme, sich ohne den Schutz der Droge in der Gesellschaft aufzuhalten. Trotzdem wollte sie unbedingt einen Beruf erlernen. Es waren ihre Eltern gewesen, die ihr die Beschreibung verschiedener Berufsbilder bei einem Besuch in die Hand gedrückt hatten. Die Ausbildung zur medizinischen Laborantin hatte viele Aspekte, die Luana interessierten, und manchmal fühlte sie wieder diese Sehnsucht nach Wissen.

Michael macht mich immer wieder darauf aufmerksam, dass ich professionelle Hilfe in Anspruch nehmen soll, weil die Gefahr eines Rückfalls immer noch da ist. Ich bin jedoch über-

zeugt, dass ich das alleine schaffe. Ich sagte ihm, dass ich
meinen Willen und meine Stärke fühlen könne.

Doch nur schon der Anblick des Feuerzeughalters von Nicolas genügte, dass meine Vergangenheit die Gegenwart in Sekundenschnelle dominieren konnte. Irgendeine Erinnerung löste eine Dominoreaktion in meiner Seele aus, und ich war nicht fähig, sie zu
stoppen, bis der letzte Stein umgefallen war. Dann landete ich wieder einmal kurz vor einem Zusammenbruch in Michaels Armen.

Albträume verfolgten mich jede Nacht.

Beim kleinsten Geräusch zuckte ich zusammen. Erst dann, wenn
ich realisierte, dass ich mich an einem Ort voller Liebe und Geborgenheit befand, war ich fähig, wieder durchzuatmen und mit einem
Gefühl der Sicherheit weiterzuschlafen.

Jedes Mal, wenn ich eine öffentliche Toilette betrat, dachte ich
an Valérie. In Thun und Bern gab es für mich kaum eine öffentliche
Toilette, die nicht mit etlichen Erinnerungen der Sucht geprägt
war. Von einigen bekannten Restaurants und Bars kannte ich ledig-
lich den Weg zu deren Toiletten.

Immer, wenn ich ein Joghurt ass, hatte ich bereits beim Anblick
des Löffels diesen Metallgeschmack im Mund. Der Anblick von einem Zitronenschnitz meldete meinem Gehirn Ascorbinsäure, und
ich dachte sofort an einen Schuss.

Meine unkontrollierten Ausbrüche können die Liebe in kürzester Zeit
zerschmettern. Mein Misstrauen kann einen von Michael organi-
sierten romantischen Abend in Sekundenschnelle zerstören. Ich bin
fähig, Jahrhunderte mit Misstrauen und Zweifel zu infizieren. Ich
habe schlussendlich auch Michaels Unbekümmertheit und Optimismus
mit meinem Virus angesteckt. Dann diese Schuldgefühle. Sie
kommen immer, wenn der Gefühlsausbruch vorbei ist. Ich realisiere

dann, wie verletzend und unausstehlich ich gewesen bin. Ich ver-
fluche mich und meine Unfähigkeit, mit der Liebe umzugehen. Ich
habe Angst, Michael zu verlieren. Ich hoffe, er wird meine sonni-
gen Seiten erkennen und lieben. Ich habe Angst, dass er von mir und
der ganzen Situation überfordert ist. Ich bin überzeugt, dass er
mich verlässt, wenn ich nicht fähig bin, mich zu ändern.

Die Angst, Michael zu verlieren, geisterte ständig herum und hielt
mich in Alarmbereitschaft. Manchmal entschuldigte ich mich völlig aufgelöst bei ihm.

Ich muss unsere Beziehung mit Liebe und Sorgfalt pflegen, wenn
ich Michael nicht verlieren will. Der Vergangenheit kann ich
trotzdem nicht entkommen. Wenn sich diese Gefühle unangemeldet
in meinem Körper und Gehirn eingenistet haben, kann ich sie
erst wieder loswerden, wenn ich fähig bin, die Luft der Gegenwart
einzuatmen und die Schönheit des Momentes zu geniessen. Für
Michael bin ich ein 24-Stunden-Job. Wir streiten uns oft. Worte,
die mich verletzen, benutze ich dann in einem nächsten Streit,
um ihm vorzuhalten, dass er mich nicht wirklich liebt. Manchmal
frage ich mich, was es noch braucht, um an die Liebe von Michael
ohne Misstrauen und Zweifel endlich zu glauben.

Die Erniedrigungen der Vergangenheit hatten Luana mit Zweifeln
erfüllt. Es war, als ob sie das Glücklichsein nicht mehr ohne Misstrauen ertragen konnte. Sie hatte Angst davor. Sie hatte Angst, dieses Glück zu verlieren.

Ich war es nicht gewohnt, dieses neue Leben um mich herum zu
fühlen. Es war einfach zu gut und zu schön, um wahr zu sein. Ich
war innerlich immer auf den Schock vorbereitet: «Luana, ich liebe
dich nicht, ich habe nur mit meinen Freunden gewettet, dass ich

dich rumkriegen kann. Luana, pack deine Sachen und hau ab, du bist doch nicht so dämlich und hast wirklich geglaubt, dass ich dich liebe.»

Solche Gedanken begleiteten mich immer, und Michael versuchte, mich von seiner Liebe zu überzeugen. Er machte mich darauf aufmerksam, wie viele wunderschöne Momente ich ihm schenkte und wie oft ich ihm auch schon geholfen hatte. Dann sprach er von meinem Enthusiasmus und von meiner Energie, die ihn sofort anstecken konnte.

«Lu, du bist einzigartig», sagte er, «du bist wunderschön und faszinierend und irre in deinem Denken, und tief in dir bist du rein und unschuldig. Ausserdem gibt es kein Mädchen auf der ganzen Welt, das diesen so liebenswerten, leicht überforderten und scheu verwirrten Gesichtsausdruck hat, wenn es überrascht wird. Ich liebe jeden Millimeter an dir.»

66 In der Kirche

Luana hatte natürlich nicht nur ihre von der Vergangenheit geprägten Seiten. Sie konnte Michael eine intensive Art des Lebens fühlen lassen. Ihre Menschenkenntnis versetzte ihn immer wieder in Erstaunen, und sie fühlte, wie er sie dafür bewunderte und ihre Meinung respektierte.

Meine Lebenserfahrungen damals standen im Widerspruch zu meinem noch immer eher kindlichen Aussehen. Es war das verwirrende Charisma eines kleinen, unschuldigen Mädchens mit dunklen Lebenserfahrungen. Ich gab ihm Ratschläge bei seinen Entscheidungen, stärkte sein Selbstbewusstsein und konnte ihn trotz all meiner Probleme in seinem Handeln unterstützen. Meine Kämpfernatur war wiedererwacht und auch mein Ehrgeiz, das Leben neu zu gestalten.

Es gab Tage, da hatten Radio und Fernsehen extra für mich Sendungen vorbereitet, um meine Widerstandskraft zu prüfen. Ging ich nach all den Beiträgen über die Sucht spazieren, traf ich auf einen alten Bekannten, und mein Blut begann bei seinem Anblick zu kochen.

So kam es auch, dass mir an einem dieser Tage eine fatale Begegnung zum Verhängnis wurde. Ich kaufte mir Heroin mit dem Geld, das ich zum Einkaufen von Michael erhalten hatte. Michael hatte mir dadurch seine Zuversicht und sein Vertrauen ausdrücken wollen.

Als ich nach meinem Einkauf zu ihm zurückkehrte, erzählte ich ihm von meinem teuflischen Tag. «Ich habe mir Sugar gekauft», sagte ich, «aber nur für 50 Franken.»

Michael wollte meinen Worten zuerst keinen Glauben schenken. Er forderte mich auf, ihm den gekauften Stoff sofort auszuhändigen.

Er redete auf mich ein.

«Wenn ich es wirklich hätte nehmen wollen», sagte ich, «hätte ich dies bereits getan.»

Das war für ihn ein gutes Zeichen. Er erinnerte mich daran, dass ich auf einem guten Weg war.

«Du willst sicher nicht, dass dieses Gift gegen unsere Liebe gewinnen kann. Du hast bereits bewiesen», sagte er, «dass du stärker bist als die Droge. Du hast sie zwar gekauft, aber noch nicht benutzt.»

Ich zeigte ihm das Briefchen, öffnete es und betupfte den Stoff mit dem kleinen Finger. Es stellte sich heraus, dass ich anstelle von Heroin nur Sand gekauft hatte, der Dealer hatte mich beschissen.

«Das wäre mir früher niemals passiert», sagte ich empört.

Michael atmete auf. Vielleicht gab es sogar höhere Mächte, die mich nicht mehr süchtig sehen wollten. Er warf das Zeug weg und war erleichtert.

Michael hatte recht, Luana wollte ihre Liebe auf keinen Fall zerstören, Michael war der Grund, wenn sie fröhlich war, er war ihre Leidenschaft, ihr Glück und ihr Leben. Ich hörte den Stundenschlag der Kirchenglocken, und ein seltsames Gefühl berührte mein Herz. Ich erklärte Michael, dass ich das Bedürfnis habe, in die Kirche zu gehen, alleine. Er schaute mich etwas ungläubig an. Ich war noch nie freiwillig in die Kirche gegangen oder nur dann, wenn es ein besonderes Ereignis wie das Begräbnis von Valérie von mir verlangt hatte. Ausserdem war er etliche Male Zeuge geworden, wenn ich Gott und die Welt verfluchte.

Er fuhr mich hin, um im Auto auf mich zu warten.

Als ich die Kirche betrat, schaute ich mich scheu um, aber keine Menschenseele war da. Ich atmete tief durch und bat Gott, mir Kraft zu schenken. Die Kirchenaura verlieh mir Mut und Schutz. Ein Klavier stand da, wahrscheinlich war es für ein Kirchenkonzert verwendet worden. Ich setzte mich vorsichtig auf den Hocker und begann zu spielen. Es war lange her, dass ich das letzte Mal die Tasten eines Klaviers berührt hatte. Ich begann ein paar Takte zu spielen und meine Finger wussten immer noch so ungefähr, was sie tun mussten.

Ich empfand die Melodie als wunderschön, und sie hatte so etwas wie Reinheit und Unschuld für mich. Auch eine Pause hatte ihren Klang. Die Gesichter der Vergangenheit verschwanden, nicht einmal an Valérie wollte ich denken, ich fühlte mich frei. Wie überwältigend dieses Gefühl doch war!! Keine Ängste, keine Sorgen, keine gefährlichen Sehnsüchte! Ich fühlte mich federleicht,

voller Kraft und Lebensenergie! Ich fühlte das Glück des Lebens,
es ist in mir drin. Wie schön es doch ist, die Momente ohne alte
Schmerzen geniessen zu können! Das Leben ist wundervoll.
Könnte es nur für immer so bleiben!

67 Berufsziele

Michael wollte seinen Traum eines Musikstudiums endlich verwirklichen. Es war nicht einfach, seine Eltern davon zu überzeugen. Sie wünschten sich, dass er später das Geschäft seines Vaters übernahm und vorher etwas Vernünftiges lernen sollte. Von Musik konnte man nicht leben, das war ihre Überzeugung. Zudem war ihre Vorstellung von einem Musikerleben eher abschreckend.

Luana unterstützte Michael in seinem Wunsch und versuchte, ihm das nötige Selbstvertrauen zu geben, damit er für seinen Traum kämpfte. Oft war er verunsichert, und sie fühlte, dass sein Selbstbewusstsein nicht ausreichte, um gegen die Autorität seiner Eltern zu gewinnen.

So geschah es, dass ich zu einem grossen Teil für Michaels unkonventionelle Lebensziele verantwortlich gemacht wurde und dafür, dass er Musik studieren wollte und sich auf einmal nicht mehr gesellschaftskonform benahm. Das Schlimmste für seine Eltern war vermutlich, dass er mit seinen Problemen zu mir kam. Er fragte nicht sie, sondern mich um Rat. Er erzählte mir und nicht seinen Eltern seine geheimsten Wünsche und vertraute mir seine Zukunftspläne an.

Michael ist so zart in seinem Wesen, so unverbraucht und voller
Optimismus. Er ist wie eine blühende Pflanze, die im Garten
Eden aufgezogen wurde. Auf einmal zeigt sich eine wilde Blume

*in diesem Paradies und bringt in kurzer Zeit alles aus dem
Gleichgewicht. Sie hat Naturkatastrophen überlebt und stellt eine
ganz andere Form von Schönheit und Glanz dar. Die Neugierde
der behüteten Pflanze wird geweckt. Sie bemerkt, dass diese wilde
Blume zwar einige dunkle Blätter hat, erkennt aber auch die
farbigen, wunderschönen und geheimnisvollen Kronblätter. Sie lernt
nun die Welt auch ausserhalb von Garten Eden kennen und lässt
sich von der wilden Blume umarmen. Dies bringt viele Artgenossen
der gut erzogenen und unversehrten Pflanze in Sorge und Verwirrung.*

In den ersten Wochen bei Michael fühlte ich mich in der Gesellschaft seiner Familie nicht wohl, oder dann auch nur in seiner Gegenwart oder allein in der schützenden Stille seines Kellerzimmers.

Es kostete mich eine enorme Überwindung, mich den Gefahren
des Alltagslebens auszusetzen. Mein Verhalten hinterliess bei seinen
Eltern Unverständnis, Zweifel und vor allem Besorgnis um ihren
wohlbehüteten Sohn.

Vor einem gemeinsamen Abendessen mit Michaels Eltern hatte
ich Angst. Es gab unzählige Gefahren, die auf mich lauerten, und
ich war überzeugt, ihnen nicht standhalten zu können. Mein Atem
stockte, mein ganzer Körper war auf Alarmstufe eingestellt, ich war
nervös und hatte ständig das Gefühl, jemand würde mich in einen
Hinterhalt locken und durch Worte provozieren, bis ich das letzte,
grosse Geheimnis preisgegeben hatte und meine Vergangenheit
endgültig verraten war.

So wurden die gut gemeinten, gemeinsamen Essen für mich zu
einem emotionalen Leistungssport. Obwohl mich niemand verletzte, brauchte ich einige Zeit, um mich an diese manchmal fast zu
saubere Luft zu gewöhnen.

Da ist kein Schmerz, der jammernd an den Wänden hängt, da sitzen keine Ängste Nägel kauend auf den Stühlen, und da findet man keine Traurigkeit, die mit ihren Tränen die blitzblanken Fenster benetzt.

Ich befand mich nicht in der Wüste, es war keine Fata Morgana. Es blieb mir nichts anderes übrig, als diese unversehrte Welt von Michael anzuerkennen.

Es war naheliegend, dass Michaels Eltern glaubten, seine Veränderungen hätten mit mir zu tun. So ganz falsch lagen sie damit ja nicht. Ich hatte ein loderndes Feuer in ihm entfacht, und es war schwer geworden, dieses Feuer zu löschen. Er hatte seine eigenen Leidenschaften entdeckt. Sein Kampf um mein Wohlergehen und mein Wille, den ich trotz allen Rückschlägen immer wieder zeigte, hatten ihn ermutigt, auch für seine eigenen Wünsche und Träume zu kämpfen.

Seine Eltern schienen nach unzähligen Diskussionen zu spüren, dass Michaels Traum, Musik zu studieren, nicht nur eine vorübergehende Idee war. Sie willigten ein, dass er sich an der Musikakademie in Zürich für ein vierjähriges Studium einschrieb. Es war ganz genau das, was sich Michael wünschte. Er war sich der Risiken bewusst und auch einem möglichen Scheitern. Er wusste aber auch, dass er ohne Unterstützung seiner Eltern dieses teure Studium niemals realisieren konnte.

Ich freue mich sehr, es ist nun definitiv, Michael kann nun schon bald sein Studium in Zürich beginnen. Er sagte, dass er dies ohne mich niemals geschafft hätte. Er umarmte mich, und seine Worte liessen mein Herz übermütig schlagen. Ich hoffe, dass ich zu Michaels Lebensweg etwas beigetragen habe.

Noch immer hatte ich selbst keinen Beruf. Ich wäre gern medizinische Laborantin geworden. Meine Eltern organisierten für mich den Termin für einen Eignungstest an einer Fachschule in Zürich. Es hätte auch eine Schule in Bern gegeben, aber das Risiko war zu gross, dort täglich mit meiner Vergangenheit konfrontiert zu sein. Ausserdem begann ja auch Michael seine Ausbildung in Zürich.

Es sollte ein kompletter Tapetenwechsel für uns beide werden.

Ich fuhr mit dem Zug nach Zürich zur Prüfung. Beim Umsteigen in Bern machte sich ein nervöses, unangenehmes Gefühl in meiner Magengegend breit. Meine Erinnerungen wühlten unangemeldet in meiner Seele. Während kurzer Zeit hatte ich das Gefühl, als machten sich etliche Symptome von Entzugserscheinungen bei mir bemerkbar.

Ich war froh, als der Zug endlich in Zürich eintraf.

Im Ausbildungszentrum begrüsste mich die Direktorin. Sie hatte sehr lebendige Augen, und es kam mir vor, als wäre ich eines der von ihr neu entdeckten Bakterien unter dem Mikroskop.

Ich musste zuerst schriftlich viele Fragen beantworten. Da gab es Fragen über das Periodensystem der Elemente, es gab Rechenaufgaben, Fragen zum Allgemeinwissen und so weiter.

Später hatte ich Zeit, einen Text über das Hämoglobin durchzulesen und musste dann mündlich Rede und Antwort stehen. Bevor es zum praktischen Teil überging, durfte ich mich während 30 Minuten schriftlich zu einem Bild äussern. Dieses Bild zeigte ein Gesicht, das sowohl ein junges und ein altes darstellte, und es war für mich ein Vergnügen, darüber zu schreiben.

Im praktischen Teil musste ich einen sogenannten McConkey-Agar bestreichen, das ist ein mikrobiologischer Nährboden für Bakterien. Nach den Prüfungen war ich guten Mutes. Ich durfte mich in drei Tagen melden, um meine Testresultate zu erfahren.

Mein Gefühl sagte mir, dass ich den Eignungstest bestanden hatte, und ich behielt recht. Es war mein erster, grosser Schritt zurück in das Leben der Gesellschaft.

68 Eine Ausbildungsstelle

Michael begann sein Musikstudium in Zürich und lebte zu Beginn bei Verwandten, die ihm ein Zimmer vermieteten. Luana bewohnte ein kleines Zimmer im Personalhaus des Spitals und sammelte im Labor ihre ersten Erfahrungen. Die Personalzimmer befanden sich in zwei grauen Hochhäusern direkt neben dem Spital.

In meinem kleinen, liebenswerten Zimmer im Spitalhaus konnte ich ganz allein alles so einrichten, wie ich es wollte, und in der angenehmen, warmen Atmosphäre fühlte ich mich schon bald wohl und sicher. Im Keller bei Michael war alles eingerichtet gewesen, und ich hatte damals einen Raum bewohnt, der bereits von Michael und seinen Eigenschaften geprägt war. In meinem Zimmer im Spitalhaus jedoch war ich es selbst, die ihre Aura von Anfang an ausbreiten konnte. Es war ein Gefühl, das mir eine neue Form von innerer Freiheit gab.

Wenn es regnet, und dies ist hier oft der Fall, sieht es so aus, als würden diese zwei grauen, hohen Betonblöcke weinen. Ich bin froh, ihr Schluchzen nicht zu hören. In diesen grauen Tagen fühle ich mich meinen gefährlichen Gedanken extrem nahe. Es ist, als wollen mich die Personalhäuser an meine Melancholie erinnern. Ein Lied im Radio kann noch immer in Lichtgeschwindigkeit meine fröhliche Stimmung auslöschen, mich wie eine Splitterbombe verletzen und mich leiden lassen. Ich denke an Valérie, an unsere gemeinsamen Zeiten, an unsere Versprechungen und Wünsche und an Heroin, das unsere Sehnsüchte erfüllen und unsere Ängste beseitigen konnte. Dann gibt es wieder Tage, in denen ich mich voller Energie und Stärke fühle, und mein jetziges, gesellschaftskonformes Leben kommt mir beinahe so vor, als würde meine Vergangenheit zu jemand anderem gehören.

Ich musste unter anderem lernen, wie man eine Blutentnahme macht, und dabei wurde meine Widerstandskraft auf die Probe gestellt. Ich stand wie auf einem hohen, überhängenden Fels, von dem ich jeden Moment hinunterfallen konnte.

Ich weigerte mich zunächst, an einem der Kameraden eine venöse Blutentnahme zu machen. Die Lehrerin vermutete, dass ich Angst vor Spritzen hatte und schenkte mir noch mehr Aufmerksamkeit, was mich zusätzlich äusserst nervös machte. Ich sah das unprofessionelle Stechen meiner Mitschüler, und beinahe wollte ich ihnen Tipps geben, wie sie die Venen erspüren konnten und in welchem Winkel sie mit den Nadeln eindringen mussten.

Die Hämatologielehrerin, die uns die Blutentnahme beibrachte, erklärte mir, dass ich es einfach einmal versuchen sollte, dann würde ich sehen, dass das gar nicht so ein Teufelszeug sei. Sie wich keinen Schritt von mir, um mir zu helfen. Ich zwang mich zur Ruhe. Ich sollte eine Blutentnahme unter Anweisung und Beobachtung einer Lehrerin durchführen, die glaubte, dass ich Angst vor Nadeln hatte. Würde sie meine Routine erkennen? Konnte ich mich überhaupt so anstellen, dass sie glaubte, ich sei eine Anfängerin? Die Frage war, wie ich es hinkriegte, damit niemand etwas von meiner Vergangenheit bemerkte.

«Legen Sie das Elastikband um meinen Arm, Luana.»

Sie tat alles, um mir zu helfen.

Ich desinfizierte die Einstichstelle, und sie sagte mir, nun solle ich die Vene mit meinem rechten Zeigefinger abtasten.

Ich tat dies früher immer links, aber dies behielt ich für mich. Ich bohrte die Nadel durch ihre für sie so kleine, feine und zarte Vene, die für mich jedoch eine wunderschöne, riesige und fette war. Ihr Blut floss in das Röhrchen, und sie sagte, ich scheine ein Naturtalent zu sein.

Als ich das Blut in das Röhrchen fliessen sah, spürte ich den Geschmack des Sugars in meinem Mund. Ich sah das bleiche Gesicht von Valérie und das verfaulte Gebiss von Betti. Viktor und Mario grinsten mich an, und in meinen Bildern sah ich all die Leute von der Szene. Dann sah ich Michael, der mich in seine Arme nahm.

«Sie haben mich gestochen, sagte sie, als hätten Sie dies schon ihr Leben lang getan.»

Ich war nicht fähig, ihr zu antworten, ich war gerade dabei, meine Spucke runterzuschlucken, die mich mit einem seltsamen Geschmack verwirrte. Ich wollte sofort raus aus diesem Raum mit seinen Blutentnahmen und weg von dieser Schule.

Meine Vergangenheit hatte mich wieder einmal eingeholt, und es blieb nicht das letzte Mal, dass ich die Ausbildung abbrechen wollte.

Meine widersprüchliche Person löste bei meinen Mitschülern Interesse aus. Sie spürten diesen Schleier, der mich umgab, und sie wollten dahinterkommen, was es war. Nicht selten stellten sie neugierige Fragen. Natürlich blieb meine Vergangenheit ein gut gehütetes Geheimnis.

Meine Lehrkräfte gaben mir immer wieder zu verstehen, dass sie mich und meine Wissbegierde schätzten. Besonders die DNA faszinierte mich, sie war der Schlüssel des Lebens.

Ich realisiere auf eine ganz neue Art, wie genial das menschliche Leben ist! Beim kleinsten Fehler der Natur sind schwerwiegendste Krankheiten oder Deformationen die Folge, die unser Leben erschweren oder uns viel zu früh sterben lassen. Das Leben ist göttlich! Schade nur, dass für uns die Gesundheit so etwas Selbstverständliches ist, jedenfalls so lange, bis wir sie nicht mehr haben, dann erst beginnen wir zu verstehen, dass es das grösste Glück ist, das wir im Leben haben können.

Michael übernachtete meistens bei mir. Das Zimmer war eigentlich viel zu klein für zwei Bewohner. Trotzdem verabschiedete sich Michael von seinen Verwandten und zog zu mir in das Personalzimmer. Tagsüber waren wir beide beschäftigt, und für mich war es immer eine grosse Freude, zu wissen, dass wir gemeinsam den Abend verbringen konnten.

69 In der Zürcher Szene

Seit Luana wieder einer Tätigkeit nachging, und zudem noch einer, die ihr meistens Freude bereitete, begegnete sie Michael viel gelassener. Er glaubte bereits, sie hätte ihr Leben wieder völlig im Griff, bis sie eines Abends mit viel Verspätung und mit einem altbekannten Plastiksäcklein zu Hause eintraf.

Nach der letzten Schulstunde war ich noch einmal ins Stadtzentrum gegangen und wollte ein bisschen imaginäres Shopping betreiben. Ich suchte nach einem bestimmten Laden, und da mich mein Orientierungssinn wieder einmal im Stich gelassen hatte, fragte ich einen jungen Mann, der gerade die Strasse überqueren wollte, nach der Adresse.

Als er mir zähflüssig den Weg zu beschreiben versuchte, bemerkte ich sofort, dass seine Pupillen den mir bekannten Stecknadelköpfen glichen. Sein Gesicht war bleich und fad, hatte diesen resignierten Ausdruck und jene Hektik auf der Jagd nach dem Gift. Er sprach in einer Art akustischer Zeitlupe. Dennoch war dieser bemitleidenswerte Typ fähig, mich meine Gegenwart und mein jetziges Leben blitzschnell vergessen zu lassen. Obwohl ich Abscheu, Hass und Traurigkeit empfand, brachte er mein Blut unwillkürlich zum Brodeln.

Ich fragte ihn nach der Szene.

Ich hatte dabei ein paranoides Gefühl und sah mich hastig und nervös um. Meine Hände waren feucht und mein Puls raste. Es war die Gelegenheit, mir noch einmal einen Schuss zu setzen, das erste und letzte Mal hier in Zürich, das versprach ich mir. Ausserdem hatte ich mein Leben jetzt im Griff. Ich war in einer Ausbildung, pflegte einen gesellschaftskonformen Alltag, hatte seit längerer Zeit einen einzigartigen Freund und verdiente sogar auf legale Weise ein wenig Geld. Es würde also definitiv einfach für mich sein, nur noch ein einziges Mal Sugar zu nehmen. Hatte ich mir nicht sogar einen Schuss verdient?

Schliesslich war ich fähig gewesen, mich von der Szene zu trennen, eine gute Ausbildung anzufangen, den Wohnort zu wechseln und mich erneut in die Gesellschaft zu integrieren.

Das musste doch eigentlich belohnt werden. Warum sollte ich mir nicht etwas gönnen. Bei meinen jetzigen Lebensbedingungen konnte ein einziger Ausrutscher keine gravierenden Folgen haben.

Der junge Mann half mir bei meiner Entscheidung.

«Tram 13», sagte er, «du kannst mit mir kommen.»

Ich ging mit und bestieg mit ihm das Tram mit der Nummer 13.

Ich wusste, dass mich Michael zu Hause schon erwartete. Aber ich konnte mir das Ganze ja nur mal ansehen gehen, ich musste ja nichts kaufen.

Warum nur suchte ich mir unbewusst eine süchtige Person aus, die ich ohne jegliche Absichten nach dem Weg fragen wollte? Wollte mich vielleicht einmal mehr eine höhere Macht prüfen? War dies reiner Zufall, oder war es eine geheime, tief versteckte Sehnsucht? Wenn es zwei Möglichkeiten gibt, so tritt immer die schlechtere davon ein. Wenn etwas schiefgehen kann, dann geht es schief.

Wir stiegen aus, und der Mann begleitete mich. Die Szene in Zürich war anders und erschreckte mich. Was ich sah, übertraf an Grösse und Elend die Bilder, die ich in Bern und Thun gesehen hatte. Die süchtige Menschenmenge kam mir vor wie ein riesiger, aufgescheuchter Ameisenhaufen. Unzählige Männer und Frauen waren nervös und gehetzt am Rumrennen. Da waren die Dealer, die ihre Ware unter lautem Geschrei unter die Menschen brachten, als wären sie auf einem grossen Markt. Die Filterli-Junkies waren hier sehr markant. Sie priesen angeblich neue Spritzen, Löffel und Ascorbinsäure an und wollten als Gegenleistung den Rest des Sugars aus den Zigarettenfiltern. Nadeln und Spritzen, so weit das Auge reichte. Überall wurde in kaputte, bereits völlig zerstochene Körper gespritzt, die zum Teil von hässlichen Geschwüren und Abszessen gekennzeichnet waren. Etliche Menschen sassen oder lagen am Boden, einige lagen sogar in ihrem Erbrochenen, während andere einfach über sie hinwegstiegen oder achtlos an ihnen vorbeihetzten. Es war einfach nur schrecklich. Die Verelendung hier hatte ein entsetzlich dramatisches Ausmass. Einige standen eng aneinander gepresst da, beinahe jeder hatte eine Nadel in Arm, Bein Hals, Fuss oder Hand, einige kotzten, andere schrien, andere wiederum motzten, und überall waren diese toten, eintönigen und furchtlosen, kalten Augen. Die Hektik war riesig, obwohl ein jeder dem Tod bereits die Hand reichte. Es war dieser altbekannte, angesammelte Haufen von Monotonie, Resignation und Zerfall, und ich war wieder mal mitten drin.

Es dauerte nicht lange, bis einer der Dealer kam und mich fragte, wie viel ich denn haben wolle.

«Ich weiss es nicht.»

«Du bist neu hier.»

Ich erinnerte mich an Viktor mit seinem gespielt verständnisvollen Lachen, und ich hatte ein Gefühl des Ekels, es war aber nicht stark genug. Es reichte nicht aus, um mich schleunigst in das nächste Tram nach Hause zu setzen.

Ich hatte mir vorgenommen, niemals in Zürich den Ort der Szene kennenzulernen. Nachdem ich trotz all meiner Vorsätze diesen Schritt getan hatte, gab es keine Hemmschwelle mehr.

Im Tram zurück nach Hause hatte ich Schweissausbrüche und Herzklopfen und die Vorfreude auf ein sehr bekanntes, nicht mehr wegzudenkendes Gefühl.

Ich war schockiert, in Zürich wieder all diesen aus meiner Vergangenheit bekannten, flehenden und gehetzten aber dennoch toten Blicken zu begegnen.

Trotzdem war ich sofort der Macht der noch immer tief schlummernden Sucht ausgeliefert. Sie schien geduldig auf eine solche Gelegenheit gewartet zu haben. Blitzschnell ergriff sie ihre Chance und breitete sich siegessicher in meinem ganzen Körper aus.

70 Kampf mit Michael

Michael war ausser sich vor Wut und Enttäuschung.

Er schrie mich an. «Gib mir sofort dieses Dreckspulver!»

Ich scherte mich nicht um seine Gefühle. Das Einzige, das mir in diesem Moment wichtig war, befand sich in einem Plastiksäcklein, das ich wie ein Heiligtum fest umklammert in meinen Händen hielt. Michael versuchte, es mir zu entreissen.

Ich schleuderte ihm widerwärtige Fluchwörter entgegen und kämpfte mit aller Kraft, als ginge es um Leben oder Tod. Er wollte mich beschützen, und ich verteidigte, was mir in diesem Augenblick als das Wichtigste in meinem Leben erschien.

Ich kämpfte mit vollem Körpereinsatz, während er versuchte, meine Hand zu öffnen, die den Stoff umklammert hielt.

Durch mein Zappeln, Treten und Winden konnte ich dies verhindern.

Michael rastete aus. Hilflos und ausser sich vor Wut ohrfeigte er mich mehrere Male. Ich schrie und schlug wild um mich. Ich kämpfte mit Michael und versuchte, ihn mit einigen der früher gelernten Judotricks wenigstens für einen Augenblick ausser Gefecht zu setzen.

Dies alles geschah unter den bösartigsten Verfluchungen und unter mörderischem Geschrei. Gegenstände flogen durch die Luft. Er brachte sich in den Besitz der Droge, aber ich kämpfte weiter. Ich weiss nicht mehr genau wie es dazu kam, jedenfalls wurde ich plötzlich durch einen Stoss von Michael gegen den Wandschrank geschleudert.

Ich fühlte keinen Schmerz, und für einen Augenblick war Stille. Michael rannte sofort sorgenvoll herbei, ich hatte mir den Kopf angeschlagen und war voll von Tränen und Wut. Bevor ich weiterfluchen oder -kämpfen konnte, klopfte es an die Zimmertür.

Wir hörten eine Männerstimme.

«Sofort aufmachen, oder ich werde die Polizei alarmieren!»

Wir schauten uns erschrocken an. Michael ging zur Tür und öffnete.

Es war ein Student, der neben mir sein Zimmer hatte und Psychologie studierte. Aus meinem Geschrei hatte er geschlossen, dass Michael dabei gewesen war, mich zu vergewaltigen, davon war er überzeugt, und es war seine Absicht, die Polizei zu holen.

«Du hast keine Ahnung was hier abgeht», sagte Michael. «Meine Freundin ist drogensüchtig und gerade auf Entzug.»

Der Student verzog sich wortlos, vielleicht war er als zukünftiger Psychologe sogar enttäuscht, dass sein Verdacht falsch gewesen war.

Michael schloss die Tür, und ich musste zusehen, wie er schweigend und angewidert das Plastiksäcklein in die Toilette spülte.

Der Grund für meinen nächsten Hysterieanfall war die Tatsache, dass ich mich von Michael verraten fühlte. Ich konnte einfach nicht glauben, was er diesem Studenten gesagt hatte. Drogensüchtig und auf Entzug!

Ich war mir sicher, dass ich jetzt mein Zimmer verlieren würde und auch meine Ausbildungsstelle, und meine Zukunft konnte ich sowieso vergessen.

«Du darfst dies doch nicht einfach einem wildfremden Menschen erzählen! Er ist ein Student, der das gleiche Personalhaus bewohnt wie ich! Weisst du eigentlich, was du mir damit angetan hast?»

Er schien sich darüber klar zu werden, und plötzlich weinten wir beide. Hilflos umarmten wir uns.

Ich hatte eine Beule am Kopf, und wir waren beide erschöpft.

Mein süchtiges Ich benutzte diese Situation, um Michael zu erklären, dass ich heute definitiv Sugar nehmen würde. Dagegen war absolut nichts zu machen.

Ich versprach ihm allerdings, nicht zu spritzen, sondern nur zu sniefen. Michael war nicht mehr in der Lage, zu streiten, er war mit seiner Kraft am Ende und leer.

Wir fuhren noch in dieser Nacht gemeinsam zur Szene, und ich kaufte mir Sugar.

Michael wartete kreidebleich im Auto auf mich.

Als ich erleichtert und fast ein wenig gut gelaunt in sein Auto stieg und er mich anschaute, begannen seine Tränen erneut zu fliessen.

Ich hatte eine dicke Beule an meiner Stirn, die von meinem Aufprall auf den Wandschrank herrührte. Er strich mit der Hand zärtlich über mein Gesicht, als schmerze ihn meine Beule mehr als mich selbst. Unser Kampf, mein Geschrei, der Student, der nun über alles Bescheid wusste, all das war sinnlos gewesen, ich hatte nun doch mein Sugar.

71 Nach dem Absturz

Am nächsten Morgen im Spitallabor war mir kotzübel. Ich pipettierte wie eine Irre, und bei den zweiminütigen Inkubationszeiten rannte ich auf die Toilette und musste mich übergeben, danach hatte ich kalte Schweissausbrüche und kaum aushaltbare Magenkrämpfe.

Meine Chefin schickte mich gegen Mittag nach Hause. Sie habe schon morgens bemerkt, dass heute etwas mit mir nicht stimmte. Vielleicht habe ich eine Magen-Darmgrippe aufgelesen. Ich stimmte ihr zu und verliess das Labor.

Später, in meinem Personalzimmer, hatte ich mit Rückenschmerzen, Kopfweh und Übelkeit zu kämpfen. Ich telefonierte weinend mit Michael. Ich schwor ihm, dass ich niemals mehr so einen Ausrutscher haben wolle. Er musste mir versprechen, dass er, egal wie hysterisch ich war, mir nie mehr erlaubte, dieses Scheisspulver zu

nehmen. Ich schrieb damals auf einen Zettel, den ich bis heute aufbewahrt habe:

Ich will NIE MEHR Sugar nehmen! Ich versuche ALLES
zu tun, damit ich dieses Vorhaben erfüllen kann!!!
I BEG u all to help me – everybody!!! Ich fühle mich beschissen,
schuldig, mies!!!!!

Den Zettel legte ich dann in mein aktuelles Tagebuch und hoffte,
dass er mich auf immer und ewig an meinen Vorsatz erinnern wird.

Als Michael nach Hause kam, war er noch immer niedergeschlagen, hoffnungslos traurig und voller Schuldgefühle. Wir redeten
nochmals über die Geschichte mit dem Studenten. Michael schlug
mir vor, mit ihm zu reden, um das Schlimmste zu vermeiden. Ich
klingelte, er hiess Max, und er hörte mir interessiert zu. Er versprach mir schliesslich, dass er die ganze Geschichte für sich behalten werde. Ich sei immer wie ein kleiner Sonnenschein für ihn gewesen, sagte er sogar, aber seine Enttäuschung und sein Misstrauen
konnte er nicht verbergen.

Am Abend war ein Besuch bei meinen Eltern vorgesehen. Michael
rief vorher meinen Vater an und sagte ihm, dass er mich in der Hit-
ze des Gefechts geohrfeigt und in den Wandschrank gestossen hatte. Er wollte meine Eltern nicht belügen, denn es war zu erwarten,
dass sie nach dem Hämatom am Kopf ihrer Tochter fragen würden.
Michael hatte bisher noch nie jemanden geohrfeigt, geschweige
denn umgestossen und verletzt, und nun hatte er dies bei einer Person getan, die er liebte.

Mein Vater war beeindruckt von seiner Ehrlichkeit. Die Umstän-
de waren für ihn verständlich, Michael wollte mich nicht verletzen,
im Gegenteil, er wollte mich schützen. Ich selbst wusste, dass er
kein aggressiver Mensch war. Es war diese eskalierende Situation
gewesen, die ihn schliesslich die Kontrolle hatte verlieren lassen.

Michael hat mir gezeigt, dass auch der freundlichste und liebens-
werteste Mensch bei völliger Überforderung, Enttäuschung
und Wut handgreiflich werden kann. Manchmal frage ich mich, ob
ich eigentlich fähig bin, jeden Menschen durch mein Ver-
halten die Kontrolle verlieren zu lassen.

Mein Rückfall entfachte ein bereits gelöscht geglaubtes Feuer. Meine
Gedanken konzentrierten sich wieder einmal auf den Fluch der
Sucht. Meine Laune war meist schlecht, und die kleinste Banalität
liess mich ausrasten. Ich hatte Angst, dass ich es trotz meinem noch
immer vorhandenen Willen nicht schaffen würde, ohne diese Sucht-
gedanken zu leben. Alte Verhaltensmuster nisteten sich wieder in
meine Seele ein, ich wälzte mich im Schlaf und war schnell reizbar.

Hätte heute das Telefon nicht zur richtigen Zeit geläutet, würde
ich bereits im Tram Nr. 13 sitzen. Habe extremes Verlangen
nach diesem Gefühl… egal, wie dreckig es mir danach geht und wie
viel ich mich übergebe, ich habe immer Lust darauf!!! Ich
fühle mich so leer! Warum nur ist dieses Gift, das doch so böse ist,
fähig, mir ein solch schönes Gefühl zu vermitteln? Weil der Teufel
zuerst immer liebevoll erscheint! Warum gibt mir dieses Gift
denn etwas, was ich sonst so sehr vermisse? Weil es nur ein Trug-
bild ist, nur eine momentane Erscheinung. Warum verdammt
ist dieser Flash so geil? Sind denn Kotzen, Schmerzen, Paranoia,
Persönlichkeitsverlust, Leere, Zerfall, Tod wirklich so geil? Es
ist so verdammt schwierig. Hätte ich diese Droge doch niemals in
meinem Leben kennengelernt!

Michael konnte nur erahnen, was ich täglich seit meinem Absturz
durchmachte. Obwohl wir viel zusammen unternahmen und uns
nach wie vor liebten, glaubte ich zu spüren, dass sich irgendetwas in

unserer Beziehung geändert hatte. Vielleicht war es die Enttäuschung, die noch immer gegenwärtig war. Vielleicht war es auch die Gewissheit, dass meine Vergangenheit jederzeit unser gemeinsames Leben mit dunklen Schatten zudecken konnte. Vielleicht frassen all diese Ereignisse immer wieder einen kleinen Teil unserer Liebe, unsichtbar und lautlos. Unsere Liebe war krank. Ich wollte aber auf jeden Fall, dass sie wieder gesund wird.

72 Leben im Personalzimmer

Schon bald hatte Luana ihre ersten Vordiplomprüfungen. Ich musste meine Gedanken der Anatomie, Pathologie, Chemie und Biochemie widmen. Zum Glück war mein Interesse an diesen Fächern gross, und mit Enthusiasmus versuchte ich, die Zusammenhänge zu verstehen und mir ein vernetztes, analytisches Denken anzueignen. Meine Lehrer erkannten meine Wissbegierde und unterstützten mich auch dann, wenn ich schlechter Laune war, alles abbrechen wollte und die Ausbildung lautstark verfluchte.

Ich erinnere mich, wie ich eines Tages an die Türe der Direktorin hämmerte.

Luana war gereizt, fühlte sich in der täglichen Routine gefangen und beklagte sich über ein System, wo man gedrillt wurde mit dem Ziel, seine Persönlichkeit aufzugeben, nur um ein weiteres, unscheinbares Rädchen zu werden, das sich stillschweigend drehte. Sie konnte und wollte keines dieser Rädchen sein.

Die Direktorin hörte mir neugierig zu, hob ihre Augenbrauen und bat mich seelenruhig, mich zu setzen.

Sie redete mit mir.

Sie sprach davon, was es bedeutete, gegen den Strom zu schwimmen. Viel besser war es, mitzuschwimmen und die unwichtigen Fische vorbeiziehen zu lassen und andere zu entdecken, die mich inspirieren konnten. Wenn ich es schaffte, ein Rad im System zu sein, das nicht nutzlos war und gebraucht wurde, wäre dies ein Beweis für meine Persönlichkeit.

Ihre Ruhe und Gelassenheit, gemischt mit Interesse und Verständnis, liessen mein Querulantentum verstummen. Sie verstand es, klar und sachlich zu erklären, was das Leben von mir erwartete.

«Kommen Sie jederzeit wieder», sagte sie, «damit wir über Ihre Sorgen und Ängste reden können.»

Mir war völlig klar, dass diese Direktorin und auch viele der anderen Lehrer ein unbezahlbares Geschenk für mich waren. Einerseits waren sie streng und hatten ihre Prinzipien, andererseits waren sie feinfühlig und setzten sich für das Wohlergehen ihrer Studenten ein. Meine oftmals aufgewühlte Persönlichkeit sahen sie nicht als Problem, sondern als Herausforderung.

Michael musste sich alle sechs Wochen auf irgendwelche musikalischen Prüfungen vorbereiten. Manchmal verfolgten mich seine akustischen Übungen sämtlicher Tonleitern sogar in meinem Schlaf. Er sagte, dass ich im Traum do-re-mi-fa-so gesungen habe und schlug mir grinsend vor, an seiner Stelle zu den Prüfungen zu gehen.

Es war nicht immer einfach, in diesem kleinen Personalzimmer zu zweit zu leben. Wir beide hatten zu unterschiedlichen Zeiten zu lernen und waren zu unterschiedlichen Zeiten gestresst oder ausgeruht. Es war eigentlich ein ganz gewöhnliches Leben. In unserem kleinen Zimmer wurde es aber zu einer Herausforderung.

Wenn ich am Fernsehen war und Michael sich seiner Musik widmete, hörte ich alle Sendungen über Kopfhörer, sodass er die für ihn wichtige Ruhe für seine musikalischen Übungen hatte.

Auch mir fiel es oft schwer, mich meinen wissenschaftlichen Fächern zu widmen und mich nicht von Michael ablenken zu lassen. Er sass wenige Meter neben mir, und ich musste so tun, als nähme ich seine Anwesenheit nicht wahr, obwohl ich innerlich zappelte.

Das für zwei Personen viel zu kleine Bett wurde zu unserem Stammplatz. Wir lernten auf dem Bett, sahen TV auf dem Bett, diskutierten auf dem Bett, liebkosten uns auf dem Bett, und oftmals diente das Bett sogar als Ersatztisch für unser gemeinsames Essen.

Bei aller Liebe brauchte aber jeder wenigstens eine kleine Ecke für sich und seine Sachen, um nicht erdrückt zu werden. Ein zweiter Raum hätte uns sicher aufatmen lassen. Auch wenn uns dieselbe, kleine Distanz getrennt hätte, wäre eine Türe hilfreich gewesen. Sie hätte mir geholfen, mich nicht ständig ablenken zu lassen oder mich beobachtet zu fühlen. Manchmal benötigten wir einfach einen gewissen Freiraum, der uns dieses Zimmer beim besten Willen nicht bieten konnte. Das Badezimmer hätte jeden Klaustrophoben sofort in Ohnmacht fallen lassen.

Egal was wir taten, wir sahen, hörten und rochen den andern immer und gewöhnten uns an diese Situation. Wir wussten immer alles über den emotionellen Zustand des andern. Da konnte man sich nicht verstecken. Alle Sehnsüchte, Neurosen, Ängste, Zweifel, einfach jedes Gefühl wurde sofort gegenseitig erkannt. Es schien, als ob jedes einzelne Gefühl in dem kleinen Zimmer schweben würde, und beim Betreten des Zimmers zeigten sich dessen Gesichter sofort.

Manchmal habe ich schon fast das Gefühl, dass ich und Michael zwar zwei Personen sind, unsere Seelen sich jedoch immer die Hand geben und die eine die andere niemals loslässt. Auch wenn wir uns streiten, und das kommt nicht selten vor, scheint nichts fähig zu sein, diese Bindung zu trennen. Michael ist so sehr zu einem Teil in meinem Leben geworden, dass ich sogar vergesse, dass die Möglichkeit des Endes der Beziehung auch bei uns besteht.

Manches Wochenende verbrachten wir in Thun in der heimeligen Atmosphäre von Michaels geräumigem Kellerzimmer. Wir sogen beide die Weite des Hauses mit all seinen Räumen und Nischen ein. Allein das Benutzen des grosszügigen Bades war eine wahre Freude und löste die aufgebauten Mauern in meinem Herzen. Manchmal genoss ich dann ein paar Stunden alleine im Zimmer oder im Garten, und Michael war froh, ohne Rücksicht auf Lärm Schlagzeug spielen zu können. Nach solchen Wochenenden fühlten wir uns jeweils wie befreit. Die frisch gewonnene Energie begleitete uns während der ganzen Fahrt nach Zürich, und ich hatte dann das Gefühl, dass sich mein kleines Zimmer in diesem grauen Betonbunker besonders Mühe gab, uns herzlich zu empfangen, gerade so, als wäre es ein wenig eifersüchtig gewesen, dass wir es verlassen hatten.

73 Vordiplom bestanden

Meine Eltern freuten sich riesig, als ich ihnen mitteilte, dass ich das Vordiplom bestanden hatte und ihr Stolz berührte mein Herz. Meine Schwester schickte ein paar Tage später per Post ein kleines Paket, gefüllt mit Süssigkeiten, zusammen mit einer Glückwunschkarte, die auch von ihrem Freund unterschrieben war.

Ich warf die Karte sofort in den Abfalleimer, sie erinnerte mich an einen jener Tage, als ich in Thun auf der Suche nach Wärme und Sicherheit gewesen war. Ich glaubte, sie in der Disco des Freundes meiner Schwester zu finden. Er war damals Mitinhaber einer bekannten Disco in Thun. Meine Schwester sass an jenem kalten Samstagabend an der Kasse.

Ich stand, begleitet von Sokrates, meiner Ratte, in der wartenden Schlange und freute mich auf ein paar Stunden Wärme. Meine Jeans waren schmutzig und übersät mit zugenähten Löchern und Sicherheitsnadeln. Auf meiner ausgefransten Jacke waren die in verschiedenen Farben aus Farbdosen aufgesprühten Peace-Zeichen und das Yin-Yang-Symbol zu erkennen. Sokrates war durch all die Unruhe und die penetranten Parfumdüfte nervös geworden und krabbelte zum Entsetzen und Ekel der fein herausgeputzten Leute auf meinen Schultern hin und her. Mir war schwindlig und kalt.

Meine Schwester, die freundlich jede Person anlächelte, sobald sie ihr Ticket bezahlt hatte, war von meinem unerwarteten Erscheinen peinlich berührt. Sie sagte mir angeekelt, sie werde mich hier niemals reinlassen. Niedergeschlagen fragte ich sie, ob ich nicht nur kurz bleiben könnte, vielleicht etwas trinken, dann würde ich auch sofort wieder gehen. Sokrates hatte sich inzwischen schützend unter meinen Haaren verkrochen, und ich glaubte seine Wut und Enttäuschung zu spüren.

Ich solle jetzt sofort verschwinden, wiederholte sie. Gleichzeitig lächelte sie ankommende Gäste überfreundlich an.

«Ich bin aber deine Schwester!», schrie ich sie an und bettelte erneut, bis ich schliesslich realisierte, dass ich von ihr keine Hilfe erwarten konnte. Vielleicht war sie von meinem unerwarteten Besuch einfach überfordert und meine Erscheinung zusammen mit Sokrates war für sie und wahrscheinlich auch für die meisten anderen Besucher unangebracht und beschämend. Ich ging zutiefst enttäuscht und den Tränen nahe wieder zum Ausgang. Pink Floyd ging mir durch den Kopf: *Does anybody else in here, feel the way I do?* Plötzlich hörte ich jemanden meinen Namen rufen. Der Freund meiner Schwester entschuldigte sich und offerierte mir eine Cola.

Meine Schwester kam dazu und machte ihm klar, dass sie mich hier auf keinen Fall haben wolle. Wir einigten uns dann, dass ich auf die Toilette gehen durfte, damit ich die Cola an der Wärme fertigtrinken konnte. Die Toilette benutzte ich zum Kotzen, und die Cola half mir, den säuerlichen Geschmack zu vertreiben.

Sokrates zeigte mir durch sein unruhiges Verhalten, dass auch er die Schnauze voll hatte. Gemeinsam verliessen wir damals diesen ungemütlichen Ort und kehrten beinahe erleichtert in die Szene zurück.

Michael genoss einige Süssigkeiten aus dem Paket meiner Schwester und holte mich mit einem Kuss aus meinen Gedanken in die Gegenwart zurück. Manchmal hatte ich das Gefühl, dass er bereits völlig abgehärtet war von all meinen Erlebnissen, die ich ihm erzählte. Ich sah aber auch Traurigkeit in seinem Gesicht, die mir verriet, dass ihn meine Erinnerungen belasteten. Dann schwieg ich und schrieb meine Gedanken auf. Meine treusten Zuhörer waren all die Papiere, auf die ich meine Erlebnisse niedergeschrieben und denen ich alles anvertraut hatte.

Trotzdem war unsere Beziehung im Lauf der Zeit immer enger geworden, was nicht heisst, dass sie auch leidenschaftlicher war. Ständig waren wir zusammen, und sogar während eines stinknormalen Arbeitstages riefen wir uns mehrere Male an. Ich nahm dies als Zeichen dafür, dass unsere Liebe trotz allem intakt war. Ihre Intensität war aber mit einer unsichtbaren Gefahr verbunden; das war die Abhängigkeit. Erst viel später realisierte ich, dass ein so enges Verhältnis einem Menschen tatsächlich die Luft zum Atmen nehmen kann.

Die Schönheit und Freude der Liebe kann durch unser dauerhaftes, intensives Zusammensein nicht mehr wahrgenommen

werden. *Das Gefühl des Vermissens ist weg. Es ist eng zusammen-*
gedrückt neben anderen Gefühlen irgendwo in einem über-
füllten Abfalleimer. Es könnte nur zum Vorschein kommen, wenn
dieser Eimer entweder sorgfältig durchstöbert und vorsichtig
entleert würde oder aber wenn die Liebe stirbt und jedes Gefühl,
das sich in diesem Eimer befindet, als vermisst gemeldet wird.

74 Beziehungsprobleme

Trotz der Energie und dem Optimismus von Michael fühlte ich,
dass sich nach jedem Streit, nach jeder Enttäuschung, nach jedem von mir nicht eingehaltenen Versprechen leise Zweifel in sein
Herz schlichen.

Sie begannen sich langsam auszubreiten.

Ich versuchte, meine Emotionsausbrüche zu zügeln.

Mein aggressives Verhalten, das sich immer dann bemerkbar
machte, wenn ich an Sugar dachte, bekämpfte ich durch schweiss-
treibendes Joggen.

Dennoch hatte ich das Talent, einen wunderschönen Abend in
Sekundenschnelle zu zerstören. Es brauchte manchmal nur ein
falsch gewähltes Wort. Es konnte mich so sehr in Rage bringen,
dass eine schwarze Wolke für mehrere Stunden bedrohlich über
uns lag.

Obwohl ich meine Ausbildung beinahe gemeistert und mich in
das gesellschaftliche Leben eingegliedert hatte, fühlte ich, dass
mich Michael noch immer als die kleine, hilflose Luana betrachtete, die durch all ihre Erlebnisse und ihre Vergangenheit auf seine
Hilfe angewiesen war. Ich wollte aber endlich, dass mich Michael
sah, wie ich heute war, und dass er mich auch so behandelte.

Dies schien für ihn äusserst schwierig oder sogar unmöglich zu sein. Seit Beginn unserer Beziehung hatte er all meine übermässigen Emotionen kontrolliert. Er war immer derjenige gewesen, der mich von einem paranoiden Zustand befreite, der meine Aggressionen dämpfte und mich vor allen Gefahren beschützte, so gut er konnte. Unsere Rollen waren von Anfang an klar verteilt gewesen. Ich war diejenige, die Hilfe brauchte, und er war derjenige, der sie mir gab.

Was wurde aus seiner Rolle, wenn ihn Luana plötzlich für dies alles nicht mehr brauchte? Auch Luana hatte in Michaels Leben Hilfe geleistet und nicht nur die Rolle des hilflosen Mädchens gespielt. Sie hatte ihn bei wichtigen Entscheidungen unterstützt und dazu beigetragen, dass er seine Träume und Ziele in die Realität umsetzen konnte.

Ich habe Michael aus dem Garten Eden gerissen, aber ihm auch viele verschiedene, unverhüllte Gesichter des Lebens gezeigt. Ein Windstoss kann ihn nicht mehr so schnell ins Wanken bringen. Mein Wille und meine Kraft faszinieren ihn, aber nicht selten fühlt er sich nach unseren Gesprächen schachmatt. Meine Sensibilität und meine Vergangenheit zeigen ihm, wie zerbrechlich ich sein kann, aber auch wie aggressiv und unkontrolliert. Manchmal habe ich beinahe das Gefühl, dass er mich bei unseren Streitigkeiten vielleicht bewusst provoziert, um am Ende als mein Beschützer und als Bodyguard meiner Gefühle den Ring verlassen zu können. Es ist ihm durch unser ständiges und enges Zusammensein kaum möglich, meine Veränderungen wahrzunehmen. Ich war ein kleines, verwahrlostes Pflänzchen, aber jetzt bin ich dabei, zu einem kräftigen Baum heranzuwachsen.

Ich war eifersüchtig, wenn ich sah, wie Michael mit anderen Mädchen flirtete. Vielleicht gab ich ihm zu wenig Anerkennung, und er musste sich die Komplimente und Bestätigungen anderswo holen. Obwohl er wusste, wie sehr ich ihn liebte, hatte ich ihn wahrscheinlich nicht davon überzeugt, dass er für mich ein unvergleichlicher und genialer Mann war. Vielleicht waren meine Komplimente zu leise. Wenn er sich nach anderen Mädchen umschaute, begann ich mich nach einem Mann zu sehnen, der mich nicht auf der Schattenseite des Lebens kennengelernt hatte und der mich ohne quälende Erinnerungen lieben konnte.

Immer, wenn ich Michael in der Gegenwart von anderen Frauen sehe, habe ich das Gefühl, als ob jemand versucht, meine Seele zu zerschneiden. Es sind Mädchen, die ihm das geben, was ich ihm niemals geben kann, denn sie haben nicht meine Vergangenheit. Die Halbwertszeit von unseren schlimmen Erlebnissen erscheint so lange, dass die Auswirkung ein Leben lang in unseren Herzen sein wird. Es gibt auf einmal so viele Dinge in unserer Beziehung, die sich mit einer grossen Verzögerung plötzlich gefühlsmässig bemerkbar machen. Es ist so, als wären all unsere negativen Gefühle eine Art Überdosis gewesen und in ein Tiefkühlfach gelegt worden. Jetzt wird dieses geöffnet, und all das Eingefrorene ist am Auftauen.

All die wunderbaren Vorteile einer problemlosen Vergangenheit wurden zu einem Streitthema. Von unserem Kalten Krieg bekam niemand etwas mit. Meine und seine Eltern glaubten immer noch, dass unsere Beziehung eine Art göttliche Fügung war. Wir liebten uns auch immer noch, und ich konnte mir trotz unseren Schwierigkeiten ein Leben ohne Michael nicht vorstellen. Trotzdem fragte ich mich, wie es wohl sein würde, wenn ich eines Tages einen anderen Mann kennen und lieben würde.

Meine dunkle Vergangenheit wäre für ihn bloss eine frühere, ab-
geschlossene Geschichte und kann nicht mehr zu einem Bestandteil
des gemeinsamen Lebens werden. Die Gefahr, dass meine Erleb-
nisse eine neue Liebesbeziehung gefährden oder sogar auffressen
könnten, ist viel geringer geworden. Michael jedoch hat mit mir
alles hautnah miterlebt.

Solche Vorstellungen waren aber von kurzer Dauer. In der Realität
blieb Michael Luanas grosse Liebe und ihr Retter.

Ohne ihn wäre ich vielleicht gar nicht mehr am Leben, sondern
würde neben Valérie liegen. Dank ihm hatte ich einen grossen Teil
meiner Ausbildung als medizinische Laborantin hinter mich gebracht. Nur ihm war es zu verdanken, dass ich meiner Sucht widerstehen konnte. Wir konnten mit Freunden unsere Abende verbringen, und ich fühlte mich nicht mehr wie ein schwarzes Schaf.
Meine und seine Eltern waren stolz auf meinen beruflichen Werde-
gang und lobten mich. Meine paranoiden Zustände und meine
Albträume waren beinahe vollständig verschwunden und meine
Ängste kaum noch Teil meiner Gegenwart. Meine Trauer hatte sich
fast komplett ausgeweint. Dies alles verdankte ich Michael. Sugar
blieb aber wie ein stiller, geheimer, treuer Notausgang in mein Gehirn tätowiert und machte sich leider trotz allem immer wieder bemerkbar, vor allem dann, wenn es mir nicht so gut ging.

Es bleibt das Gefühl einer grossen Sehnsucht, die verzweifelt zu
Michael schreit. Zerbrich endlich den Spiegel der Vergangen-
heit und betrachte mein gegenwärtiges Spiegelbild!! Ich bin nicht
mehr die kleine, zerbrechliche Luana, die von Michael gerettet
und umsorgt werden muss. Ob er Angst vor meiner wiedergewon-
nenen Stärke hat? Ob er unbewusst meine Zerbrechlichkeit
suchte? Ob er sich plötzlich unnötig fühlt?

75 Schatten der Vergangenheit

Luana war sich sicher, dass sich Michael nach einer Beziehung sehnte ohne schmerzhafte Vergangenheit. Wenn ich ihn im Gespräch mit anderen Frauen beobachtete, hatte ich manchmal das Gefühl, dass er sie mit seinen Lebenserfahrungen, die auch das Ergebnis unserer Beziehung war, beeindrucken wollte. Es gefiel ihm, sich mit Mädchen oder Frauen zu unterhalten, die einfach und unkompliziert waren. Dies war für ihn nach all unseren Auseinandersetzungen eine wohltuende Oberflächlichkeit.

Es verletzt mich zutiefst, wenn ich fühlen muss, dass unsere aufwühlenden Erlebnisse dazu beigetragen haben, Michaels Geschmack in eine andere Richtung zu lenken und ich ihm dabei nur hilflos zusehen kann. Ich scheine für ihn ein Kainsmal zu tragen, wie sehr ich auch versuche, es zu überschminken, er weiss und fühlt es jeden Augenblick.

Luana musste sich das männliche Interesse von ihrem eigenen Freund immer wieder hart erkämpfen. Aber im Grunde genommen war er nicht mehr fähig, sie ohne den Schatten ihrer Vergangenheit zu sehen.

Unsere Liebe war einmalig schön und intensiv! Andererseits war sie übersättigt, zu aufopfernd und immer wieder von Schmerz, Frust, Trauer und Wut begleitet. Keine Liebe ist fähig, über eine so lange Zeit einem täglichen Kampf standzuhalten. Die starke Liebe wird sich gegen das Krankwerden wehren und den Gedanken des Sterbens wird sie nicht wahrhaben wollen. Doch das Gefühl wird nie mehr so sein wie damals, als die Liebe noch gesund und unschuldig war. Die einzige Rettung ist es, die Liebe aufzugeben, um sie nicht sterben zu lassen, in der Hoffnung, dass sie vielleicht eines Tages wiederkehrt.

So nahmen die Dinge ihren Lauf. Unsere Liebe war definitiv krank, auch wenn ich dies lange nicht wahrhaben wollte. Doch der Virus der Krankheit war hartnäckig. Weil ich das Gefühl hatte, auf einmal nicht mehr Michaels Typ zu sein, kränkte ich ihn und genoss es, ihm zu zeigen, wie ich von Männern begehrt wurde, die von meiner Vergangenheit nichts wussten.

Es gab aber auch Abende, an denen ich stundenlang auf Michael wartete. Obwohl ich wusste, dass er Musikproben mit seiner Band hatte, wuchs mein Misstrauen mit jeder Minute. Ich stellte mir vor, wie er gerade dabei war, eine andere Frau zu beeindrucken. Wahrscheinlich hörte sie ihm gerade mit leuchtenden Augen zu, lebensfroh und frisch und mit einer makellosen Biografie.

Diese Vorstellungen weckten wieder jenes gefährliche Feuer, das man nur mit den mir bekannten Mitteln löschen konnte. Nervös und voller Angst ging ich im Zimmer auf und ab. Es konnte vorkommen, dass ich irgendein herumstehendes Glas wütend und verzweifelt an die Wand schmetterte. Dann warf ich mich auf das Bett, schrie in mein Kissen und hoffte, dass es meine Schreie genügend dämpfe, damit die im Personalhaus vorgeschriebene Zimmerlautstärke nicht überschritten wurde. Erschöpft blieb ich einfach liegen oder schrieb unter Tränen in mein Tagebuch.

Meine Gefühle schweben in einer andern Dimension,
und ich habe ein bestimmtes Bild vor Augen.
Du mein einziger Lichtblick, bist mit einer anderen.
Warum nur wollen wir die wahre Liebe absichtlich verlieren?
Müssen denn Verzweiflung und oberflächliche Gefühle unsere Liebe
dominieren?
Ich sehe dein unechtes Verhalten, das unnatürliche Flirten,
ich hasse diese Show, mir wird schlecht, ich will all meine
Gefühle töten,

doch das Herz weint…
Sugar ich vermisse dich!!

Meistens aber schlief ich vor dem Fernseher ein. Wenn Michael endlich nach Hause kam, nahm er mich immer in seine Arme. Am nächsten Tag versprachen wir uns alles Mögliche. Trotzdem ahnten wir, dass dies nicht von Dauer sein konnte. Wir hatten beide unsere Sehnsüchte, doch diese hatten sich in unterschiedlicher Richtung entwickelt.

Ich sehnte mich immer mehr nach einem Mann, der mich unbefangen begehrte, und der dank seiner eigenen Lebenserfahrung und persönlichen Reife fähig war, meine tiefsten Sehnsüchte und Wünsche zu erkennen und zu verstehen. Einer, der bereits selbst gelitten hatte und genau wusste, was dies bedeutete. Michael dagegen, so dachte ich, war müde vom pausenlosen Kämpfen, müde von all diesen emotionalen Strapazen, müde von den immer wiederkehrenden Diskussionen und Auseinandersetzungen. Er sehnte sich nach Unschuld, nach schmerzfreien Gedanken, nach Tagen ohne jegliche Sorgen und Ängste, nach spontanen, vergangenheitslosen Gefühlen.

76 Vor und zurück

Michael und Luana wussten beide, dass man Gefühle nicht erzwingen konnte. Sie beschlossen, ihr Zimmer im Personalhaus endlich zu verlassen und einen Neuanfang in einer gemeinsamen Wohnung zu beginnen. Michael hatte nur noch ein Jahr seines Studiums vor sich und verdiente sich nebenbei ein wenig Geld mit den Auftritten in seiner Band. Auch seine Eltern unterstützten ihn. Luana blieben noch drei Monate bis zum Abschlussdiplom.

Ich verdiente monatlich 1380 Franken, und die Versuchung war noch immer jeden Monat da, einen Teil dieses Lohnes in meine Venen fliessen zu lassen. Dieser Gedanke gehörte zu meinem Alltag, und ich musste lernen, damit umzugehen.

Es kam leider immer wieder mal vor, dass ich absichtlich mit dem 13er-Tram unterwegs war, einige Minuten die Szene beobachtete und mich dann wieder leicht schwitzend und nervös nach Hause begab. Dieses Verhalten barg enorme Risiken, aber dennoch zwang mich irgendetwas dazu. «Dies ist die Sucht», sagte Michael und forderte mich auf, diese zerstörerische Eigentherapie zu unterlassen.

Es war wirklich verrückt, wie mich die Szene trotz all dem Ekel, der mich mit ihr verband, immer wieder anzog. Einerseits war ich nun definitiv weit entfernt von Magenkrämpfen, Kotzen, Gehetztheit, körperlichem Verfall und dem Schatten des Todes, andererseits blieb ein Gefühl in meinem Körper, das mir sagte, dass nur eine Person aus der Szene mich voll und ganz verstehen könne. So brachte sich die Sucht immer wieder in Erinnerung. Dies geschah besonders dann, wenn ich mich mit Michael gestritten hatte.

Die Liebe, das geregelte Leben, die Ausbildung und der Wille von Luana hatten aber endlich dazu geführt, dass ihre Sucht scheinbar besiegt war. Früher meinte sie bei jeder Gelegenheit, sofort einen Schuss zu brauchen. Jetzt kontrollierte sie ihre Gefühle viel besser und wollte das, was sie sich aufgebaut hatte, nicht mehr aufs Spiel setzen. Sie wollte ein von Drogen unabhängiges Leben nicht wieder aufgeben und alles verlieren. Mit dem Umzug in eine hübsche Zwei-Zimmer-Wohnung, die Luana anfangs riesengross erschien, machte sie zusammen mit Michael den Schritt zu einem Neuanfang.

Unsere Freude an der neuen Wohnung, die zu einem grossen Teil von Michaels Eltern finanziert wurde, war so gross, dass wir in den ersten Wochen tatsächlich all unsere Probleme vergassen. Wir waren so sehr mit dem Einrichten beschäftigt, dass uns keine schlechten Gefühle mehr heimsuchten. Es schien beinahe, als hätte sich für die eingeschlossene Liebe endlich wieder eine Türe geöffnet. Wir waren guten Mutes und hofften auf einen neuen Anfang mit einer weissen Weste. Doch da waren einige hartnäckige Flecken, die wir einfach nicht entfernen konnten, sie blieben zurück, egal, welches Waschpulver wir ausprobierten.

Es war an einem dieser Abende, an dem ich auf Michael wartete. Ich sass auf dem Kanapee, war in meiner wärmenden, kuscheligen Bettdecke eingehüllt, sah abwesend TV und liess meine Gedanken schweifen. Ich hatte Fieber, einen schrecklichen Husten und umklammerte eine heisse Tasse Tee.

Ich wartete, und irgendwann kehrte das Misstrauen zurück. Ich versuchte, meine Gedanken und Gefühle zu ignorieren und konzentrierte mich auf die Fernsehnachrichten, doch es half nichts. Keine Terrorattentate, keine Viren oder Naturkatastrophen konnten mich ablenken und meine Zweifel verdrängen, und ich beschloss, Michael in seinem Übungsraum zu besuchen.

Da ich krank war, bestellte ich mir ein Taxi, um nicht zu lange draussen an der kalten Luft zu sein.

Dann schlich ich mich die Treppe zum Übungsraum empor. Er befand sich in einem alten Gebäude in der Industriezone. Man konnte hier bis frühmorgens Lärm machen, ohne dass jemand die Polizei rief.

Die Tür zum Probenraum am Ende der Treppe stand leicht offen, aber weit und breit war keine Musik zu hören. Vorsichtig stiess ich die Türe ganz auf und betätigte den Lichtschalter, der sich an der Wand beim Eingang befand.

Es war niemand im Raum. Nur das Schlagzeug stand verlassen da. Wahrscheinlich machten sie eine Zigarettenpause im kleinen Restaurant am Ende der Strasse. Ich ging hustend die Strasse hinunter, traute mich aber nicht, das Restaurant zu betreten, um Michael nicht in Verlegenheit zu bringen. Ich schlich mich zum Fenster, sah aber niemanden.

Da fasste ich Mut und betrat das Lokal. Michael sass mit einer jungen Frau an einem der Tische und schien gerade einen intensiven Monolog zu führen. Von den Mitgliedern der Band war niemand anwesend, und auch sonst schien das kleine Restaurant leer zu sein, nur Michael sass da mit dieser Frau.

Die junge Frau hiess Céline.

«Ich bin Luana», sagte ich mit heiserer Stimme. Ich war offenbar der Störenfried an einem bisher gelungenen Abend.

Sie war verwirrt und traute sich nicht, mir in die Augen zu sehen. Sie sah Michael fragend an und spielte nervös mit ihrem kurzen, rot gefärbten Haar. Es wäre mir leichter gefallen, wenn ich von ihrer Schönheit überwältigt gewesen wäre und so wenigstens den Grund für Michaels Interesse hätte verstehen können. Doch in ihrem Gesicht konnte ich nichts Aussergewöhnliches finden, so sehr ich mich auch bemühte. Sie war unsicher und erschien mir simpel und schmerzfrei. Wahrscheinlich waren genau dies die Eigenschaften, die Michael gefielen.

Ich hustete, und jeder konnte hören, dass es ein gefährlicher Husten war. «Möchten Sie vielleicht einen Tee trinken?», fragte mich der Kellner fürsorglich.

Ich hatte nach meiner bezahlten Taxifahrt kein Geld mehr bei mir und fragte Michael schüchtern, ob er mir einen Tee bezahlen könne. Doch auch er hatte kein Geld, denn er hatte sein Portemonnaie zu Hause liegen gelassen. Auf dem Tisch stand eine leere Flasche Rotwein, die Céline offeriert hatte. Auf die Idee, mir das

Geld für einen Tee zu leihen, kam sie nicht. Sie machte sich hastig und sichtlich unwohl aus dem Staub.

Ich kann nicht glauben, dass sich Michael mit einer solchen Person abgegeben hat. Ich wünsche mir, ich könnte meine Gefühle wie eine misslungene Bleistiftzeichnung einfach ausradieren. Lieber Gott, hilf mir, dass ich Michael nicht mehr liebe …

Wortlos setzte ich mich auf den von Céline verlassenen Stuhl. Michael erzählte mir, dass er mit ihr über unsere Probleme geredet hätte, deswegen sei sie so baff gewesen, als ich plötzlich dastand. Sie sei eine unglaublich gute Zuhörerin und könne gute Ratschläge geben, was unsere Beziehungsprobleme betraf. Ich konnte mich nach diesen Worten kaum mehr beherrschen, stand auf und verliess das Restaurant, Michael ging mir nach. Im Auto setzten wir unsere Diskussionen fort. Ich brüllte mir die Seele aus dem Leib, hatte meine Emotionen nicht mehr unter Kontrolle, einzig mein Husten unterbrach ab und zu mein Geschrei.

Michael versuchte, mich zu beruhigen. «Lu, es tut mir verdammt leid, dass ich dich so sehr verletzt habe», sagte er.

Ich spürte, dass er es ernst meinte. Er fragte mich kreidebleich, ob die Heizung des Autos ausreiche, die er extra wegen mir auf das Maximum eingestellt hatte. Er hatte Tränen in den Augen. Wir schwiegen, und man hörte auf dem Weg nach Hause nur noch meinen Husten. Unsere Liebe ist nicht mehr krank, sondern im Koma. Ob sie jemals wieder daraus erwachen wird, ist unklar, wir leiden beide.

77 Michael trennt sich von Luana

Die ganze Nacht blieb ich schlaflos, ich hustete, und meine Gedanken rasten, bis ich die Kontrolle über sie verlor und sie frontal auf eine Mauer prallten. Ich überlegte, ob ich nicht die Maschinen auf der Intensivstation, die unsere Liebe im Koma noch am Überleben hielten, nicht einfach ausschalten sollte.

Michael schlief auf dem Sofa. Es war für uns beide klar gewesen, dass wir in dieser Nacht die Nähe des andern nicht ertragen konnten. Einerseits wäre die Sehnsucht geblieben, die Nähe des andern zu spüren, und andererseits gab es dafür keine Hoffnung. Jeder zog jetzt das Alleinsein vor.

Irgendwann kam er ins Schlafzimmer und wollte mit mir reden.

«Lu, schläfst du schon?»

«Nein, ich bin wach.»

Michael betätigte den Schalter der knallroten Nachttischlampe, und ich sah, dass seine Augen voller Tränen waren.

Erschrocken richtete ich mich auf.

Er strich über meine vom Fieber heissen und geröteten Wangen und schien all seine Kräfte zu sammeln.

«Lu, ich werde mich von dir trennen», sagte er.

Seine Worte hatten die Wirkung eines giftigen Schlangenbisses, und ich brach in ein krampfartiges Weinen aus. Mein Körper zitterte, und in Mund und Händen kribbelte es. In meiner Brustgegend verspürte ich ein beängstigendes Gefühl der Enge, und ich atmete nur noch mit kurzen Atemstössen. Meine Hände verformten sich krampfartig. Ich wusste, dass der Grund dafür mein Hyperventilieren war.

In ihrer Ausbildung hatte Luana gelernt, dass das Kalzium im Blut unter anderem dafür verantwortlich ist, dass die Muskeln geschmeidig arbeiten können. Wenn weniger freies Kalzium im Blut ist, werden die Nerven erregbarer und die Muskeln beginnen sich zu verkrampfen. Michael versuchte, Luana in seine Arme zu nehmen, doch diese Absicht verschlimmerte ihren Zustand nur noch. Also sass er einfach nur hilflos, verwirrt und selbst weinend neben ihr.

Manchmal redete er. Er habe keine neue Freundin, sagte er. Wahrscheinlich werde er nie mehr eine andere Frau lieben können nach allem, was er mit mir erlebt habe.

«Ich liebe dich noch immer.

Aber es geht einfach nicht mehr.

Bitte versuche das zu verstehen, Lu!

Ich leide selbst auch! Deine Vergangenheit, deine Gedankengänge, deine unaufhaltsamen Zweifel, deine Sensibilität, deine Gefühlsschwankungen, all das ist einfach zu viel für mich! Ich glaubte daran, dass wir es schaffen, Lu. Du bist und bleibst meine grosse Liebe. Aber ich kann nicht mehr! Ich kann einfach nicht mehr!»

Wahrscheinlich war es so, dass Michael endlich Ruhe brauchte. Wir litten beide an unserer gemeinsamen Vergangenheit, und jeder von uns hatte Sehnsucht nach einem Neuanfang. Aber diesen Anfang konnten wir gemeinsam nicht schaffen, so wenig, wie wir es bis jetzt geschafft hatten, uns zu trennen. Ich erinnere mich, dass ich in jener Nacht in ein hysterisches Lachen ausbrach.

Ich hörte meinem Lachen zu. Ob Entseelte so lachen? Es war, als hätte ich meinen Körper verlassen und könne zwar meinen Schmerz erkennen, diesen jedoch nicht mehr fühlen. Ich sehnte mich nach Tränen und dem Schmerz, doch da war einzig mein leeres Lachen. Dann wurde ich still, ich konnte weder lachen noch weinen. Meine Gefühle schienen tot zu sein. Michael sah mich mit seinem mir vertrauten, liebenswürdigen und gleichzeitig verwirrten Blick an. Es war, als würden wir uns wieder wie früher betrachten.

Wir entdeckten im Moment des grössten Schmerzes wieder die Schönheit und Faszination des andern, ohne Vergangenheit und ohne Vorurteile. Wir sassen uns für kurze Zeit wie neu geboren gegenüber. In diesem Augenblick, als alles zerstört war, erkannten wir uns genau so, wie wir es uns immer gewünscht hatten.

Irgendwann muss ich trotzdem eingeschlafen sein. Wahrscheinlich hatte ich im Schlaf geweint, denn als ich versuchte, meine Augen zu öffnen, waren sie wie zugenäht. Das rechte Auge ging endlich auf, das linke jedoch blieb zu.

Im Badezimmer tupfte ich Babyöl und Wasser auf einen Wattebausch und reinigte es. Als ich mich im Spiegel betrachtete, erschrak ich. Die Weinkrämpfe, der Schock und der Schmerz der vergangenen Nacht hatten mein Gesicht gezeichnet.

Ich ging unter die Dusche.

Dunkle Gedanken schwirrten durch meinen Kopf.

Wenn ich sterbe, will ich wenigstens schön aussehen.

Ich atmete tief durch. Ein Hustenanfall erinnerte mich daran, dass ich krank war.

Nach der kalten Dusche fühlte ich mich besser, und auch mein Spiegelbild gefiel mir wieder einigermassen. Ich zwang mich zu einem Lächeln. *Manchmal kann ein Lächeln wie eine schwere Verstopfung sein.*

Ich hatte einen freien, krankgeschriebenen Tag vor mir. Michael war am Arbeiten.

Wie es ihm wohl erging? Ob er an mich dachte? Ob er sich befreit fühlte?

Gefährliche Emotionen stiegen in mir hoch. Ich stellte mir vor, wie er auf meiner Beerdigung voller Schuldgefühle eine weisse Rose auf meinen Sarg legte.

Dann sah ich meine Schwester, die mir Unmengen von Schokolade neben mein Grab legte.

Ich hörte die Stimme des Biologielehrers. «Luana hat schon immer ein grosses Desinteresse an der Biologie gezeigt.»

Die Direktorin der medizinischen Laborschulen antwortete ihm. «Sie zeigte ein auffallendes Interesse meinen Biologiestunden gegenüber, speziell vom endoplasmatischen Retikulum war sie begeistert.» Der Biologielehrer stand nach diesen Worten völlig baff da, immer leicht kopfschüttelnd und mit halb offenem Mund.

Meine Eltern waren starr vor Schmerz.

«Dann muss ich die Flasche Wodka wohl alleine trinken.» Das war die Stimme meines Bruders, traurig, aber immer noch voller Energie. Mein anderer Bruder setzte sich wortlos mit einem Laptop unter dem Arm neben mein Grab.

Ich sah Valérie. Sie winkte mir ungeduldig zu und schien bereits eine Willkommensparty im Jenseits für mich organisiert zu haben.

Meine Gedanken hatten mich in eine Art feierliche Stimmung versetzt. Es war gerade so, als würde ich mich auf ein lang ersehntes Rendez-vous freuen. Doch die gefährlich schwarzen Wolken kehrten zurück, und ein bedrohliches Unwetter zog auf. Innerlich schrie es wieder, und in ihrer Hilflosigkeit und in ihrem Schmerz schrie Luana zu Gott.

Warum lässt du mich so leiden??!!
Ich flehe dich an, hilf mir doch endlich!!
Was habe ich getan, dass ich so sehr leiden muss??!!
Scheinbar hast auch du die Schnauze von mir voll!
Lass wenigstens die Seele von Michael auch schreien!

Mir ist natürlich klar, dass ich mit solchen Wünschen speziell bei Gott an der falschen Adresse bin. Ich war eine Marionette meiner tiefen Verzweiflung.

Luana suchte nach einem Stück Papier und hinterliess Michael eine Notiz. *Lieber Michael, nicht in der Einsamkeit können wir unsere Mängel bekämpfen, sondern nur in der Zweisamkeit!!!*

Den Zettel liess sie auf dem Tisch liegen. Sie zog sich einen schwarzen Minirock und ein schwarzes Top an, dazu hohe Stiefel, natürlich auch in Schwarz.

Ich fühlte mich wohl in Schwarz und fand in diesem Moment den Kontrast zu meinen blonden Haaren einfach perfekt. Ich nahm meinen dunkelblauen, wärmenden Mantel aus dem Schrank, knöpfte ihn zu und nahm die rote Tasche, die mir Michael einst geschenkt hatte, damit ich mich endlich von meiner alten, heiss geliebten Jeanstasche trennen konnte. Dann machte ich mich auf den Weg zur Tramstation. Scheinbar hatte Gott mich doch noch erhört, denn das Tram Nr. 13, das mich zur Szene bringen sollte, stand schon da.

78 Notrufnummer

Michael fand Luana am Abend im Wohnzimmer. Sie lag bewusstlos und kreidebleich in Erbrochenem, und er war überzeugt, dass dies alles seine Schuld war. Er war geschockt und klapste ihr mehrere Male ins Gesicht in der Hoffnung, sie würde wieder zu sich kommen. Er nannte immer wieder ihren Namen und wusste nicht, ob er schrie oder flüsterte.

Dann rannte er zum Telefon und wählte die Notrufnummer.

Er ging in die Küche, goss Wasser in einen Krug und schüttete das Wasser in Luanas Gesicht. So hatte er es schon öfters getan, wenn sie, von Gefühlen übermannt, ohnmächtig geworden war. Er wusch das Erbrochene aus ihrem Gesicht, fühlte den Puls und glaubte, ihren Atem zu spüren, war sich aber nicht sicher, ob Luana noch lebte.

Ihre Haut erschien ihm bläulich verfärbt. Er erinnerte sich an seinen Nothelferkurs, und versuchte, Luana zu beatmen. Sie atmete noch. Dann drehte er sie in die Seitenlage. Er holte die Bettdecke und deckte sie damit zu. Der Schock hatte ihm das Zeitgefühl genommen, und seine Panik machte die Minuten zu Stunden. Er sass da und wartete. Sein Blick fiel auf ein gerahmtes Poster, mit dem Luana das Zimmer geschmückt hatte. Es war ein wunderschönes Bild mit den Sanddünen der Sahara. Die Wüste war immer ein Reiseziel von Luana gewesen. Als der Notarzt schliesslich zusammen mit einem Helfer kam, fand er Michael weinend und zitternd neben ihr sitzen. Die beiden Männer schienen genau zu wissen, was zu tun war. Jetzt ging alles sehr schnell und routiniert.

Die Assistenzärztin, die mich unter Aufsicht des Oberarztes betreute, hatte über die Wirkung von Heroin in Theorie und Praxis bereits einiges gelernt.

Heroin wirkt schmerzstillend und euphorisierend.

Negative Empfindungen, wie Schmerzen, Leeregefühle und Angst werden schon kurz nach Einnahme durch ein Glücksgefühl überdeckt.

Das ist der sogenannte Flash.

Die euphorisierende Wirkung des Heroins nimmt aber schon nach kurzer Zeit ab. Dann wird die physische Abhängigkeit der Antrieb zur Sucht.

Die psychische und physische Abhängigkeit ist schnell nach einem regelmässigen Konsum vorhanden, dafür sind spezielle Rezeptoren im Nervensystem verantwortlich. Bei den Überdosierungen handelt es sich nur selten um Selbstmord, sondern um ein Versehen.

Bei den Patienten sind Bewusstseinsstörungen bis zur Bewusstlosigkeit zu erkennen. Die Atmung ist reduziert. Den Patienten ist oft übel bis zum Erbrechen. Eine Hypothermie mit Körpertemperaturen unter 36 Grad ist häufig. Die Engstellung der Pupillen gibt keinen Hinweis auf die aufgenommene Menge an Heroin. Der Transport erfolgt immer unter ärztlicher Aufsicht. Im Vordergrund steht die Sicherung und Aufrechterhaltung der Vitalfunktionen.

Im Bericht der Assistenzärztin heisst es, Luana sei nach Aussagen ihres Exfreundes seit längerer Zeit drogenfrei gewesen. *«Die Menge, die sie sich verabreicht hat, kann entweder auf eine gezielte Überdosierung oder auf den schwankenden Reinheitsgehalt des Heroins zurückgeführt werden.»*

Die Assistenzärztin teilte mir später mit, dass sich Michael mehrmals täglich nach mir erkundigt habe. Sie behandelte mich überaus liebenswürdig und behutsam. Wenn ich einen Wunsch hatte, durfte ich sie sofort rufen.

Mein Wunsch war es zunächst, auf keinen Fall im KIZ zu landen, dem Kriseninterventionszentrum. Natürlich hatte ich Gespräche mit einem Psychiater, denn schliesslich war ich ja nicht zufällig im Spital. Ich wehrte mich aber dagegen, drogensüchtig zu sein und erklärte ihm meine Lebenssituation.

Meine Trennung von Michael rückte in den Mittelpunkt unserer Gespräche.

Er dachte sich eine für mich geeignete Behandlung aus, in welcher die Krise, ihr Auslöser und die Bewältigung der aktuell schwierigen Situation im Vordergrund der Therapie standen. Voraussetzung dazu war, wie er sagte, meine Kooperationsbereitschaft. Er betonte allerdings, dass diese Behandlung für Menschen mit einem primären Suchtproblem nicht möglich sei.

Ich habe das Gefühl, dass er mir nicht wirklich glaubt, dass mein Problem nicht mehr die Drogen sind. Der Schuss war eine Reaktion auf die Trennung von Michael. Ich hatte jedoch keine

Überdosis geplant, ich wollte in dieser aussergewöhnlichen
Situation einfach meine Schmerzen komplett betäuben. Wäre
ihm dies bewusst, hätte er wohl kaum diese Bemerkung über
das primäre Suchtproblem gemacht. Es verletzt mich, dass er nicht
an den Ursprung der Überdosis durch ein Beziehungsproblem
glaubt, sondern an meine immer noch vorhandene Sucht.
Meine Bereitschaft, seine Hilfe anzunehmen, ist erloschen.

Ich hielt mich von Gruppentherapien und dem Kriseninterventionszentrum fern. Der Wochenplan, den mir der Psychiater gezeigt
hatte, unterstützte mich in meinem Entschluss. Gemeinsamer Mor-
genanfang, Bewegungstherapie, Gruppentherapie, gemeinsames Einkaufen und Kochen und dergleichen waren nichts für mich. Ich wollte immer noch versuchen, mir selbst zu helfen.

79 Besuche in der Klinik

Mein Bruder, der seit seinem ersten langen Auslandaufenthalt
vom Reisefieber immer wieder gepackt wurde, besuchte mich
in der Klinik. «Du siehst beschissen aus», sagte er, «so kannst du
nicht sterben.»

Wir lachten zusammen.

Er war braungebrannt und ausgeruht. Vertraut wie eh und je,
erzählten wir uns gegenseitig, was wir in den letzten Monaten alles
erlebt hatten.

Ich erinnerte mich an unser Gespräch, kurz bevor er das erste Mal
ins Ausland gegangen war. Damals war eine unsichtbare Barriere
zwischen uns gewesen, und keiner traute sich, das Wort *Sucht* auszu-
sprechen. Wir hatten Angst, mit der Wahrheit konfrontiert zu sein,

überfordert zu werden und mit dem damit verbundenen Schmerz nicht klarzukommen. Jetzt konnten wir über alles sprechen.

Meine Eltern waren bemüht, sich bei ihren Besuchen ihre Sorge nicht anmerken zu lassen. Ich sagte ihnen, dass ich mein Leben wieder mit frischem Mut in Angriff nehmen wolle. Sie versuchten, mich von der vom Psychiater vorgeschlagenen Therapie zu überzeugen. Ich war nicht mehr mit Michael zusammen, was ihre Angst und Sorge noch viel grösser machte.

In einem Buch von Arthur Schopenhauer las ich einen Text, der mir besonders gefiel: *«Wenn das Leben an sich selbst ein schätzendes Gut und dem Nichtsein entschieden vorzuziehen wäre, so brauchte die Ausgangspforte nicht so mit entsetzlichen Wächtern, wie es der Tod mit seinem Schrecken ist, besetzt zu sein.»*

Die Krankenschwester brachte mir mein Mittagessen. Bald würde Michael vorbeikommen. Ich war nervös. Ich malte mir aus, wie wir uns in die Arme fallen, uns gegenseitig die Schuldgefühle nehmen und uns ewige Liebe schwören würden. Ich war nicht mehr von Drogen abhängig, sondern von Michael.

Er war zu meinem Drogenersatz geworden, eine Art Methadonprogramm, mit dem zuerst die Rehabilitation erreicht wurde und dann die Suchtfreiheit. Ich war zwar vom Heroin befreit, aber Hals über Kopf in die Abhängigkeit von Michael geraten.

Ich war überzeugt davon, dass jeder erfolgreiche Schritt in ein normales Leben ohne Michaels Gegenwart ein Misserfolg geworden wäre.

Meine Liebe zu ihm war so stark wie eine Droge.

Ich glaubte und fühlte, dass ich ohne Michael nicht mehr fähig war zu leben. In meinem Spitalbett hatte ich Zeit, über alles Mögliche nachzudenken und in mein Tagebuch zu schreiben.

*Ich erinnere mich an ein Bild, das ich in einem Buch gesehen
habe. Es ist das Bild eines Pelikans, der seine Brust aufreisst,
um seine Jungen mit seinem Blut zu füttern, das Bild einer auf-
opfernden Liebe.*

*Vielleicht glaubten wir einfach, dass diese schwierige Zeit schon
bald ein Ende haben würde. There will be sunshine after rain.*

*Wir dachten, unsere Wunden würden von selbst heilen. Doch wir
irrten uns gewaltig. Sie haben sich so sehr entzündet, dass wir eine
schwere Blutvergiftung bekommen haben, was die Liebe schliesslich
sterben liess.*

80 Am Nullpunkt

Luana schaute vom Bett zum Spitalfenster hinaus und starrte in
den bewölkten Himmel. Es begann ganz leicht zu regnen. Amor
omnia vincit, die Liebe besiegt alles, manchmal sogar sich selbst. Liebe war die Bezeichnung für die wohl stärkste Empfindung, zu der ein
Mensch fähig war. Sie war aber nicht nur der Grund für namenloses
Glück, sondern auch für tiefen und unerträglichen Schmerz. Sie war
eine Droge, von der man abhängig wurde. Meine Angst, ohne Michael leben zu müssen, hätte mich beinahe umgebracht.

*Wie kann ich ohne den Mann weiterleben, der mich ins Leben
zurückgeholt hatte? Warum gab mir Michael seine Hand,
um mich vom tiefen Fall zu retten, und dann, als ich glaubte,
in Sicherheit zu sein, lässt er sie los? Habe auch ich unbewusst seine Hand losgelassen? Warum sind wir beide nicht mehr
fähig, uns gegenseitig zu halten? Vielleicht sind unsere Hände
vom entstandenen Schweiss feucht und glitschig geworden.*

Dann versuchte ich, mir begreiflich zu machen, dass ich allein es letztendlich gewesen war, die den Willen und die Widerstandskraft für die Rückkehr ins Leben aufgebracht hatte. Bei diesem Gedanken fühlte ich mich befreit.

Im antiken Griechenland konnte man das Orakel von Delphi über seine Zukunft befragen.

Es brauchte dafür ein Omen. Ein Oberpriester besprengte eine junge Ziege mit eisigem Wasser. Blieb die Ziege ruhig, fiel das Orakel für diesen Tag aus, und die Ratsuchenden mussten einen Monat später wiederkommen. Zuckte die Ziege zusammen, wurde sie geschlachtet, auf dem Altar als Opfer verbrannt, und die Weissagungen konnten beginnen.

Mein Omen war die Überdosis, und die mit eisigem Wasser besprengte Ziege symbolisierte die Liebe zwischen mir und Michael. Die Antwort auf die Frage nach meiner Zukunft konnte ich mir nur selber geben.

Veränderung lautete meine Antwort. Ich brauchte eine Veränderung, um mich wieder frei zu fühlen. Meine Paranoia und die Abhängigkeit von Michael konnten anders nicht geheilt werden.

Voraussetzung dafür war die Überzeugung, dass die Kraft für ein eigenes Leben in mir selbst zu finden war. Eine verlorene Liebe war nicht das Ende des Lebens, sondern ein neuer Anfang. Ich war auf dem Nullpunkt, wo man das Leben beenden oder neu beginnen konnte.

Auf dem Nullpunkt balanciert man zwischen den positiven und negativen Gefühlen. Ein Schritt zurück, und man stürzt in die Dunkelheit, oder ein Schritt nach vorn, und man ist wieder unterwegs zum Glück. Der Nullpunkt ist nichts und alles.

Der Nullpunkt ist ein stiller Ort, an dem wir schweigen und zum
tiefen Nachdenken gebracht werden. Bei diesem Nachdenken
wird es mir behaglich. Ich spüre eine angenehme, innere Befreiung,
und das Durchatmen erscheint mir leicht und wohltuend. Ich spüre
meine Kraft und Energie, die sich von ihrem unbezahlten Urlaub
zurückmeldet. Ich fühle eine Klarheit in mir, die meine Hoffnung
zu einer festen Überzeugung oder sogar zum Wissen verwandelt. Ich
erinnere mich an die Worte von Hene vom Contact Thun, der mir
einmal gesagt hat, ich sei wohl noch nicht tief genug gefallen, um zu
realisieren, dass ich etwas in meinem Leben verändern müsse. Jetzt
bin ich endlich aufgewacht. Ich bin bereit zu tanzen, und ich
brauche dafür keinen Tanzpartner.

81 Michael auf Besuch

Michael kam mit einer wunderschönen weissen Rose ins Spital-zimmer. Es erinnerte mich an damals, als er mir am Tag nach dem Unfall mit dem Japanmesser an der Schule eine weisse Rose geschenkt hatte.

Er setzte sich neben mich auf einen Stuhl.

Ich spürte seine Nervosität, die er wie eine dicke Winterjacke trug.

Beide hatten wir Schuldgefühle.

Wir schauten uns an.

Jeder sagte zum anderen beinahe gleichzeitig: «Es tut mir leid.»

Es folgte ein Lächeln und ein mir vertrautes, leicht verlegenes Gefühl.

«Die Rose ist wunderschön», sagte ich.

Der Schmerz lauerte und drohte, uns zu überfallen.

«Ich habe nachgedacht über mich und dich», sagte ich.

Ich erzählte ihm, was durch meinen Kopf gegangen war.

Michael schenkte mir seine ganze Aufmerksamkeit. Ich glaube, er war erleichtert, dass ich mir über unsere Beziehung Gedanken gemacht hatte. «Es ist nicht deine Schuld», sagte ich.

«Unsere Beziehung war schon lange vorher beendet gewesen, Michael. Wir geisterten einer toten Hoffnung hinterher. Ich war dem Schmerz und der tiefen Verzweiflung im Augenblick der definitiven Trennung leider völlig ausgeliefert. Erst jetzt bin ich fähig, diese gefährlichen Gefühle kontrollieren zu können. Es gibt aber Dinge im Leben, die man nicht kontrollieren kann. Es kann vorkommen, dass ich abends zu Bett gehe und morgens mit einer unheilbaren Krankheit erwache. Selbst wenn ich mich in einen sterilen Raum begebe, werde ich von einer Krankheit nicht flüchten können, wenn diese mein Schicksal ist.»

Wir wissen, dass die Sonne im Osten aufgeht oder dass O_2 die chemische Formel von molekularem Sauerstoff ist. Es gibt aber Dinge, die wir Menschen niemals wissen können. Wann ist unsere Lebenszeit beendet? In genau welcher Sekunde beginnt es zu regnen und exakt wie viele Regentropfen fallen vom Himmel? Wir werden niemals wissen, an welchem Ort wir sterben werden, es sei denn, jemand will sich an einem genau geplanten Ort umbringen.

Michael sass neben Luanas Bett und hatte wieder diesen altbekannten, vertrauten und faszinierenden Ausdruck in seinem Gesicht.

Es war gut für mich, Michael, an den Nullpunkt zu gelangen. Erst jetzt habe ich verstanden, dass ich selbst die Dinge im Leben kontrollieren muss. Ich habe erkannt, dass das Leben niemals von etwas anderem abhängig sein darf. Es darf nicht abhängig sein von einer Droge, von einem geliebten Menschen, von der Gewohn-

heit, von der emotionellen Sicherheit, von der Vertrautheit und
der Gemeinsamkeit. Niemals dürfen wir unsere eigene Stärke,
unsere Leidenschaft und Lebenslust infrage stellen oder aufgeben.
Niemals dürfen wir uns einschüchtern lassen und glauben,
allein wertlos, nutzlos oder sogar unfähig zum Leben zu sein.

Michael, wir haben gemeinsam einen gigantischen Fels be-
stiegen. Du hast mich auf eine anstrengende Wanderung mitge-
nommen und oben am Ziel in Sicherheit gebracht. Doch dann
lässt du mich nach diesen Strapazen allein. Ich fühlte mich nach
unserem beschwerlichen Weg hinuntergestossen. Dann habe
ich verstanden, dass ich den Fels allein hochgeklettert bin. Aber
du warst die meiste Zeit neben mir und hast mich immer er-
mutigt. Manchmal bin ich stehen geblieben, weil ich glaubte, das
Ziel sei unerreichbar. Doch du hast alles unternommen, um
meinen Willen und meinen Mut zu wecken. Ich kann dir nicht
genug dafür danken.

Bevor Michael ging, umarmten wir uns. Wir waren beide erleichtert.

Michael ging mit besseren Gefühlen, und von den Schmerzen, die uns zu ersticken drohten, war nur noch wenig übrig geblieben.

82 Wieder unterwegs

Ich sitze im Zug, schaue zum Fenster hinaus und sehe die Bäume und Häuser vorbeirasen. Es geht mir gut. Ich hole mein Tagebuch aus dem Handgepäck und blättere unschlüssig darin. Ich lese eine Stelle, die mich darauf aufmerksam macht, wie verzweifelt ich einmal war.

Meine Tränen fliessen ununterbrochen. All meine verschwiegenen Gefühle weinen. Ich kann die Tränen nicht mehr kontrollieren. Ich fühle mich selbst nicht mehr. Es ist, als werde ich von sämtlichen Menschenschmerzen getroffen. Ich fühle mich so schwach, mein Körper ist nur noch die Hülle meiner Qual. Jede Träne ist eine Seelenfolter. Es ist die Ebene der tiefen Melancholie. Meine Lebensfreude wird langsam ausgesaugt. Tausende von Gefühlen marschieren den Berg der Erinnerung hoch und stürzen sich erschöpft von dieser Strapaze vom Gipfel des Berges in die Tiefe.

Ich blättere weiter bis zum Nullpunkt, wo meine Nachforschungen begonnen hatten. Meine Erinnerungen sind natürlich immer noch da, aber sie sind, so scheint es mir, von ihrer Gefangenschaft erlöst. Sie verhalten sich weder ängstlich noch aggressiv, sondern bleiben ruhig und distanziert im Hintergrund. Dann kommen die noch leeren Seiten. Die unbeschriebenen Blätter in meinem Tagebuch sind, so scheint es mir, auch ein Anfang in meinem neuen Leben.

Ich schaue auf mein Reisegepäck und frage mich, welche Erinnerungen mir meine bevorstehenden Ferien wohl schenken werden. Mein Aufenthalt im Spital und all meine damit verbundenen Gedanken haben das Bedürfnis nach Ruhe und ehrlicher Stille geweckt, und ich bin mit Zuversicht losgezogen, um mich mit neuer Kraft und Energie aufzutanken. Ich bin buchstäblich unterwegs in das gerahmte Bild mit der Wüstenlandschaft, das immer in unserer Wohnung hing und einer meiner Träume darstellte. Jetzt habe ich das Ticket dafür gelöst.

Michael hat unsere gemeinsame Wohnung gekündigt und eine preisgünstige Zweizimmerwohnung bezogen. Sie wurde ihm von einem guten Freund vermittelt, und er konnte sofort einziehen. Ich war einverstanden, die noch verbleibende Zeit des Mietvertrages in unserer gemeinsamen Wohnung abzusitzen. Ich dachte zuerst, dass ich vielleicht nicht fähig sein würde, allein in dieser Wohnung mit all ihren fröhlichen und traurigen Erinnerungen zu sein. Aber als er auch die letzten seiner Gegenstände abgeholt hatte, sah ich unseren Abschied nicht mehr als Leere oder Schmerz, sondern als eine neue, frische Freiheit.

Nach sechs Wochen, mit bestandenem Diplom als medizinische Laborantin im Koffer, zog ich mit stillem Stolz in ein kleines, fröhliches Studio, welches mich an eine leere, weisse Tagebuchseite erinnerte. Ich hätte nie gedacht, wie erleichternd vier leere Wände sein konnten.

Es wäre eine Lüge zu sagen, dass ich nicht immer wieder an Michael denke. Aber es sind keine tiefen Schmerzen mehr damit verbunden. Ebbe und Flut der Traurigkeit sind natürlich noch immer vorhanden, aber ich komme damit zurecht. Den Nullpunkt habe ich hinter mir, auch wenn ich immer noch sehnsüchtig auf die Kraft der Flut warte, die mit ihrer Energie all meine negativen Gedanken radikal wegspült.

Obwohl mir alle möglichen Menschen geraten haben, den Kontakt zu Michael komplett abzubrechen, wollen wir dennoch miteinander verbunden bleiben. Wir haben unzählige gemeinsame Erinnerungen, die reich an wunderschönen Gefühlen sind. Niemand ausser Michael und mir weiss, was wir genau zusammen erlebt haben. Manchmal hat eine einzige Träne den ganzen Himmel zum Weinen gebracht. Und manchmal hat ein Lächeln die Sonne scheinen lassen. Die Liebe hat uns zusammengeführt, und die Liebe hat uns getrennt. Wir haben es beide auf unsere Art und Weise versucht. Schliesslich haben wir verstanden, dass die

Trennung die beste Lösung war auf dem Weg zur Verwirklichung von uns selbst.

83 Maktub

Ich sitze mitten in der Wüste, spüre den Wind in meinem Haar und geniesse die magische Stille. Meine Gedanken sind völlig frei. Vor mir liegen unendliche Weite und Ruhe. Da gibt es niemanden, der Besitzer auch nur eines einzigen Sandkornes ist. Die ehrliche Stille, die hier herrscht, befreit mich von sämtlichen Sehnsüchten und allem Verlangen. Da sind keine Häuser, keine Strassenlaternen, keine Discomusik oder glitzernde Vitrinen von Kaufhäusern. Ich fühle mich unschuldig und rein. Ich habe noch nie geraucht, noch nie Alkohol getrunken oder Sugar genommen, ich bin soeben geboren worden. Ich bin eine Sekunde alt. Ich bin allein im Leben. Alles erscheint frei. Ich fühle mich wie ein Säugling, der die Sprache der Sandkörner versteht. Eine lautlose Kraft befreit mich von allen Ängsten. Meine Seele wiegt sich im Rhythmus dieser einzigartigen Stille. Im Licht der Sonne erscheint die ganze Wüste vergoldet, das Gefühl ist überwältigend, ich bin glücklich.

Später spazierte ich durch die Strassen in der Nähe meines Hotels. In den kleinen Läden der Bazare priesen die Händler ihre Ware an. Ich beschloss, in einem der orientalischen Cafés einen Beduinentee zu trinken und dazu eine Shisha zu rauchen, eine Wasserpfeife.

Ein kleines Café mit einer von vielen Lichtern geschmückten Palme fiel mir auf. Ich trat ein und setzte mich auf eines der gemütlichen Kissen, die überall am Boden herumlagen. Ein ansteckendes Lachen weckte meine Neugierde, ich schaute mich um, und mein Blick traf sich mit dem eines jungen Mannes.

Der Tee und die Shisha mit Apfeltabak wurden mir gebracht.

Auf einmal stand der junge, unbekannte Mann mit zwei dicken Mappen unter dem Arm vor mir und fragte mich, ob er sich setzen dürfe.

Wir schauten uns an und begannen zu lachen, bevor wir ein einziges Wort miteinander gewechselt hatten.

Er streckte mir seine braungebrannte Hand entgegen.

«Wir glauben», sagte er in fliessendem Englisch mit arabischem Akzent, «wenn sich zwei Menschen die Hände schütteln, fallen die bösen Dinge herunter.»

Er setzte sich und stellte sich vor. Er hiess Mimo und arbeitete in Scharm El-Scheich am Roten Meer als Wüstenguide.

Ich erzählte ihm, dass ich von einem Wüstentrip zurückgekommen war. Er fragte mich, was ich denn in der Wüste gefunden hätte.

«Antworten», sagte ich.

Wer intelligent ist, sagte Mimo, wird in der Wüste noch intelligenter. Der Dumme jedoch bleibt dumm. Er wird sagen, er habe nur Sand und sonst nichts gesehen. Er sehnt sich beim Anblick der Wüste nach Whisky, lauter Musik und knapp bekleideten Frauen. Die Wüste ist für ihn langweilig, Zeitverschwendung und ohne Bedeutung. Der Intelligente jedoch empfindet beim Anblick der Kargheit und Leere der Wüste anders. Er geht mit einem von Fragen gefüllten Herzen in die Wüste, geniesst die Stille und Einsamkeit und kehrt mit vielen Antworten auf seine Fragen zurück.

Mimo war ein Mann, der mich mit seiner Lebenserfahrung und seiner Menschlichkeit beeindruckte. Nichts brachte ihn aus dem Gleichgewicht. Wir erzählten uns unsere Geschichten. Er war jemand, der bereits selbst gelitten und Wüstensand geschluckt hatte.

«*Maktub*», sagte er, nachdem er meine Geschichte gehört hatte. Ich schaute ihn fragend an.

«Maktub heisst Schicksal», sagte Mimo. «Es ist ein arabisches Wort und heisst frei übersetzt *Es steht geschrieben*. Alles, was geschehen wird, steht längst in einem dicken Buch.»

Mein Maktub hatte mich in die Wüste nach Ägypten geführt. Es liess mich von all den unzähligen, orientalischen Cafés genau jenes aussuchen, wo Mimo auf mich wartete. Ich war verwirrt, sog den Rauch der Shisha ein und reichte ihm den Schlauch weiter, so wie es unter Freunden der Brauch war. Gemeinsam rauchten wir die Wasserpfeife, unsere Hände berührten sich, wir sahen uns an, und gleichzeitig sagten wir: «Maktub.»

84 Heute

Ich habe heute eine Ahnung davon, was das Wort *Maktub* wirklich bedeutet. Ich frage mich, ob vielleicht bereits das Bild der Wüste, welches damals an der Wand meiner Wohnung mit Michael hing, ein Zeichen war. Auch erinnere ich mich an diesen Stoffaffen, den ich einmal von Michael geschenkt bekommen hatte und der auf den Namen Tutenchamun getauft war. Wenn ich über all die vergangenen Geschehnisse meines Lebens bis heute nachdenke, so verspüre ich eine vom Schicksal besiegelte Verkettung, unausweichlich, unabwendbar, unaufhaltsam.

Mit Luana unterhalte ich mich immer noch gern. Ich bin nicht stolz auf ihre Geschichte, aber ich bin stolz auf ihre Tapferkeit und ihren Mut. Den Start in ein neues Leben hat Luana erfolgreich hinter sich gebracht. Privat und beruflich führt sie seit Jahren ein erfülltes Leben. Angst, wieder einmal rückfällig zu werden, hat sie heute nicht mehr, sie weiss die kleinen Dinge des Lebens intensiv zu schätzen und geniesst täglich ihre innere Freiheit. *Keine Hektik in der Seele spüren,* das ist der Schlüssel zum wahren Glücklichsein. Ihre Sensibilität hat Luana in ihr Leben integriert und sie ist dem damit verbundenen inneren Reichtum heute sehr dankbar.

Schreiben ist nach wie vor ihre grosse Leidenschaft und erfüllt sie mit Harmonie und Seelenruhe. Schreiben ist aber auch das unbestreitbar wirksamste Medikament bei jeglichen aufwühlenden Emotionen geblieben, und dazu noch ganz ohne gefährliche Nebenwirkungen. Auch die sportliche Betätigung wirkt sich immer wieder positiv auf meinen Geist und meine Seele aus. Jeder Mensch hat bekanntlich seinen Lebensrucksack zu tragen und manchmal ist man überrascht, was sich da drin so alles versteckt hat … Nicht nur ein Ex-Süchtiger, sondern ein jeder Mensch muss eine Leidenschaft im Leben finden, die ihn inspiriert, befriedigt und letztendlich glückliche Gefühle vermitteln kann. Die von der Sucht gestohlene Zeit kann ihr niemand zurückgeben, Luana hat sich jedoch schon lange selbst verziehen und die Verantwortung für ihre Vergangenheit übernommen. Sie versucht immer mit einem Lächeln im Herzen vorwärts zu schauen und sich im Hier und Jetzt zu erfreuen. Humor bleibt für mich mit Abstand die fühlbar beste Methode, sämtliche Lebenssituationen zuversichtlich und wohlauf zu meistern. Mein Tag für die Ewigkeit: Ausschlafen, das Glück von Liebe und Zuneigung in einer ehrlichen, warmherzigen Umarmung auskosten, die Natur bei Sonnenschein mit geliebten Menschen geniessen, freudig in den See springen und wenn ich dann als Krönung des Tages noch eine Mousse au chocolat geniessen darf, dann habe ich gefühlsmässig in Honig gebadet.

Luana hat uns einfach erzählt, was ihr notwendig erschien, in der Hoffnung, dass sie mit ihrer Geschichte etwas Positives bewirken kann.

«Ich kann, weil ich will, was ich muss.»
Immanuel Kant

Michelle Nahlik, geboren in Thun, ist biomedizinische Analytikerin und lebt heute im Kanton Freiburg. Sie schreibt Tagebücher seit ihrer Kindheit, daneben Erzählungen und Gedichte. Die autobiografische Geschichte von Luana ist ihr zweites Buch.